FRONTIERS OF WESTERN

RESEARCH ON DIGITAL NOMADS

当代马克思主义与媒介化社会研究丛书

SERIES OF COTEMPORARY MARXISM AND THE SOCIOLOGY OF MEDIA

西方数字游民研究前沿

姚建华　主编

格致出版社　上海人民出版社

本书受复旦大学新闻学院
高峰学科建设经费资助出版

谨以此书献给我敬爱的学术导师和永远的朋友

文森特·莫斯可（Vincent Mosco）教授

目　录

Contents

西方数字游民研究的前沿议题与本土探索

姚建华

　　从数字劳动转向数字游民研究，对我具有深远的学术意义。如果以 2017 年出版的"媒介和数字劳工研究：西方的视角丛书"作为我在数字劳动研究领域的起点，那么过去七年，我一直在这个领域深耕。其间，我阅读了大量中西方数字劳动研究文献，以外卖骑手、新闻从业者、数据标注员、虚拟恋人为研究对象进行了深入的实证研究，出版了两套与数字劳动主题密切相关的丛书，并发表了 80 多篇中英文论文，这些成果在学界产生了一定的影响。然而，随着研究的深入，我逐渐感觉自己陷入到研究视角狭窄、理论对话和创新思维不足的困境。虽然我曾尝试从西方最新的先锋实践入手，探索公平工作委员会、平台合作主义等既前沿又具有很强现实性的议题，但总体而言，我在数字劳动研究中还是难以突破劳动过程理论和剥削–控制的研究范式。研究越深入，我内心的困惑就越强烈。

　　可能是缘分，一次在工作空闲时，我在哔哩哔哩（bilibili）上刷到了一段名为"数字游民旅居曼谷"的视频，这段视频深深地吸引了我。看完之后，我又在各类社交媒体上搜索并浏览了大量相关文字、图片和视频，如"旅居清迈和 30 个数字游民一起共居""巴厘岛数字游民如何在网上赚钱""安吉 DNA 数字游民公社"等等，这些信息让我对数字游民群体及其独特的生活方式有了更深入的了解，也激发了我对这个话题浓厚的兴趣。在此过程中我敏锐地意识到，数字游民这个话题以及围绕这个群体而展开的学术研究，可能会为我提供新的思考角度，帮助我走出当前的迷茫，并成为我新的学术成长点。

这主要是因为，数字游民是一个追求"在快乐的地方工作，到美好的地方生活"的群体，因此，一方面，从生产和劳动的理论视角来研究这个群体是必要的——这意味着我之前的理论训练和学术积累能够为相关研究提供坚实的基础；另一方面，数字游民群体的主要特征是他们选择在不同的旅居地进行远程工作，享受美丽的自然环境，注重生活的体验感。也就是说，消费和休闲也是考察这个群体时不可或缺的面向。从某种意义上来说，消费和休闲的面向可能比生产和工作的视角更重要。因为对于大部分数字游民来说，"改变居住地不仅仅是为了获得更好的工作机会，更是为了体验更加充实的生活"。因此，数字游民群体生活方式的内核是休闲，而不仅仅是追求一份能够给他们带来稳定收入的工作。①

我一直认为，如果无法全面地研究消费和休闲，那么我们对劳动的理解也将是有限和片面的。在之前的研究中，我试图提出数字劳动研究应该从关注"劳动休闲化"转向关注"休闲劳动化"的观点，但我总感觉自己并未能充分解释清楚这两个概念之间的辩证关系。然而，数字游民研究为我更深入地思考生产与消费、劳动与休闲之间的二元张力提供了重要的契机。一方面，系统地研读与休闲相关的国内外经典文献，有助于我构建一个完整的休闲理论知识网络；另一方

---

① Beverly Yuen Thompson, "The Digital Nomad Lifestyle: (Remote) Work/Leisure Balance, Privilege, and Constructed Community," *International Journal of the Sociology of Leisure*, 2019, 2(1—2): 27—42.

面，从劳动与休闲的关系出发展开数字游民研究，将为我突破传统的劳动过程理论和剥削–控制的研究范式提供更多的可能性。

调查数据显示，全球数字游民的平均年龄大约为 30 岁，其中58% 的数字游民由"千禧一代"（1981—1996 年间出生）和"Z 世代"（1995—2009 年间出生）组成。[①] 在中国，数字游民也主要由年轻人构成，特别是 20 多岁的新近大学毕业生，他们正处于人生选择的关键期。研究这一群体不仅要探讨他们选择这种生活方式的结构性因素，还涉及他们日常生活中社会化交往、身份认同、情感链接、社区活动等多个议题，这些都与青年文化或青年亚文化有着密切的联系。如果说，传播政治经济学研究有助于我们更深刻地剖析数字游民选择这种生活方式的结构性因素以及这种生活方式背后媒介话语所蕴含的权力结构——这也是我主要的研究方向和研究旨趣所在，那么关于该群体的媒介话语本身和文化实践，以及这些话语和实践所反映的青年文化及其变迁过程，更多地是文化研究主要讨论的话题。换言之，数字游民研究不仅将实现劳动与休闲研究的整合，也将促进传播政治经济学和文化研究之间的学术对话。仅仅想到能够有机会通过对数字游民这一特定群体的探索，深入讨论这两组重要的关系，我就难以抑制内心的激动之情。

确定了下一阶段的研究方向和学术目标，我就立即投入相关文献的搜索和研读中。在西方学术界，数字游民是一个相对较新且发展迅猛的研究领域，相关研究成果总量并不大，我迅速地完成了大部分文献的精读，并尝试对这些文献和研究者们关注的主要问题进行归纳和思考，这就有了 2023 年 11 月刊发在《中国青年研究》上的《西方数字游民研究述评与中国启示》一文。

---

① MBO Partners, "2023 Digital Nomads Report: Nomadism Enters the Mainstream," 2023, https://www.mbopartners.com/state-of-independence/digital-nomads/.

　　在这篇研究综述中，我从个体流动、地理套利、工作-休闲平衡、社区营建这四个密切相关的核心议题切入，对西方数字游民研究进行了总体性的梳理和评述。这篇综述发表之后，我继续追踪这一研究领域的最新研究成果，走访和调研了泰国曼谷、清迈等全球数字游民聚居地，以及国内热门的数字游民社区，包括浙江安吉DNA 数字游民公社、河南信阳光山数字游民基地、云南大理 NCC 共居共创社区，等等。这些理论学习和实地探索使我深刻地感受到，数字游民相关的研究问题远不止综述中提到的四个方面，它们与数字游民的生活、工作与休闲息息相关，同时又涉及许多学科的核心概念，包括但不限于：数字技术应用、生活方式、自由、流动性与流动体制、（元）工作、休闲、新自由主义、网络叙事、身份认同、纪律实践、社区建设，等等。因此，在我看来，一张完备的西方数字游民研究地图应该包括以下七大核心议题：（1）数字游民概念的界定；（2）数字游民、数字技术与媒介实践；（3）数字游民、数字经济与知识劳动；（4）数字游民与政治经济学分析；（5）数字游民与自由流动；（6）数字游民与工作和休闲的边界；（7）数字游民与线上、线下社区的营建。

　　正是因为有了这张更为完整的数字游民研究地图，以及为了补充之前研究综述中未能充分讨论的议题，我决定编撰这本《西方数字游民研究前沿》。本书收录十一篇论文，主要围绕着上述七大核心议题展开。为了便于读者理解和掌握，我将这些议题进行了相应的整合，并将本书分为上、中、下三部分。上篇聚焦数字游民的内涵与类型学分析，主要涉及议题（1）（2）和（3）；中篇讨论与数字游牧生活方式相关的自由、流动与（元）工作等重要面向，主要涉及议题（4）和（5）；而下篇关注数字游民的身份认同、工作-休闲平衡以及社区建设等问题，主要涉及议题（6）和（7）。需要特别强调的是，本书的目标不仅是全面和细致地向国内学者和广大的读者介绍西方数字游民研究的最前沿和经典文献及其作者，更重要的是，本书旨在鼓励中国学者与西方学者的理论成果进行学术对话，进而深入中国社会肌理去研究这一新兴社会群体，并以此推动数字游民的本土探索与实践。

在阐明了本书的结构和框架之后，我原本打算在导言部分详细阐述每篇论文的核心观点和基本内容，以便读者在阅读这些文本之前对每篇论文乃至整本书的内容有一个更准确和宏观的把握。然而，细心的读者可能已经注意到，我在每篇译文前都精心撰写了导读。因此，我在这里不再重复导读的内容，而是分享我从西方数字游民研究中提炼出的五条重要的思想线索。当然，这些线索与上述七大核心议题密切相关。在《传播经济学视域中的数字游民研究》《遮蔽与解蔽：全球数字游牧热潮的政治经济学省思》《数字游民"热"的"冷"思考》等论文中，我已经尝试对这些线索进行初步的探究和阐释，有兴趣的读者可以在中国知网上下载和阅读这些论文。这五条线索分别是："数字游民"概念的界定、数字游民网络叙事的商品化、数字游民生活方式的流动性与"摩擦性"流动体制、数字游民线上与线下社区的营建，以及数字游民的本土探索与（研究）未来。本导言的讨论也将围绕这些线索展开。

一、如何界定"数字游民"概念？

在 1997 年出版的《数字游民》(*Digital Nomad*) 一书中，前日立公司首席执行官牧本次雄 (Tsugio Makimoto) 和英国记者大卫·曼纳斯 (David Manners) 颇有前瞻性地论述道，通信技术革命和未来发达的网络通信设备将打破职业和地理区域的界限，人们可以在利用互联网和智能设备实现远程工作的同时，轻松自由地探索世界。[①]近些年来，智能设备的全球互联、工作方式的远程化，以及新冠疫

---

① Tsugio Makimoto and David Manners, *Digital Nomad*, New York: Wiley, 1997.

情发生以来人们对传统生活方式的重思，都推动了数字游民在全球范围内的迅速崛起。

（一）数字游民：新兴社会群体的崛起

当前，越来越多职场人士选择成为数字游民。根据国外人力资源网站 Localyze 的统计，截至 2023 年底，全球英语社区的数字游民数量已超过 3500 万，其中 90% 以上接受过高等教育。[①] 在中国，数字游民及其生活方式也受到了各类媒体的广泛关注，相关内容在微博、抖音、知乎、小红书、一条、微信公众号等平台上频繁出现。只需在网上输入"数字游民"这个关键词，就能看到各种如"自由职业者""全球旅居""只工作不上班""一线赚钱三四线生活"等主题的图文和视频。特别值得一提的是，小红书平台上的"数字游民"话题阅读量已近 1 亿，"25 岁放弃大厂 offer，做数字游民看世界"和"数字游民 5 年，做自己人生的 CEO 太爽了"等话题引发了大量的关注和讨论。

不难看出，一方面，国内大量的远程办公岗位和人员为数字游民群体的崛起和发展提供了动力。2021 年的数据显示，中国有 1800 万家企业和近 3 亿人在新冠疫情期间选择了线上远程办公[②]，这无疑为数字游牧生活方式提供了可能性。这种工作方式不仅给予了员工更多的灵活性和自由度，也让企业在人力资源管理上有了更多的选择；另一方面，自由自在的数字游牧生活激发了人们对人生的"旷野想象"，越来越多的年轻人选择这样的生活。据《2022 雇佣关系趋势报告》显示，中国有 76.4% 的"00 后"表示愿意尝试这种

[①]   Localyze, "Digital Nomad Statistics Trends: 2023—2024," 2024, https://www.localyze.com/blog/digital-nomad-statistics-trends-2023-2024.

[②]   陈晓珍:《"远程办公"用户规模达 3.46 亿，每位员工一年可为企业节省 1.4 万元》，界面新闻公众号，2021 年 3 月 4 日。

新型的生活方式 ①，并将它视为彻底摆脱无休止的自我剥削和精神内耗的重要途径。②

（二）挑战与意义：对"数字游民"概念的界定

那么，我们如何在理论层面定义"数字游民"这个概念呢？这是一项充满挑战的任务，主要有两方面的原因：首先，数字游民是一个多学科交叉的研究领域，包括社会学、人类学、传播学、地理学、经济学、信息技术和旅游管理等。由于不同学科的研究视角、关注点和理论假设存在差异，因此很难形成一个统一的"数字游民"概念。③ 其次，数字游民社区内部尚未就构成该身份的关键因素（如旅行频率、停留时间、专业条件等）达成共识。这意味着在数字游民社区中，我们可能会遇到各种不同类型的数字游民，他们中的很大一部分可能与其他类型的远程工作者或地点独立工作者存在重叠。④ 此外，数字游民还与商务旅行者、移民、背包客等人群既有交集，又有差异，这进一步增加了定义"数字游民"概念的难度。

不过，对"数字游民"概念的定义工作在理论和现实两个维度上都具有深远的意义。在理论层面，明确界定"数字游民"的概念有助于学者们深入探究该群体在现实世界中的背景、动机、实践、困境和影响等一系列问题，进而揭示和把握他们的多维特征。这不仅为各学科内部以及跨学科的交流和对话提供了重要的学理基础，

---

① 智联招聘与北京大学国家发展研究院：《2022 雇佣关系趋势报告——数字时代的多元雇佣关系》，2022 年 10 月 12 日。

② 姚建华：《数字游民"热"的"冷"思考》，《人民论坛》2024 年第 7 期。

③ Annika Müller, "The Digital Nomad: Buzzword or Research Category?" *Transnational Social Review*, 2016, 6（3）: 344—348.

④ Jeremy Aroles, Edward Granter and François-Xavier de Vaujany, "Becoming Mainstream: The Professionalisation and Corporatisation of Digital Nomadism," *New Technology Work and Employment*, 2020, 35（1）: 114—129.

也为未来的研究指明了方向。特别是在当前中国的数字游民研究仍处于起步阶段，相关研究者如果能够在相同或相似的研究对象和逻辑起点上开展研究，就更有可能达成基本共识，从而推动这一研究领域的快速发展。

在现实层面，我十分认同英国学者戴夫·库克（Dave Cook）的观点。他认为，如果各国政府能够对数字游民的定义及其细分标准达成一致，并建立确定的分类和量化依据，那么接下来就能进一步推动政府层面的合作，共享可以比较的数据，从而更准确地估算和预测数字游民群体的规模。如果说，在理论层面上，准确且清晰地定义"数字游民"并对其进行细致的分类是学者和研究者的使命与职责，那么在现实层面，一个共识性的定义将有助于政府、企业和学界等多元主体更好地了解和处理与数字游民居住、签证、税收和社会保障（如医疗保健）等问题相关的各项政策。至少，政府、机构和个人可以准确地判断数字游民的崛起和快速发展是机遇大于威胁，还是威胁胜过机遇。①

（三）"数字游民"概念蠡探

如前文所述，牧本次雄和曼纳斯是"数字游民"概念的提出者和阐释者。他们认为，数字游民是"利用互联网获取在线工作机会，借助不同国家和地区间的收入和生活成本差异，轻松在工作和旅行之间自由切换的人群"。② 在此基础上，许多学者试图从不同的理论视角出发，对数字游民群体画像中的某些局部特点进行更具体和深入的分析，为实证研究提供了重要的路线图。其中，法比奥拉·曼奇内利（Fabiola Mancinelli）、伊娜·赖兴伯格（Ina

① Dave Cook, "What Is a Digital Nomad? Definition and Taxonomy in the Era of Mainstream Remote Work," *World Leisure Journal*, 2023, 65（2）: 256—275.

② Tsugio Makimoto and David Manners, *Digital Nomad*, New York: Wiley, 1997.

Reichenberger）、库克等学者的观点颇具代表性。展开说，曼奇内利强调数字游牧生活方式的特点是自由探索世界。在她的定义中，数字游民是"一群运用便携式数字技术和广泛的互联网接入，能在任何地点远程工作的人，同时这群人利用这种自由持续探索世界"。[①]与之相比，赖兴伯格更关注数字游民主要由年轻的职场人士构成这一特点。她提出，数字游民是在线环境中工作的年轻专业人士，他们的生活方式与地点无关，通常依赖于旅行。[②]库克则进一步细化了对数字游民流动频率的规定。他认为，所谓数字游民，是"那些利用数字技术远程工作的人，他们能够在旅行的同时工作，对流动频率和地点选择拥有自主权，并且每年至少访问三个非自己、朋友或家人居住的地点"。[③]库克以流动频率和自主性等六个具体变量为依据，基于情景化阐释，将数字游民细分为五种不同的类型，即自由职业数字游民、数字游民企业主、带薪数字游民、实验性数字游民，以及"扶手椅上"的数字游民。我认为，这是到目前为止，西方学者对数字游民最为系统的分类，值得读者重点关注。

综合以上的定义，我们可以概括出数字游民的五个核心特征。第一，数字游民高度依赖数字技术、信息与通信技术以及广泛使用的数字基础设施，特别是现代信息基础设施，如互联网、云服务和移动通信等；第二，他们的工作不受地理位置的限制，可以在任何有网络连接的地方进行远程工作。这打破了传统工作对固定地点的依赖，使得工作可以在世界的任何角落进行。因此，远程工作成了

① Fabiola Mancinelli, "Digital Nomads: Freedom, Responsibility and the Neoliberal Order," *Information Technology & Tourism*, 2020, 22（3）: 417—437.

② Ian Reichenberger, "Digital Nomads: A Quest for Holistic Freedom in Work and Leisure," *Annals of Leisure Research*, 2018, 21（3）: 364—380.

③ Dave Cook, "What Is a Digital Nomad? Definition and Taxonomy in the Era of Mainstream Remote Work," *World Leisure Journal*, 2023, 65（2）: 256—275.

数字游牧生活方式的基础条件。[①] 第三,数字游民通常属于"创意阶层"(creative class),他们的工作富有创造性和趣味性,例如编程、设计、写作和市场营销等。这些工作要求从业者具备特定的技能和专业知识[②],同时也为他们带来可观的经济收入。有专家预测,随着数字化平台的成熟和数字游民群体的壮大,他们的职业范围将会进一步扩大。[③] 第四,数字游民是将工作与旅行有机结合在一起的群体。换言之,他们的生活方式是一种新型的叠加状态。他们试图打破工作与休闲之间的二元对立,以实现个人的成长和发展。[④] 第五,数字游民在选择流动频率和地点上具有高度的自主性。这种自主性是他们生活方式的重要组成部分。他们根据个人的偏好和需求选择最适合自己的工作和生活环境,可以在世界各地自由流动。特别是选择工作方式、类型和地点等方面,数字游民非常看重他们的自主性、自决力和自由度。综上,从这些特征切入,我们可以将"数字游民"定义为:一群利用现代信息技术进行远程工作,追求自由、灵活和自主生活方式的人群。他们不受传统工作地点的限制,通常从事有创造性和趣味性的工作,可以在全球范围内自由流动,同时保持工作和生活的连续性,并致力于在二者之间实现动态平衡。[⑤]

---

① 姚建华、朱燕钦:《全球数字游牧生活方式的政治经济学省思》,《南京社会科学》2024 年第 9 期。

② 据罗科仕数字游民平台数据统计,中国目前的数字游民,排行前十的职业分别是技术、人力资源、销售、新媒体、策划文案、博主及行业关键意见领袖、影视后期、设计、理财规划、互联网轻创业者。这些职业对工作者有着较强的职业技能要求。

③ 李明桦、檀林:《数字游民时代:零工经济下"斜杠青年"零成本创业的新常态》,北京:中国经济出版社 2022 年版。

④ Dave Cook, "The Freedom Trap: Digital Nomads and the Use of Disciplining Practices to Manage Work/Leisure Boundaries," *Information Technology & Tourism*, 2020, 22 (3):355—390.

⑤ 姚建华:《传播政治经济学视域中的数字游民研究》,《南京大学学报(哲学·人文科学·社会科学)》2024 年第 2 期。

二、数字游民网络叙事的商品化

在众多数字媒体平台中，数字游民常被塑造为一群乐观的千禧一代自由职业者。他们成功地摆脱了日常琐事的束缚，周游世界各地，在遥远的海滩上用笔记本电脑工作。那么，这种媒介形象是如何被形塑的？又是由谁形塑的？为了回答这些问题，我们需要聚焦数字游民群体中的一个重要组成部分——数字游牧生活方式的推广者（digital nomad lifestyle promoters，DNLPs）。这个群体也是本书中多篇论文共同的研究对象。

（一）DNLPs 的组成及其高度商品化的生活方式

DNLPs 是主要在网络上积极推广数字游牧生活方式的群体。根据克劳汀·博诺（Claudine Bonneau）等学者的观点，他们由激励者、教导者、社区管理者和影响者组成。[①] 具体来说，首先，激励者将自身的成功经验、秘诀、技巧、策略、工具、方法和建议，通过书籍、播客、公开演讲和会议等形式进行商品化。他们以"我是如何做到的"为核心叙事，提供职场建议和生活贴士，使人们相信数字游牧不仅是一种可持续的生活方式，而且是任何普通人都能做到的。其次，教导者通过辅导会议、在线课程、培训项目、指导课程和"操作手册"等方式，帮助其他数字游民实现自己的目标。这样，教导者就能将自己丰富的数字游民经验转化为经过验证的、实用的方法和资源，并通过设定行动目标来赋能那些缺乏足够经验的数字游民。再次，社区管理者专注于满足数字游民社区的多元化需求，他们依据自身的经验，针对有意加入者的物质和专业需求，精准定位

---

① Claudine Bonneau, Aroles Jeremy and Claire Estagnasié, "Romanticisation and Monetisation of the Digital Nomad Lifestyle: The Role Played by Online Narratives in Shaping Professional Identity Work," *Organization*, 2023, 30（1）: 65—88.

商业活动。社区管理者也为数字游民提供了进入特定社交圈（尤其是成功人士社交圈）的机会。最后，影响者主要通过产品植入、联合营销、赞助帖等方式获得收入。他们通过展示自己成功的数字游民经历，积累了品牌代言所需的受众和信誉，并不断提升个人品牌的知名度。他们通常会在博客和社交媒体账户上投入大量时间和精力，精心策划自己的游牧生活，以吸引读者和粉丝的关注和参与。这不仅是分享他们精彩的旅游内容，也是他们传达生活理念的重要途径。

概言之，DNLPs 通过运营博客和社交媒体账号，分享他们的个人经历，为有意向成为数字游民的人提供指导和建议，与各个品牌方建立产品植入和广告等合作关系，或者为数字游民提供相关的产品和服务（例如，书籍、播客、指导、培训、会议、团队建设活动等），并以此为生。因此，数字游民在使用社交媒体来建构他们的职业身份和声誉的同时，也成为这种生活方式的积极"推广者"——当他们在社交媒体上公开展示与自己的生活方式紧密相关的文字、图片、视频和语音信息时，他们实际上也在推广一种特定的生活标准，推动特定地点、事件和社群的流行和普及。[1]

从商品化的视角出发，博诺等学者对 DNLPs 高度商品化的生活方式进行了系统的分析和深入的反思。他们认为，DNLPs 的个人体验与叙事、自我品牌和网络资本的商品化彼此交织，将数字游牧生活转变为一种盈利模式。[2] 与此同时，这些商业活动中往往存在

---

① Claudine Bonneau and Jeremy Aroles, "Digital Nomads: A New Form of Leisure Class?", In *Experiencing the New World of Work*, edited by Jeremy Aroles, François-Xavier de Vaujany and Karen Dale, Cambridge, UK: Cambridge University Press, 2021, 157—177.

② Claudine Bonneau, Aroles Jeremy and Claire Estagnasié, "Romanticisation and Monetisation of the Digital Nomad Lifestyle: The Role Played by Online Narratives in Shaping Professional Identity Work," *Organization*, 2023, 30（1）: 65—88.

着金字塔式的销售策略——向有意成为数字游民的人售卖梦想，从而为塔尖阶层提供收入。这些过程与劳动力商品化紧密交织在一起，受到新自由主义意识形态的支配。[①]

（二）DNLPs 网络叙事的商品化与浪漫化

值得关注的是，DNLPs 网络叙事的商品化和对数字游牧生活方式的浪漫化想象是紧密交织的。对于 DNLPs 群体而言，只有将他们的生活方式浪漫化，才能确保其经济利益的最大化。博诺和杰里米·阿罗尔斯（Jeremy Aroles）提出，DNLPs 创作的照片和故事在助推一种特定的数字游民美学，这对于传递自由、健康和冒险等核心价值观至关重要。无论是他们分享的精彩旅行故事，还是他们的生活理念和愿景，都在某种程度上加速了数字游牧主义的浪漫化。这主要是因为，这些数字游民账号发布的内容大多聚焦于游牧生活中那些令人向往的部分，它们构筑出一个美好的、"粉色的"乌托邦世界，引导潜在的数字游民对这种生活方式产生无限的憧憬。

然而，这种浪漫化也带来了一系列问题：首先，它导致大量误导性的信息存在；其次，它只提升了一小部分 DNLPs 的网络可见度，而大部分 DNLPs 的经历却被忽视了；最后，它掩盖了数字游民生活中那些"不太美好"的体验，如孤独、过度工作、生活不稳定和合作困难等。在反思这些问题时，我们需要追问：数字游牧生活方式所展现的商品化和浪漫化相互交织的线索，反映了新经济形态中劳动者与资本、新媒体技术、话语及其背后意识形态之间的何种关系和变化？我希望读者在阅读本书的过程中，能不断思考这个问题。

---

① Fabiola Mancinelli, "Digital Nomads: Freedom, Responsibility and the Neoliberal Order," *Information Technology & Tourism*, 2020, 22（3）: 417—437.

三、数字游牧生活方式的流动性与"摩擦性"流动体制

流动性或持续的流动是数字游牧生活方式最显著的特征。牧本次雄和曼纳斯认为，随着现有及未来技术的发展，结合人类与生俱来的旅行欲望，人类将再次有机会在移动中工作和生存。① 丹尼尔·施拉格温（Daniel Schlagwein）和穆罕默德·侯赛因·贾拉希（Mohammad Hossein Jarrahi）在对数字游民和其他远程工作者（包括弹性工作者和联合办公者）进行比较后发现，数字游民表现出更强的流动性②，这种流动性使他们能够在物理空间、组织空间和网络空间之间自由穿梭。

（一）数字游牧生活方式的流动性及其影响

大部分数字游民自我定义为全球化背景下的"流动者"，他们享受全球化带来的好处，同时也努力避免其负面影响。这种流动性结合了物理流动性和虚拟流动性，体现了信息与通信技术所蕴藏的旅行潜能。③ 换言之，数字游民可以通过数字媒介在任何地方实现"居住中的旅行"和"旅行中的居住"并存的状态。④ 凯莉斯·纳什（Caleece Nash）等学者认为，数字游民的持续流动，不仅是指在

---

① Tsugio Makimoto and David Manners, *Digital Nomad*. New York: Wiley, 1997.

② Daniel Schlagwein and Mohammad Hossein Jarrahi, "The Mobilities of Digital Work: The Case of Digital Nomadism," Twenty-Eighth European Conference on Information Systems（ECIS 2020）, Marrakesh, Morocco, 2020.

③ Patrícia Matos and Elisenda Ardèvol, "The Potentiality to Move Mobility and Future in Digital Nomads' Practices," *Transfers*, 2021, 11（3）: 62—79.

④ James Clifford, *Routes: Travel and Translation in the Late Twentieth Century*, Cambridge, MA: Harvard University Press, 1997.

国家之间的流动，还包括在工作空间之间的切换。[①] 这使得数字游民既要面临流动性的挑战，即在不同空间之间移动并找到合适的地方，还要面临更复杂的游牧性挑战，这要求他们积极地调动各种资源并充分利用当地的基础设施。对于大部分数字游民而言，在旅行期间彻底改变职业道路，同时获得经济收入是相当普遍的现象。虽然这可能需要他们掌握更多的知识或不同的技能，但在成为地点独立的工作者之前，他们都已经为此做好了充分的准备。

赖兴伯格根据数字游民流动性程度的差异，将数字游民划分为三个等级（不包括第〇等级）：第一等级的数字游民在工作地点上具有一定的灵活性，但他们并不在旅行期间工作；第二等级的数字游民保留了永久居留权，并在更广泛的地理范围内寻找旅行的机会；最后，第三等级的数字游民完全放弃了永久居留权，全身心投入到流动的生活方式中。赖兴伯格的研究发现，这三个等级的数字游民通过在不同地方之间的移动，真正实现了数字游牧生活方式。不过，相比于第一等级的数字游民，第二等级和第三等级的数字游民更加认同他们的身份特征，这也是他们全球流动不竭的动力源泉。[②]

全球流动对数字游民身份认同和自我表达的影响十分深远。2008 年，《经济学人》（ *The Economist* ）出版了一期题为《游民将至》（ *Nomads at Last* ）的特辑，从流动性的视角展望了一个全球无限互联的未来，并探讨了移动技术及其引发的社会转型的巨大潜力。法

[①] Caleece Nash, Mohammad Hossein Jarrahi, Will Sutherland and Gabriela Phillips, "Digital Nomads Beyond the Buzzword: Defining Digital Nomadic Work and Use of Digital Technologies," *International Conference on Information*. Cham, Switzerland: Springer International Publishing, 2018, 207—217.

[②] Ian Reichenberger, "Digital Nomads: A Quest for Holistic Freedom in Work and Leisure," *Annals of Leisure Research*, 2018, 21 (3): 364—380.

比奥拉·曼奇内利（Fabiola Mancinelli）认为，全球流动既是一种不受固定地点限制、将工作与休闲紧密结合的生活方式，也是一种以自我为中心的体验，更是建构自我认同的基础。[①] 数字游民期待通过在不同国家间的持续流动经历来打动他人，这些经历通常体现在他们个性化的目的地列表、充满美感的图片和在线日记中，这同时也赋予了他们游民身份的合法性。这种观点与赖兴伯格的观点相呼应，后者强调：一方面，当个体高度的流动性融入他们的职业灵活性和工作自主性时，他们的身份建构也变得更加复杂；另一方面，数字游民的流动生活有助于他们在各种复杂的身份认同中定义和理解自己。[②] 此外，安东尼·达安德里亚（Anthony D'Andrea）提出，流动性将个人置于创造自身生活环境的中心，鼓励他们自我表达，不断探索自己的极限和能力。数字游民自身的知识、经验和能力是建构数字游民社群的重要基石，这些以共同文化、价值观和兴趣爱好为纽带的社群，正在成为挑战传统社群的重要力量。[③]

值得关注的是，全球流动性对数字游民如何平衡工作和休闲的关系起着不可替代的作用。学者帕特里夏·马托斯（Patrícia Matos）和艾丽森达·阿雷维尔（Elisenda Ardèvol）的研究发现，灵活、独立和自由流动的工作观念和方式正在吸引越来越多的创意和数字行业专业人士，他们渴望对自己的生活拥有更大的掌控权。通过半结构式深度访谈，两位学者发现，数字游民对美好生活的想象与工作生活的自由度密切相关，全球流动性使他们可以随时随地旅行。同

① Fabiola Mancinelli, "Digital Nomads: Freedom, Responsibility and the Neoliberal Order," *Information Technology & Tourism*, 2020, 22（3）: 417—437.

② Ian Reichenberger, "Digital Nomads: A Quest for Holistic Freedom in Work and Leisure," *Annals of Leisure Research*, 2018, 21（3）: 364—380.

③ Anthony D'Andrea, *Global Nomads: Techno and New Age as Transnational Countercultures in Ibiza and Goa*, London: Routledge, 2007.

时，旅行本身也促进了人们对更灵活生活方式的追求，并激发了他们对美好生活的想象。[①] 这种对"自由"的想象，包括即兴、灵活、流动，意味着数字游民将成为自己的老板，通过自我预见、准备和规划等行为，打造出可持续的生活方式。所以说，流动性是一把钥匙，它解锁了数字游民所需的"自由"，使他们能够摆脱工作上的束缚，这也构成了数字游民追求美好生活的核心部分。

（二）数字游民全球流动的现实挑战

然而，一些学者警醒地意识到，数字游民的全球流动并非毫无限制。[②] 首先，新媒体技术（特别是互联网）的突破性发展使数字游民能在全球范围内工作和旅行。奥尔加·汉农（Olga Hannonen）认为，与背包客相比，数字游民更依赖数字技术来完成工作和专业活动，因此他们更倾向于选择拥有良好网络基础设施的目的地。[③] 全球许多国家和地区正在积极加强数字基础设施和 5G 移动网络建设，以满足数字游民的需求。例如，意大利政府在 2021 年启动了"国家数字化转型计划"，投入 30 亿欧元用于改善全国超高速网络，计划在 2026 年实现全国范围内 1 千兆（Gbps）的下载速度和 200 兆（Mbps）的上传速度。然而，这样的发展并不均衡，许多地区，特别是发展中国家和偏远地区，仍然缺乏可靠的网络连接，这对数字游民的流动性构成了结构性的限制。

其次，数字游民的流动性与各国的签证和居留政策直接相

---

① Patrícia Matos and Elisenda Ardèvol, "The Potentiality to Move: Mobility and Future in Digital Nomads' Practices," *Transfers*, 2021, 11（3）: 62—79.

② 解佳、阳棽昌、何轩、许威：《液态生活：数字游民的流动逻辑与实践路径》，《旅游科学》2024 年第 5 期。

③ Olga Hannonen, "In Search of a Digital Nomad: Defining the Phenomenon," *Information Technology & Tourism*, 2020, 22（3）: 335—353.

关。为了吸引经济实力较强的数字游民，加勒比海岛国巴巴多斯在 2020 年 6 月率先推出了全球首个专为数字游民设计的签证。根据 VisaGuide.World 网站的最新统计，截至 2023 年底，全球已有 58 个国家或地区推出了数字游民签证，旨在打造本地高质量的创业生态系统，优化营商和投资环境，并为外籍人士的长期旅居提供强有力的政策支持。这些国家或地区覆盖了欧洲、美洲、亚洲和非洲等地区。①

最后，学者阿罗尔斯等人指出，数字游民能否自由、轻松地跨越国家或地区边界，取决于他们的经济条件、专业知识和工作能力。② 2022 年，意大利数字游民协会（Italian Digital Nomads Association）针对在本国的数字游民进行了一项调查。调查结果显示，在 2251 位受访者中，大多数是高级知识分子，其中 42% 的人拥有学士学位，31% 的人拥有硕士或博士学位。受访者的平均年龄为 37 岁，52% 的人拥有稳定的工作，主要从事传播、营销、教育、培训、信息产业等专业工作。③ 与传统移民不同，他们通常具备良好的经济基础、扎实的专业知识以及突出的工作能力，因此他们追求的"不仅仅是工作，更是寻找一个更适合生活和工作的地方"。与普

① 虽然全球有 58 个国家或地区为数字游民开放了相关签证项目，但数字游民的全球流动路径却呈现出相对集中的态势：他们大多从美国、加拿大、澳大利亚这些"强护照"国家"流出"，"流入"东南亚和南美洲的发展中国家，包括泰国、印度尼西亚、阿根廷、哥伦比亚等。用蒂姆·费里斯（Tim Ferriss）的话来说，数字游民青睐在低收入国家度过大部分时间（这些国家的物价水平相应也比较低），这反映了全球区域发展不均衡和发达国家对发展中国家地理空间资源渗透与争夺的本质。具体参见 Tim Ferriss. *The 4-Hour Workweek: Escape 9-5, Live Anywhere, and Join the New Rich*, New York: Crown Publishers, 2007。

② Jeremy Aroles, Claudine Bonneau and Shabneez Bhankaraully, "Conceptualising 'Meta-Work' in the Context of Continuous, Global Mobility: The Case of Digital Nomadism," *Work, Employment and Society*, 2022, 37（5）: 1—18.

③ 联合新闻网：《意大利想做"数字游牧者"：逃离办公室的远程工作时代》，2023 年 7 月 21 日。

通游客不同，数字游民能为吸纳他们的地区带来大量的经济机会，为当地社区带来新的活力和机遇。

此外，数字游民流动的持续性也受到了许多研究者的质疑和挑战。例如，社会学家保罗·格林（Paul Green）提出，数字游民未必能够保持持续的流动，因为一旦他们找到了相对舒适和满意的生活环境，就可能会产生依恋感，削弱他们继续旅行的动力，这与他们对流动生活的渴望是相互矛盾的。① 马托斯和阿雷维尔也支持这一观点，她们强调，数字游民更看重的是个体流动的潜力，而非流动本身。② 因此，潜在的数字游民就显得格外重要。他们对游牧式生活充满了兴趣，准备在未来全身心地投入这种流动的生活方式。据统计，目前美国至少有 7200 万潜在的数字游民，他们在外部条件更加成熟时，可能会选择这种游牧式的生活方式。在全球经济发展的大背景下，这股潜在的力量不容小觑。③

（三）从流动性到"摩擦性"流动体制

西方学者针对数字游民的流动性问题，深入探讨了生活方式流动性、流动性策略、流动性治理等相关概念。在这些研究中，曼奇内利和珍妮·格尔曼·莫尔兹（Jennie Germann Molz）提出的"摩擦性"流动体制的概念值得我们重点关注。两位学者通过对数字游民及其网络社群展开线上网络民族志研究和线下田野调查，发现数字游民在利用数字技术将工作、休闲和旅行结合在一起的同时，也

---

① Paul Green, "Disruptions of Self, Place and Mobility: Digital Nomads in Chiang Mai, Thailand," *Mobility*, 2020, 15（3）：431—445.

② Patrícia Matos and Elisenda Ardèvol, "The Potentiality to Move Mobility and Future in Digital Nomads' Practices," *Transfers*, 2021, 11（3）：62—79.

③ 木子童：《快乐的数字游民，卷成了招人恨的"全球瘟疫"》，虎嗅网，2023 年 6 月 27 日。

必须与国家就入境要求、居住规则、税收制度等具体事务进行复杂的博弈与协商。这显示出，数字游民并非只是自由流动的"世界公民"，他们也是与国家进行"边境艺术"博弈和协商的主体，国家则通过建立筛选和排除机制，对数字游民进行有意识的影响和控制。

在这一过程中，国家通常采用三种策略：首先，通过设立专门的数字游民签证，设定一整套具体要求，以吸引理想的入境者，并从他们身上获取经济收益；其次，模糊游客和移民的界限，并根据国家的发展情况提供不同类型的国家资源和认可；最后，通过提供便利的生活设施吸引非政治化的消费者和专业人士，同时减少与公民身份相关的直接福利开支，以此协调数字游民与国家之间的利益冲突。由此可见，数字游民的流动策略与国家流动体制之间是相互形塑的，"摩擦"这一隐喻很好地体现出数字游民个体与国家之间的二元张力——数字游民处于既顺从又抵抗国家的暧昧状态，于是，流动体制并不仅仅是一种固定的国家控制方式，而是一个由游民主体性和国家权力共同形塑的摩擦界面。

四、数字游民线上与线下社区的营建

有学者提出，数字游民常常因情感问题而深陷持久的压力和焦虑中。[1] 这主要是因为：首先，由于职业特性，他们很少能有机会和同事们进行面对面的互动，建立深层次的人际关系[2]；其次，与"家"和"家人"的疏离进一步加剧了他们的生活压力和焦虑感[3]；最后，

---

① 王云龙、文军：《在不确定中构建自主性：数字游民的日常劳动实践及其反思》，《浙江学刊》2024 年第 1 期。

② Fabiola Mancinelli, "Digital Nomads: Freedom, Responsibility and the Neoliberal Order," *Information Technology & Tourism*, 2020, 22（3）：417—437.

③ Tara Duncan, Scott Cohen and Maria Thulemark, *Lifestyle Mobilities Intersections of Travel, Leisure and Migration*, London: Routledge, 2014.

陌生环境带来的文化冲击（包括目的地的语言差异）使他们难以融入当地社群，因而无法获得经济、社会和情感上的支持。① 因此，组织化或结构化的支持对于数字游民来说，显得尤为重要。在这方面，线上与线下社区的营建既是数字游民群体自身关注的焦点，也是学者们研究的主要议题。

（一）数字游民的线上与线下社区

凯蒂·沃尔什（Katie Walsh）强调，对于数字游民来说，社区提供的社会支持是缓解压力和焦虑的"良方"，以及社区环境为他们营造了一种"家"的感觉。② 这些"生活家园"包括线上与线下的数字游民社区。查尔斯·吉尼翁（Charles Guignon）认为，线上与线下社区的相互融合，是数字游民将"断裂、疏离、碎片化、异化的自我与周围的同质化个体重新建立联系"的关键。③

一方面，线上社区既是数字游民结交朋友、迅速建立亲密关系的场所，也是他们探讨与数字游牧生活方式相关问题的主要平台。他们往往通过在线论坛和其他人撰写的旅行日志来搜索和获取各种专业知识和实用信息，如税务和签证事务等。像 NomadList Forum 这样的线上社区，为数字游民提供了大量关于在不同地方工作、生活和旅行的最新指南④，支持他们在全球范围内自由流动，鼓励他们

---

① Jennie Germann Molz, "Global Abode: Home and Mobility in Narratives of Round-the-World Travel," *Space and Culture*, 2008, 11（4）: 325—342.

② Katie Walsh, "'Dad Says I'm Tied to a Shooting Star!' Grounding（Research on）British Expatriate Belonging," *Area*, 2006, 38（3）: 268—278.

③ Charles Guignon, *On Being Authentic*, New York: Routledge, 2004: 126.

④ NomadList Forum 是全球最大的数字游民线上论坛，是数字游民和远程工作者交流各地远程工作信息的重要平台。同时它也在网站首页推荐全球最适合进行远程工作的城市。在该论坛上，数字游民和远程工作者互相推荐，提供建议，并对旅行目的地的不同方面进行评价。

与志同道合的人一起改变生活方式。[1] 通过考察数字游民在 X（由推特改名而来）、meetup.com、Slack 等在线社交平台上的互动行为，学者们发现，数字游民可以在线上社区与其他有着相似经历的人群产生共鸣和联系，参加在他们旅行地点附近的聚会和活动，或是对旅居目的地的各个方面进行评价，如网络连接、生活成本和娱乐设施等。[2] 如果从约翰·厄里（John Urry）所阐述的"网络资本"的概念来理解这个问题，线上社区就成为数字游民积累网络资本的重要场域。在这里，他们可以建立和维持社会关系，进行经济、情感和实际利益的交换。[3]

另一方面，在线下社区中（特别是数字游民频繁出入的共享工作和生活空间），由社区管理者或主理人组织的各类活动和大量的公共活动空间强化了数字游民社区凝聚力，加速了情感共同体的形成。[4] 用汤普森的话来说，线下社区为数字游民原本可能孤独的生活提供了一条不可或缺的"社交生命线"（social lifeline）。[5] 这些活动形式十分丰富，包括会议、研讨会、邮轮旅行、露营、团队建设活动、节日庆祝和峰会等。它们大致可以分为两类：一类是社交活动，其中比较有代表性的活动有 Hacker Paradise、DNX 等数字游民大会；

---

[1] Nicola Bozzi, "#digitalnomads, #solotravellers, #remoteworkers: A Cultural Critique of the Traveling Entrepreneur on Instagram," *Social Media + Society*, 2020, 6（2）: 1—15.

[2] Caleece Nash, Mohammad Hossein Jarrahi, Will Sutherland and Gabriela Phillips, "Digital Nomads Beyond the Buzzword: Defining Digital Nomadic Work and Use of Digital Technologies," *International Conference on Information*. Cham, Switzerland: Springer International Publishing, 2018, 207—217.

[3] John Urry, *Mobilities*, Cambridge, UK: Polity Press, 2007.

[4] 马中红：《数字游牧民身份自反性实践的价值倾向与情感连接》，《南京社会科学》2024 年第 2 期。

[5] Beverly Yuen Thompson, *Digital Nomads Living on the Margins: Remote-Working Laptop Entrepreneurs in the Gig Economy*, Bingley, UK: Emerald Publishing Limited, 2021: 90.

另一类是技能分享活动。[①]

有学者提出，线下社区不仅是知识和经验交换的场域，也是满足数字游民个性化和专业化需求的平台。同时，当数字游民聚集在一起，他们能够建立深厚而持久的人际关系，扩展社交网络，获得归属感和自我认同，从而提升幸福感。[②]乔万娜·马斯克罗尼（Giovanna Mascheroni）的研究进一步揭示，数字游民与那些拥有相似社会身份、文化背景、兴趣爱好、价值观念、生活方式和目标的人交往，其幸福感指数提升更为显著。[③]由此可见，在数字游民社区中，冰冷的利益联结被温暖的情感联结所取代，人们缺失的意义感得以重新确立。张品和詹远仪强调，某种共通的情感氛围使人们聚集在一起，形成了一种自然而亲近的有机秩序，这就是他们所说的"情感部落"。[④]从这个角度看，数字游民通过利用自身的经验、学识和技术，重新建立起以趣缘、文化、价值观为纽带的新部落。这种部落孕育出了一种法国社会学家米歇尔·马菲索里（Michel Maffesoli）所倡导的"新部落主义"。[⑤]

（二）对数字游民社区的反思

许多学者对数字游民社区的营建进行了深刻的反思。首先，当商品化逻辑在社区中占据主导地位时，线下社区逐渐转变为"商品

---

① Alison Hearn, "Meat, Mask, Burden: Probing the Contours of the Branded Self," *Journal of Consumer Culture*, 2008, 8（2）: 197—217.

② Jennifer Sin Hung von Zumbusch and Lidija Lalicic, "The Role of Co-living Spaces in Digital Nomads' Well-being," *Information Technology & Tourism*, 2020, 22（3）: 439—453.

③ Giovanna Mascheroni, "Global Nomads' Network and Mobile Sociality: Exploring New Media Uses on the Move," *Information, Community and Society*, 2007, 10（4）: 527—546.

④ 张品、詹远仪:《意义危机与新部落主义的想象: 青年数字游牧社区研究》,《青年探索》2024 年第 2 期。

⑤ [法]米歇尔·马菲索里:《部落时代——个体主义在后现代社会的衰落》, 许轶冰译, 上海: 上海人民出版社 2022 年版。

化社区"。例如，一些游民通过提供独特且昂贵的全包体验来构建社区，包括共享工作和生活空间、特定的"工作和旅行"打包计划。这些"商品化社区"形成了自我边缘化的泡沫，将舒适的中产阶级环境输送到全球的每一个角落。[①] 也就是说，虽然数字游民表面上拒绝物质积累，但他们的生活方式设计实际上仍然是一个消费过程，并受到消费主义意识形态的支配和控制。其次，汤普森提出，无论是线上还是线下社区，都普遍存在由男性主导的现象，从而引发性别不平等的问题，使得个体在社区中的地位并不平等。此外，社会性别常常与种族、民族和国籍交织在一起，使得社区内部的等级结构变得更加复杂。许多社区对女性、有色人种和其他社会边缘化群体表现出冷漠，甚至是敌对的态度。[②] 再次，有学者强调，并非所有的数字游民都能够或愿意完全融入社区。他们可能由于对社区价值观的否定，或者因为行业、工种的差异而受到社区的排斥。[③] 最后，数字游民往往很少与当地人或组织建立有机联系。他们发现，融入当地的传统和文化并不是一件容易的事，这也是为什么数字游民与地方之间的隔膜感始终难以消除的原因。徐琳岚和文春英两位研究者敏锐地洞察到，那些在多个异域短暂停留的数字游民，既无法与流入地的历史产生联系，也无法参与目的地的未来。身处不断流动之中的数字游民，一方面渴求归属感，另一方面却对所有地方保持着疏离感。他们既无法完全融入流入地，也不愿意回到原出发地。在自由与孤独、归属与疏离的交织下，数字游民在不停的

① Beverly Yuen Thompson, "The Digital Nomad Lifestyle: (Remote) Work/Leisure Balance, Privilege, and Constructed Community," *International Journal of the Sociology of Leisure*, 2018, 2 (1): 27—42.

② Beverly Yuen Thompson, *Digital Nomads Living on the Margins: Remote-Working Laptop Entrepreneurs in the Gig Economy*, Bingley, UK: Emerald Publishing Limited, 2021.

③ Jessica Beaumont, *Digital Nomads and Sense of Place: A Case Study of Lisbon*, Wageningen, Netherlands: Wageningen University, 2019.

迁移过程中陷入了一种情感"停滞"状态。①

　　为了深化对数字游民社区中情感问题的讨论，我曾以 DNA 数字游民公社为案例分析对象，采用参与式观察和深度访谈相结合的研究方法，试图探究数字游民在社区中的媒介化交往实践，以及由此产生的情感连接的基本特征。② 研究发现，在数字游民的线下社区中，他们的媒介化交往主要围绕社区的基本生活事件和兴趣爱好事件展开，具有显著的"事缘型"特点。这种交往模式形成了一种"U 盘式"情感连接，即数字游民虽然会在线下社区中建立联系，但这些联系往往只是因为某个活动而暂时产生交集，呈现出"接入—拔取—再接入"的特性。因此，这种情感连接短暂且易断，连接失败或断裂的情况都会加剧情感连接的不稳定性。这不仅难以满足数字游民深层次的情感需求，而且使他们在感情方面的不稳定感愈发强烈。频繁的分离使他们陷入更深的情感困境，这与他们初入 DNA 时的情感期待存在巨大落差。有研究指出，在数字游民共享工作和生活空间内，自由而温情的社区生态有助于数字游民寻求共同体验，建立情感联系和社交网络，从而消除个体的孤独与焦虑。③然而，本研究挑战了这一观点，提出数字游民在社区中很难建立一种长期稳定的情感连接，这使得真正的归属感变得遥不可及，孤独和焦虑也无法从根本上得以解决。因此，我们需要进一步追问：当情感方面的不稳定感和弹性工作带来的工作不稳定感相互交叠时，数字游民的流动性生活方式又如何维系？

---

　　① 徐琳岚、文春英：《"何以为家"：流动社会下青年数字游民的地方感研究》，《中国青年研究》2023 年第 8 期。

　　② 姚建华、郭琦璠：《同在异乡为异客》：数字游民在地化社区中的媒介化交往与情感链接》，第十届青年人类学论坛，东南大学人文学院，2024 年 6 月 1 日。

　　③ 张品、詹远仪：《意义危机与新部落主义的想象：青年数字游牧社区研究》，《青年探索》2024 年第 2 期。

五、数字游民的本土探索与（研究）未来

本部分将主要探讨两个问题。首先，中外数字游民群体的境遇存在哪些异同？可以从哪些视角切入来探索本土数字游民现象？其次，中外数字游民将何去何从？数字游民研究的未来又将如何？如果说第一个问题是将读者的视野从西方拉回到本土，那么第二个问题则是再次把大家的视野拓宽到全球维度，关注世界范围内数字游民作为新兴社会群体的崛起，他们的发展现状、基本特点与现实困境。

在中国，随着数字游民的实践不断丰富和他们在社交媒体上的日益可见，越来越多学者开始关注这一群体。他们从不同学科的理论框架和研究方法出发，集中探讨了数字游民独特的工作和生活模式，以及该群体与地方和空间的关系等问题。不过，总体来看，中国学界对"数字游民"概念较为陌生，相关研究仍处于起步阶段，这主要表现在：一方面，相关研究成果的数量相对有限；另一方面，学界对数字游民相关议题的讨论还不够全面，对于这个群体内部的复杂性、职业灵活性、工作自主性和流动自由性等问题的研究尚显不足，也缺乏对数字游牧生活方式所依赖的技术支持，以及这一群体的出现对未来工作影响等问题的关注。此外，既有研究主要以理论思辨为主，鲜有扎实且成体系的田野调查和案例分析，对经验材料的掌握还不够。黎巎等学者指出，数字游民实践远远领先于理论基础的构建。这也从侧面体现出在当前学术语境下，展开数字游民理论研究的必要性和紧迫性。①

（一）中外数字游民群体境遇的比较与本土探索

我曾在《西方数字游民研究述评与中国启示》一文中提出，中

①　黎巎、苏婷婷等：《新型旅行群体——数字游牧民：概念、演化与研究进展》，《旅游学刊》2023 年第 1 期。

国数字游民与大多数西方数字游民一样，经常受到工作与休闲边界模糊、情感孤立等问题的困扰。这些问题与他们所遭遇的工作状态不稳定和社会保障缺失等问题相互缠绕，共同构成了中国数字游民在现代性背景下的生存困境。有学者指出，就业市场的不稳定性和社会福利的调整使得数字游牧生活成为一种应对策略，同时也成为人们生活方式的一种选择。[①] 然而，这并不意味着选择了这种生活方式后，数字游民就能享受到稳定的就业、收入和社会福利。实际上，在全球范围内，数字游民普遍都处于一种脆弱和无根的状态，他们悬浮在缺乏关键经济和政治权利，以及没有安全网的公民身份之上。简言之，他们面对的是一个充满挑战的世界。[②]

与此同时，在借鉴西方相关优秀理论成果的同时，中国数字游民研究者应充分认识到中外数字游民存在的差异。特别是，中国"乡村振兴"和"数字乡村"这两个发展规划对数字游民有着十分重要的影响。数字游民议题涉及当代青年的发展和国家的未来走向[③]，因此具有重要的社会影响和研究价值，值得各学科研究者共同深入探索和讨论。

首先，虽然在数字经济高速发展的推动下，中国社会呈现出了高度流动的特性，但由于社会制度、文化背景、价值观念、政策环境等方面与西方国家不同，中国的数字游民在面对流动性时，其态度与西方数字游民相比，可能会存在差异。深入分析和

---

① Fabiola Mancinelli and Jennie Germann Molz, "Moving with and Against the State: Digital Nomads and Frictional Mobility Regimes," *Mobilities*, 2024, 19(2): 189—207.

② 牛天、陈绚：《"不想成为老板喜欢的人，我想成为我自己"——从嘉善、安吉的实地调研看"数字灵工"的生存样态》，《探索与争鸣》杂志微信公众号，2023年5月19日。

③ 王喆、邓雅萱、杜馥琪：《数字游民的异托邦社会空间生产实践——以浙江安吉DNA数字游民公社为例》，《未来传播》2023年第5期。

研究这些差异，有助于我们更精准地理解中国数字游民的动机和行为。

其次，从政策环境的角度看，户籍制度可能会导致中国国内数字游民在流动时面临西方学界并不熟悉的隐性特殊经验。我们亟须关注相关政策对中国数字游民流动和生活方式的影响，并探讨如何优化政策，以更有效地支持国内数字游民的长期和健康发展。

再次，相较于西方社会，中国平台媒体的发展与国家发展规划以及政府的政策监管有着更密切的联系。[1] 这可能对高度依靠平台媒体的数字游民的工作和生活产生更直接的影响。我们需要深入探究平台媒体对数字游民工作和生活方式的影响机制，并从更宏观的角度来优化平台经济的政策环境，以支持数字游民的发展和流动方式，从而为他们提供相应的社会保障。

最后，中国"乡村振兴"和"数字乡村"的发展规划对数字游民的广泛影响值得关注。眼下，许多乡村地区已具备为数字游民提供高生活品质且产生经济效益的工作场景的条件。越来越多的"数字游民"选择在乡村定居，转变为"数字乡民"。他们通过创建工作室、实训基地、创业小镇等方式，积极参与到中国乡村振兴和城乡融合发展的浪潮中。这无疑对中国的乡村发展，特别是"数字乡村"的建设有着不可估量的作用。[2] 对上述问题的深入思考，无疑将为中国数字游民研究开辟一条与西方地理套利截然不同的新路径，同时也为数字游民的发展带来新的机遇。

---

[1] Jean-Christophe Plantin and Gabriele de Seta, "WeChat as Infrastructure: The Techno-Nationalist Shaping of Chinese Digital Platforms," *Chinese Journal of Communication*, 2019, 12（3）: 257—273.

[2] 沙垚:《流动作为方法：数字游民在中国乡村——以光山数字游民基地为例》,《新闻界》2024 年第 4 期。

（二）数字游民及其研究的未来

那么，数字游民的未来将会走向何方呢？这既是追问数字游牧作为个体的生活方式是否具有可持续性，也是为了探究数字游民群体所带来的新现象和新问题，以及由此已经产生或将要引发的社会变迁。博诺和阿尔罗斯提出，数字游牧生活方式为未来的工作方式开启了新的可能性：有抱负的数字游民将这种生活方式作为自己的理想，并不断努力实现这一理想。然而，实现持续流动并非易事。即使是最坚定的数字游民，也会在某些时刻意识到，他们对休闲的追求实际上意味着他们不得不在旅行中工作。有些人可能会调整自己的旅行速度，在遇到更多困难（如资源短缺）或有更稳定生活的需求（如有了孩子）时，选择回归更"传统"的生活方式。不可忽视的是，日益增长的环保意识可能会导致人们对数字游民这种生活方式的可持续性提出更多、更直接的质疑，特别是考虑到航空旅行相关的碳排放问题。[①]

近年来，数字游民公社或数字游民基地等一大批共享工作和生活空间在浙江安吉和萧山、河南信阳、云南大理、福建厦门和泉州、海南万宁和陵水、四川成都以及江苏南京等地如雨后春笋般涌现。这主要是因为，一方面，国内一些地方政府为了吸引更多的人才、经济资源和文化资本，为新冠疫情影响下的数字经济开辟新商机，积极接纳并拥抱数字游民，为地方的发展注入新的活力。另一方面，这也反映了越来越多的年轻人对内卷化的生活感到厌倦，他们极力渴望远离传统的"朝九晚五"工作模式，追求工作与休闲之

---

① Claudine Bonneau and Jeremy Aroles, "Digital Nomads: A New Form of Leisure Class?" In *Experiencing the New World of Work*, edited by Jeremy Aroles, François-Xavier de Vaujany and Karen Dale, Cambridge, UK: Cambridge University Press, 2021, 157—177.

间的动态平衡。① 在这些共享工作和生活空间中，来自不同职业的数字游民在共享厨房中协作，定期举办主题沙龙和艺术市集，秉持平等、共享、自由、协作的精神，共同构筑起一个"类乌托邦世界"。这个"类乌托邦世界"对青年群体的现实意义是什么？它的未来将如何发展？这些问题值得我们进一步讨论。

　　数字游民的未来与数字游民研究的未来有着紧密的联系。我想在这里分享一些关于数字游民研究未来发展的浅见。黎巎等学者提出，数字游民未来的研究将从目前的概念性、描述性研究向理论、原理和机制的深入探索发展。这需要以理论研究为基础，针对这一新兴社会群体开展多层面、多维度、多方法的整体性研究，借鉴、发展和构建数字游民理论和方法体系。② 我基本同意这个观点，具体来说，未来的数字游民研究可以关注并尝试回答以下几个重要问题：首先，随着更多具有高级技能和创新思维的人加入数字游民的队伍，这将给我们的社会带来什么样的影响？其次，在中国实现共同富裕的国家战略背景下，政府将提供什么资源和政策来支持数字游民的可持续发展？再次，流动性的挑战是否会促使数字游民重新考虑传统的生活方式？最后，从全球视角来看，数字游牧主义是如何被性别化、种族化和族裔化的？它与更广泛的社会文化转型有着怎样的关系？这些问题值得未来的研究者深入探讨。

六、余论

　　作家韩寒在《1988：我想和这个世界谈谈》一书中写道："我离开了流沙，往脚底下一看……原来我不是一棵植物，我是一只动

---

　　① 吴维忆：《从自我实现到社会创新：青年"数字游民"趋势引导刍议》，《青年学报》2024 年第 1 期。

　　② 黎巎、苏婷婷等：《新型旅行群体——数字游牧民：概念、演化与研究进展》，《旅游学刊》2023 年第 1 期。

物……作为一个有脚的动物，我终于可以决定我的去向。"这段话很好地概括出了游牧的本质，即人作为动物的自由意愿和决定自己生活方式的能力。传统的游牧民族"逐水草而居"，在不断的迁徙中寻找最适宜自己生活和发展的环境和资源，生息繁衍。如今，随着技术的发展，越来越多的人携带着数字设备，一边工作，一边旅行，一边享受生活，化身为"数字时代的波希米亚人"。

在全球旅居的生活中，这些数字游民接触到了不同地方的人和事，对个人、群体和社会有了建立在距离之上的理性思考和一定程度上的比较性反思。本书聚焦数字游民这一新兴的社会群体，在系统梳理、归纳、介绍和评述西方该领域最前沿研究成果的基础上，与读者展开有益的交流和对话。更为重要的是，我们需要深入思考这些学术成果对中国数字游民研究有哪些启示？我们应如何借鉴和反思这些研究？希望本书能为国内学者在数字游民议题上参与国际学术对话和思想交流提供重要的支点——这也是本书的理论价值和现实意义所在。

最后，我想援引 DNA 数字游民公社前主理人许崧在一次采访中的话来作为这篇洋洋洒洒导言的结尾："数字游民，在我看，不是一种边缘的、亚文化的生存状态，而是一个崭新世界的开始。"对于研究者而言，数字游民研究将会打开他们的新世界。这是因为数字游牧不仅仅是一种由新技术驱动的工作形式，它同时也是一种经济活动和社会文化现象。那么，如何系统地研究数字游牧作为一种新技术的应用、经济活动和社会文化现象？我相信，这个问题将激发一大批社会学者、人类学者和传播学学者的想象力，促使他们投身数字游民的理论和实证研究中。我同样也期待，本书能够为每一位读者打开一个崭新的世界——一种对新型生活和工作方式的想象。当越来越多的职场人士，特别是当代青年处于现代化机器的运转中，面对工作的异化和内卷化，这种想象就变得异常重要。正如罗曼·罗兰所说:"世界上只有一种英雄主义,就是看清生活的真相以后依然热爱生活。"希望我们每一个人都能成为这样的英雄。

姚建华

2024 年 7 月 1 日于复旦大学新闻学院

上篇

数字游民的内涵与类型学分析

1

远程工作主流化时代数字游民的
内涵与类型探赜 *

戴夫·库克 **

【导读】 2010 年以来，数字游牧在全球范围内逐步扩展。特别是新冠疫情暴发后，作为数字游牧基础条件的远程工作日渐成为主流，这使得"数字游牧"这一概念的应用范围不断扩大。数据显示，仅美国当前就有 1690 万人自称"数字游民"，还有 7200 万人计划在未来 2—3 年内成为数字游牧的实践者。

本文旨在重新定义数字游牧的内涵，并对当代数字游民进行最新的分类。其一，就数字游民的内涵来说，是指那些利用数字技术进行远程工作的人。这些人有能力同时工作和旅行，对流动频率和地点选择具有自主权，每年至少访问三个不属于他们自己、朋友或家人住所的地点。其二，就数字游民的分类来说，该群体可以被细分为五种不同的类型，即自由职业数字游民、数字游民企业主、带薪数字游民、实验性数字游民和"扶手椅上"的数字游民。这些分类涉及六个关键变量：流动频率和自主性、以家庭为居住地的实践、国内与跨国旅行、法律合规性、工作与生活平衡，以及使用共享工

---

* 本文译自 Dave Cook, "What Is a Digital Nomad? Definition and Taxonomy in the Era of Mainstream Remote Work," *World Leisure Journal*, 2023, 65（2）: 256—275。

** 戴夫·库克（Dave Cook），英国伦敦大学学院（University College London）人类学系博士研究生。

作空间。这些变量也是数字游民群体的核心特征。五种不同类型数字游民的重要信息如下：

首先，自由职业数字游民。这个群体主要是指在旅行中从事自由职业的独立知识工作者。他们是传统的、刻板印象中的数字游民类型，并且是前疫情时代被研究最多的群体。自由职业数字游民十分注重自主权，因为能够掌控自己的工作方式和工作类型是他们选择成为自由职业者的根本原因。同样地，他们也高度重视自己是否具有对工作地点的选择权。

其次，数字游民企业主。该群体经营着注册企业，他们的工作相较于熟练的自由职业者更为复杂。他们需要与承包商、雇员和产品库存打交道，或需要更广泛的商业系统和基础设施来维系企业的运营。既有研究表明，数字游民企业主是数字游民中一个较小的类别。不过，数字游民企业主和自由职业数字游民之间的界限往往是模糊的，两个群体之间经常相互转换。

再次，带薪数字游民。在前疫情时代，学界很少关注这一群体，目前尚不清楚这是因为他们数量较少还是可见度较低。不过，截至2022年，行业报告和媒体报道显示，这种情况正在发生迅速改变。根据MBO[*]的统计数据，拥有传统全职工作的数字游民数量在2020年翻了一番，仅在美国就有1110万带薪数字游民。如果这些数据准确的话，那么就意味着，带薪数字游民可能成为各类数字游民中增长最快的类别。

接次，实验性数字游民。他们会经常出现在共享工作空间、会议室和聚会中。这些人可能正在试图从其他形式的流动生活方式

---

* MBO，一个深度工作平台，连接并帮助独立专业人士和微型企业主安全有效地与企业组织开展业务。自1996年成立以来，MBO已支持超过50万个客户项目，并为超过6万名独立专业人士和近4000家公司提供专业服务。——编者注

过渡为数字游民。实验性数字游民这个概念看重个体成为数字游民的时间性过程。他们进,可以成为自由数字游民、数字游民企业主;退,可以回到稳定的、依赖地点的生活方式。"实验"二字背后是一些有趣的研究问题,我们既可以考察数字游民群体面临的现实困境,也能够描摹他们"想象中的"生活方式与现实体验之间的鲜明落差。

最后,"扶手椅上"的数字游民。这是 MBO 报告中提出的一个新类别。它揭示了数字游民概念渗透进主流意识的变化过程。这些人大多没有接受过明确的指导,不知道该怎么把自己的愿望转化成行动。未来人们想要展开对数字游民的社会想象,企业要策划市场营销,研究人员要设计定量抽样、预测建模,政府要根据人口统计学特征进行社会治理决策,可能都绕不开这个类别的数字游民。

在理论和现实方面,对数字游民进行概念界定和分类具有重要的价值。在理论层面,这些分析为未来的相关研究提供了重要的学术方向,有助于研究人员更全面和系统地理解和阐释数字游民在现实世界中的背景、动机、实践和影响。更为重要的是,在现实层面,如果各国政府能够就数字游牧的定义及其细分标准达成一致,建立确定的分类和量化依据,那么接下来就能进一步推动合作、共享可以比较的数据,从而更准确地估算和预测数字游民群体的规模。清晰地界定数字游民并对其进行细致的分类是有益的,这将有助于我们更好地了解和处理与居住、签证、税收和社会保障(如医疗保健)相关的政策。至少,政府、机构和个人可以更精准地判断数字游牧到底是机遇还是威胁。

一、引言

(一)数字游牧:以前疫情时代为背景

"数字游牧"是一个广泛使用的术语,但其确切含义是什么呢?有时,人们觉得这是一种边工作、边旅行的方式,而不仅仅是商务出行。[①] 在 21 世纪前十年，媒体通常将数字游民塑造为快乐的千禧一代自由职业者，他们摆脱了日常琐事，周游世界，在遥远的海滩上用笔记本电脑工作。

不过，学界已经注意到了数字游牧的其他关键特征。在前疫情时代的研究中，学者们将数字游牧视为一种新兴的青年旅行形式。[②]这些研究强调了数字游民自主和自决的重要性，并将数字游牧描绘为一种脱离传统的、"朝九晚五"和日常通勤的工作和生活方式。另一个关键特征是数字游牧将数字技术和基础设施融入他们的工作环境之中。后续的研究发现，数字游民利用共享工作空间来管理工作与休闲的平衡。[③] 一些学者认为，数字游民正在形塑一种与新型工作方式相互融合的、无拘无束的、无边界的身份。[④] 然而，数字游牧也遭到了批评。有学者指出，这种生活／工作方式带来了一系列问题，包括孤独、过劳、不稳定[⑤]，以及对当地住房市场的士绅化（gentrification）影响。[⑥] 总之，在新冠疫情暴发之前，数字游民的生活方式一直在不断发展和适应社会环境的变化。

（二）数字游牧：以新冠疫情大流行为背景

新冠疫情的大流行彻底改变了关于远程工作和数字游牧的叙事

① Annika Müller, "The Digital Nomad: Buzzword or Research Category?" *Transnational Social Review*, 2016, 6（3）: 344—348.

② Greg Richards, "The New Global Nomads: Youth Travel in a Globalizing World," *Tourism Recreation Research*, 2015, 40（3）: 340—352.

③ Marko Orel, "Coworking Environments and Digital Nomadism: Balancing Work and Leisure Whilst on the Move," *World Leisure Journal*, 2019, 61（3）: 215—227.

④ Dave Cook, "Breaking the Contract: Digital Nomads and the State," *Critique of Anthropology*, 2022, 42（3）: 304—323.

⑤ Beverly Yuen Thompson, "Digital Nomads: Employment in the Online Gig Economy," *Glocalism*, 2018, 1: 1—26.

⑥ Max Holleran, "Pandemics and Geoarbitrage: Digital Nomadism Before and After COVID-19," *City*, 2022, 26（5—6）: 831—847.

和话语。2020 年初，远程工作只是一种逐渐增长的趋势，仅有少数人实践。据统计，美国只有 12% 的员工全职远程工作[①]，这一比例在英国为 6%。[②] 在文化层面，人们普遍期望员工亲自前往工作场所，而那些公开拒绝遵循这些"传统"生活和工作方式的数字游民只是一小部分"异类"。不过，随着新冠疫情的蔓延，世界各国和各个城市纷纷进入封锁状态，工作场所、文化规范和员工义务，如办公室工作、面对面会议和日常通勤，突然间消失不见了。同时，人们开始质疑其他司空见惯的规范。

传统的"朝九晚五"工作制、每周五天工作制、假期的传统意义（下班后的休息时间）以及家庭作为私人居住空间等，都受到了冲击。[③] 因此，当数字游牧的核心实践之一——远程工作突然而意外地成为主流时，越来越多的人开始将自己看作数字游民。不少媒体文章和学术论文发问：数字游牧是否已成为主流？

这也引出了厘清数字游民与远程工作者之间区别这一紧迫的问题。一些远程工作者尝试改变工作地点或搬离城市。[④] 2020 年，部分国家开始颁发远程工作签证，以鼓励人们在新冠疫情期间来其境内工作。[⑤] 数百万职场人士突然开始考虑，远程工作可能是一

---

① MBO, *The Changing Nature of the American Workforce.* https://s29814.pcdn.co/wp-content/uploads/2019/06/MBO-SOI-2019.pdf, 2019.

② ONS, *Coronavirus and Homeworking in the UK Labour Market: 2019.* https://www.ons.gov.uk/employment-andlabourmarket/peopleinwork/employmentandemployeetypes/articles/coronavirusandhomeworkingintheuklabourmarket/2019, 2020.

③ Joseph Newbold, Anna Rudnicka, David Cook, Marta Cecchinato, Sandy Gould and Anna Cox, "The New Normals of Work: A Framework for Understanding Responses to Disruptions Created by New Futures of Work," *Human-Computer Interaction*, 2020, 37（6）: 508—531.

④ Lukas Althoff, Fabian Eckert, Sharat Ganapati and Conor Walsh, "The Geography of Remote Work," *Regional Science and Urban Economics*, 2022, 93（3）: 1—21.

⑤ José Ignacio Sánchez-Vergara, Marko Orel and Ignasi Capdevila, "'Home Office Is the Here and Now,' Digital Nomad Visa Systems and Remote Work-focused Leisure Policies," *World Leisure Journal*, 2023, 65（2）: 1—20.

种真正的选择，即使目前对他们来说还不太实际。因此，根据这个定义，远程工作虽然并不总是一种永久性的或占主导地位的工作模式，但它在本文中毫无疑问是"主流"。在这种情况下，一些之前并不认为自己是数字游民的远程工作者开始尝试"跨境工作"，那么跨境远程工作应该被归类为传统的"远程工作"，还是新兴的"数字游牧"呢？

城市社会学家马克斯·霍勒兰（Max Holleran）在思考不断扩张的数字游牧可能带来的潜在影响时，提问道：随着远程工作的广泛普及，数字游牧是否会变得更具吸引力？此外，他还关注这一趋势对已经经历了"跨国士绅化"的全球南方目的地可能的作用。[①] 特蕾莎·西莫瓦（Tereza Šímová）在梳理和总结数字游牧学术著述的基础上，强调了政策制定对数字游牧发展的重要性，尤其是居住和税收政策对数字游民的影响，这一领域迄今尚未得到充分关注。[②] 笔者也深入探讨了税收和居住实践与数字游民无国界身份之间的关联性。[③] 英国政府注意到了二者之间的关系，特别是远程工作被广泛采用和数字游民数量持续增长的趋势。然而，相关报告也指出，关于有多少人正在践行数字游牧这种生活方式，或数字游民数量增长速度有多快，几乎没有准确的数据。同时，该报告将数字游牧划归为"跨境工作趋势"[④]，这表明尽管各国政府逐渐认可数字游牧的

---

① Max Holleran, "Pandemics and Geoarbitrage: Digital Nomadism Before and After COVID-19," *City*, 2022, 26（5—6）: 831—847.

② Tereza Šímová, "A Research Framework for Digital Nomadism: A Bibliometric Study," *World Leisure Journal*, 2022, 65（2）: 1—17.

③ Dave Cook, "Breaking the Contract: Digital Nomads and the State," *Critique of Anthropology*, 2022, 42（3）: 304—323.

④ OTS, *Hybrid and Distance Working Report: Exploring the Tax Implications of Changing Working Practices*, https://www.gov.uk/government/publications/ots-report-on-hybrid-and-distance-working/hybrid-and-distance-working-report-exploring-the-tax-implications-of-changing-working-practices, 2022.

总体增长趋势，但由于缺乏具体和明确的定义，以上概念仍然十分模糊。相比之下，私营部门更快地接受了"数字游民"这个概念，MBO 委托编写的 2022 年报告证实了这一点。这份报告估算，仅在美国就有 1690 万工人自我认同为数字游民。[①]

　　鉴于数字游民的定义和解释存在混淆，我们需要特别澄清两个持续存在的问题。其一，数字游民是一个媒体标签或热门标签，它的使用通常不太严谨——大部分使用者并没有明确描述清晰易懂的背景、行动、实践和身份；其二，随着远程工作的迅速扩张，有关其大规模被采用的讨论也已经吸纳了数字游牧主义，因此有必要更明确地对数字游民与远程工作者加以区分。

　　概念的混杂在两个常见的例子中表现得尤为突出。首先，关于在同一城镇或城市（但不在家里）远程工作到底是不是数字游牧，存在争议。其次，关于数字游民应该多长时间旅行一次，或者在本国境内的另一个城市上班是远程工作还是数字游牧，也存在争议。MBO 的首席研究员史蒂夫·金（Steve King）在一次采访中解释说，在他们的抽样调查中，要想被界定为数字游民，"你必须在一年内至少移动三次，否则就会被排除在外，只是探亲访友可不算"。

　　目前，现有的学术分类都未能充分揭示自 2019 年以来，数字游牧是如何增长的，出现了哪些不同类型的数字游民，以及数字游牧与"远程工作"这个"旧"概念之间的关系。因此，政府、政策制定者、企业和学界都需要对数字游民进行明确的界定和细致的分类。正如数字游民签证白皮书的作者莉莉·布伦斯（Lily Bruns）所追问的："如果我们不对数字游民进行明确定义，世界各国如何能够设计出可行的数字游民签证呢？"

---

　　① MBO, *Working from the Road: The Aspirations and Reality for Digital Nomads*, https://www.mbopartners.com/state-of-independence/digital-nomads/, 2022.

（三）更新数字游民的定义、分类和变量

本文旨在重新定义数字游民的内涵，确定六个基本变量，然后根据工作内容提出数字游牧的五种类型。所谓数字游民，是指那些利用数字技术进行远程工作的人，他们有能力同时工作和旅行，对流动频率和地点选择具有自主权，每年至少访问三个不属于他们自己、朋友或家人住所的地点。这一定义通过六个变量来进行情景化阐释，这些变量虽然无法被严格定义，但却是数字游民的核心特征：（1）流动频率和自主性；（2）以家庭为居住地的实践；（3）国内与跨国旅行；（4）法律合规性；（5）工作生活一体化与工作生活平衡；（6）使用共享工作空间。本文认为，工作结构和环境塑造了休闲的体验，因此休闲和工作之间的关系十分复杂。上述论断也得到了越来越多文献的支持，表明休闲的培养可能比工作要求更高。[①]

本文将数字游民分为五类，包括：（1）自由职业数字游民；（2）数字游民企业主；（3）带薪数字游民；（4）实验性数字游民；（5）"扶手椅上"的数字游民。这些分类和变量使学者能够更具体地聚焦数字游民的不同面向，同时为实证研究提供重要的路线图和方向。

构建这一分类法和变量的研究方法包括：首先，叙述新冠疫情暴发前和大流行期间的社会背景；其次，梳理学术文献，关注数字游牧和其他相关概念的相似性，同时指出它们之间的微妙差异和混淆之处；再次，总结行业趋势，并交叉引用学术文献；最后，尽管本文主要以文献综述为主，但我们也开展了民族志研究，还参考了

---

① Joy Beatty and William Torbert, "The False Duality of Work and Leisure," *Journal of Management Inquiry*, 2003, 12（3）: 239—252; Judy Wajcman, "Digital Technology, Work Extension and the Acceleration Society," *German Journal of Human Resource Management*, 2018, 32（3—4）: 168—176.

2015—2023 年间进行的受访者和专家访谈，以更全面地论证从文献综述中得出的数字游民的分类结果。

二、文献综述

（一）自我认同

数字游牧，作为媒体标签或热门标签，应用广泛。学术研究通常依赖个体对这一概念的自我认同。安妮卡·穆勒（Annika Müller）和奥尔加·汉农（Olga Hannonen）两位学者强调，自我认同是定义数字游牧的出发点。[①] 伊娜·赖兴伯格（Ina Reichenberger）也认为，自我认同是个体通过社交媒体选择数字游民身份的标志。[②] 在新冠疫情大流行前，笔者运用叙事引导法对数字游民的自我认同展开系统研究[*]，探讨他们如何在流动性和工作重心这两个维度上定义自己（参见图 1.1）。在该研究中，参与者被要求在这两个维度上标出自己的位置。这揭示出数字游民的自我认知，以及他们如何将自己与游客、外籍人士等其他群体区分开来。

（二）数字工具与数字工作

在数字游牧中，"数字"一词是定义这个概念的核心。赖兴伯格

[①] Annika Müller, "The Digital Nomad: Buzzword or Research Category?" *Transnational Social Review*, 2016, 6（3）: 344—348; Olga Hannonen, "In Search of a Digital Nomad: Defining the Phenomenon," *Information Technology & Tourism*, 2020, 22（3）: 335—353.

[②] Ina Reichenberger, "Digital Nomads: A Quest for Holistic Freedom in Work and Leisure," *Annals of Leisure Research*, 2018, 21（3）: 364—380.

[*] 叙事引导法（narrative elicitation methodology）是一种常见的研究方法，通常用于引导参与者分享他们的故事或叙述，以便研究者能够收集信息并理解他们的经历、观点或情感。这种方法通过开放式问题或引导性的对话来激发参与者的叙述，目的是深入探索他们的主观体验。——编者注

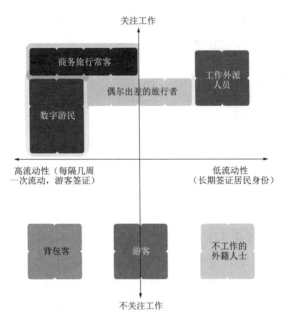

图 1.1 数字游民在前疫情时代的自我认同

对"基于网络的工作"进行了界定，它是数字游民中"数字"的一部分。[1] 凯莉斯·纳什（Caleece Nash）等研究者全面探讨了数字游民工作的核心基础——数字技术的应用。[2] 在此基础上，笔者研究了数字游民利用数字技术来提高生产力和自律性，并在工作与生活之间保持平衡的过程。[3] MBO 将使用数字技术视为数字游牧的一个

---

[1] Ina Reichenberger, "Digital Nomads: A Quest for Holistic Freedom in Work and Leisure," *Annals of Leisure Research*, 2018, 21（3）: 364—380.

[2] Caleece Nash, Mohammad Hossein Jarrahi, Will Sutherland and Gabriela Phillips, "Digital Nomads Beyond the Buzzword: Defining Digital Nomadic Work and Use of Digital Technologies," *International Conference on Information*. Cham, Switzerland: Springer International Publishing, 2018, 207—217.

[3] Dave Cook, "The Freedom Trap: Digital Nomads and the Use of Disciplining Practices to Manage Work/Leisure Boundaries," *Information Technology & Tourism*, 2020, 22（12）: 355—390.

基本特征。金在解释其研究中的抽样逻辑时表示："如果有人声称自己是数字游民，却无法回答一些关于技术使用的基本问题，那么他们就会被排除在外。"换言之，自我认同和数字技术的使用构成了数字游牧的基本要素，而不是可变因素。

（三）自决、自由和自主的数字游民

自决、自由和自主贯穿数字游民文化，如同大理石中的矿物一样不可或缺。穆勒将数字游牧定义为"与地点无关且自主决定的生活方式"[1]，在这种生活方式中，工作地点的选择与旅行和劳动生产力紧密结合在一起。她描述了人们对居住地态度的变化，从背包客演变为永久旅行者。这篇论文的发表时间具有特殊的意义，因为当时正值2016年6月英国脱欧公投和2016年11月特朗普当选美国总统前夕，全球化是当时的主要议题。然而，到了2023年，情况发生了变化，新冠疫情大流行和俄乌冲突改变了这一叙事，一些学者主张关注"去全球化"。[2]尽管如此，自由选择居住、工作和旅行地点始终是数字游牧的核心主题。

穆勒还对"选择性旅行"和"商务旅行"进行了重要区分。在讨论被雇主派往特定地点工作的人员时，她指出："对于这些工作游民（派驻工人）来说，流动性并不是一种选择，这和数字游民的自主流动实践不是一回事。"[3]此外，MBO还比较了"边工作边旅行"和"可选择工作地点"。该组织在连续几年的独立工作者国情报告中，

---

[1]　Annika Müller, "The Digital Nomad: Buzzword or Research Category?" *Transnational Social Review*, 2016, 6（3）: 344—348.

[2]　Larry Elliott, "The Pendulum Swung Against Globalisation in 2022-and That's No Bad Thing," *The Guardian*, https://www.theguardian.com/business/2022/dec/26/the-pendulumswung-against-globalisation-in-2022-and-thats-no-bad-thing, December 26, 2022.

[3]　Annika Müller, "The Digital Nomad: Buzzword or Research Category?" *Transnational Social Review*, 2016, 6（3）: 344—348.

多次提到数字游民，并从 2021 年起，每年发布一份关于数字游民的独立报告。在专家访谈中，负责定量研究的金解释了他们筛选研究对象的过程，将数字游民和非数字游民分开进行处理："一个约占 30% 权重的关键排除因素是，旅行或工作地点是你自主选择的还是雇主决定的？如果参与者无法自主选择旅行地点，我们就会将他们排除在外。"

从这里我们可以看到，对自己生活和工作地点拥有自主权是数字游牧的核心主题。不过，尽管自主权在定义数字游牧时至关重要，但它是一个复杂的特征，需要对其加以持续关注。例如，虽然"地点选择"是一个主要方面，但它并不是数字游民自主性的唯一表现形式。

（四）以家庭为居住地的实践

赖兴伯格引入了永久居住地或家庭居住地的概念，将其作为数字游民的一个决定性特征。她认为，数字游民身份的最高级别是"第三等级"，这些个体没有永久居住地。在她的抽样调查中，"第〇等级"（居家办公）和"第一等级"（有时在不同地方工作）并不是她研究的重点。[①] 这是一种有趣的分类，因为如前所述，在前疫情时代，远程工作仍然是相对小众的实践。本文建议将赖兴伯格定义的"第二等级"和"第三等级"，即"利用这种流动性实现同时工作和旅行"的人视为所有数字游民类别的基准，"扶手椅上"的数字游民除外。这更突出了"边工作边旅行"这一数字游牧的重要特征。[②]

知名的数字游民皮特·莱维斯（Pieter Levels）认为，人们并没

---

① Ina Reichenberger, "Digital Nomads: A Quest for Holistic Freedom in Work and Leisure," *Annals of Leisure Research*, 2018, 21（3）: 364—380.

② 更为详细的论述，参见本书《数字游民：追求工作和休闲的全面自由》部分的内容。

有对流动频率进行严格的界定。他进一步评论道："对我来说，如果你一年之内在多个地方生活和工作，那就算是数字游民。"MBO也强调了远离家庭或家庭居住地工作的重要性，并将这种逻辑延伸到亲友的家庭。

　　笔者认为，有几种情况就不应该算作数字游民，比如，完全在家上班、在单一家庭居住地工作或偶尔在亲朋好友家中干活。根据赖兴伯格的观点，没有家庭居住地是数字游民真实性的标志。[①] 然而，最近有研究指出，"家庭居住地"一词的含义是多变的：

> 　　一些数字游民自豪地提到了"家庭居住地"，通常指的是他们出生或成长的国家。还有一些人出于税务原因将家庭居住地选在新加坡。"家庭居住地"一词意味着自主权，而"公民身份"则让人觉得是强加的。艾瓦这样解释道："我的家庭居住地是我自己选择的地方。"[②]

　　因此，选择和自主权不仅适用于旅行地点，还适用于家庭居住地，或者数字游民是否拥有家庭居住地。人们选择某个地方有时是出于意想不到的实际原因。比如，刚开始创业的数字游民可能会拒绝"家庭居住地"这个概念，但后来发现，为了保留银行账户或注册公司，他们需要有一个居住地。因此，一些数字游民会选择将低税收国家或地区，如新加坡或迪拜作为家庭居住地。此外，随着越来越多的国家或地区推出远程工作和数字游民签证，很可能会出现新的受欢迎的家庭居住地，以及选择它们的策略。

　　[①]　Ina Reichenberger, "Digital Nomads: A Quest for Holistic Freedom in Work and Leisure," *Annals of Leisure Research*, 2018, 21（3）: 364—380.

　　[②]　Dave Cook, "Breaking the Contract: Digital Nomads and the State," *Critique of Anthropology*, 2022, 42（3）: 304—323.

（五）国内与跨国旅行

与"家庭居住地"概念密切相关的是国内与国际旅行。现有实证研究主要集中在泰国的曼谷和清迈以及印度尼西亚的巴厘岛等热带地区，涉及跨国和跨境旅行。最早的实证研究就曾假设数字游牧是一种全球生活方式。穆勒指出："无限期跨境移动的可能性本身就是数字游民生活方式的特点。"[①] 赖兴伯格也提出了类似的观点。她认为："旅行（国内和国际）因此并不是数字游民的必要条件……而是利用位置流动性的一种可能方式。"[②] 换句话说，数字游牧既不需要国际旅行，也不需要任何特定的流动频率，不过数字游民却十分热衷于国际旅行。

保罗·格林（Paul Green）指出，数字游民的实践是"围绕强大的护照和跨越国界的相对自由而建立的"。[③] 笔者将数字游民的主体性描述为"崇尚个人主义、自主、自立和一种无国界、无拘束的自由形式"。[④] 著名的数字游民劳伦·拉扎维（Lauren Razavi）也认为，"（国际旅行）有助于数字游民超越自己的传统文化，丰富他们的工作"。[⑤]

然而，新冠疫情大流行可能导致数字游牧主义发生了深刻变化，国内和国际旅行就是其中的一个方面，特别是与"工作度假"概

[①] Annika Müller, "The Digital Nomad: Buzzword or Research Category?" *Transnational Social Review*, 2016, 6（3）: 344—348.

[②] Ina Reichenberger, "Digital Nomads: A Quest for Holistic Freedom in Work and Leisure," *Annals of Leisure Research*, 2018, 21（3）: 364—380.

[③] Paul Green, "Disruptions of Self, Place and Mobility: Digital Nomads in Chiang Mai, Thailand," *Mobilities*, 2020, 15（3）: 431—445.

[④] Dave Cook, "Breaking the Contract: Digital Nomads and the State," *Critique of Anthropology*, 2022, 42（3）: 304—323.

[⑤] Lauren Razavi, *About Lauren Razavi: Personal Website*, https://lraz.io/about/, 2023.

念有关的行动。*"工作度假"强调将工作和休闲时间与国内和国际旅行结合起来，它是数字游民首创的一种做法，随后被远程工作者采用。[①] 松下庆太（Keita Matsushita）以新冠疫情期间日本国内旅行为背景指出："2020 年以来，工作度假成了激发旅游需求的有效方法，受到越来越多人的关注。"莱维斯也发现，许多"数字游民在美国各州之间旅行"。[②] 因此，将跨越国界作为数字游牧的前提条件是值得商榷的。对于个体而言，在美国、加拿大、澳大利亚、中国、俄罗斯或印度等国家的辽阔疆域内，也可以实现同时工作和旅行，从而成为数字游民。重要的是保持数字游牧国内和国际旅行的开放性，这也就意味着，只要有数字工作内容，对"房车生活"等的相关研究也可纳入数字游民研究。

（六）旅行频率

旅行频率与居住地和工作地点选择密切相关。穆勒强调了流动的重要性，但几乎没有提及旅行频率。[③] 赖兴伯格关注的是同时旅行和工作，反对以家庭为居住地，注重流动的频繁性，但没有规定最低要求。[④] 在此基础上，笔者使用了"数字慢游民"（digital slomad）这个概念来描述旅行节奏的减慢，后来这个概念被更广泛

---

* 工作度假（workation），通常指的是一种工作和度假相结合的模式，即在度假地点工作，同时也有时间享受假期。——编者注

[①] Kyra Voll, Felix Gauger and Andreas Pfnür, "Work from Anywhere: Traditional Workation, Coworkation and Workation Retreats: A Conceptual Review." *World Leisure Journal*, 2022, 65(2): 1—25.

[②] Keita Matsushita, "How the Japanese Workcation Embraces Digital Nomadic Work Style Employees," *World Leisure Journal*, 2022, 65(2): 1—18.

[③] Annika Müller, "The Digital Nomad: Buzzword or Research Category?" *Transnational Social Review*, 2016, 6(3): 344—348.

[④] Ina Reichenberger, "Digital Nomads: A Quest for Holistic Freedom in Work and Leisure," *Annals of Leisure Research*, 2018, 21(3): 364—380.

地使用。[①] 甚至在新冠疫情暴发前，数字游民旅行的节奏就开始放缓，建立常规生活和社会联系方面的困难降低了数字游民旅行的频率。一项研究指出，"日常生活被打乱，为了建立有意义的社会关系，人们需要在某地逗留更长时间，这是旅行模式发生变化的最主要原因"。[②]

新冠疫情"驱使"大多数数字游民回到自己的原籍国，尤其是那些渴望获得社会保障的个体。这也导致了旅行速度减慢、频率降低。因此，学者们应该关注这样一对矛盾：人们渴望旅行自主权（可能包括频率），但过于频繁的旅行会产生一些负面的实际影响，特别是降低劳动生产率和弱化社会联结。在具体旅行频率方面，本文认为，"每年至少去三个非自己住处或亲友家的地方"是区分远程工作和数字游牧的重要标准。

（七）法律合规性

法律合规性是另一个受新冠疫情影响较大的变量。新冠疫情暴发之前，大多数来自全球北方强护照国家的数字游民都可以在很多国家轻松地免签入（过）境。泰国和东南亚的民族志研究表明，2020 年前，大部分数字游民都是持旅游签证旅行的。然而，在新冠疫情大流行早期，依赖旅游业的国家就开始依据不同的标准和方案来签发远程工作和数字游民签证了。起初，一些数字游民签证是原有计划的延伸，旨在吸引高净值人士，且这一趋势在继续蔓延。到2023 年，跟踪远程工作和数字游民签证签发情况的服务机构和网站

---

① Abrupt Future, "On Digital Nomads, A Conversation with Dave Cook," *Spotify*, https://open.spotify.com/episode/6KS4JcQQCcbkpxoAerdYbw, 2020.
② Dave Cook, "The Freedom Trap: Digital Nomads and the Use of Disciplining Practices to Manage Work/Leisure Boundaries," *Information Technology & Tourism*, 2020, 22（12）: 355—390.

做出了以下估算：远程工作和数字游民签证的数量在 20—100 种之间，而且数量变化很快，往往每天都在上下浮动。①

　　在新冠疫情大流行前，全球还没有合法的数字游民签证。爱沙尼亚是 21 世纪前十年最早提出签发数字游民签证的国家之一。然而，有关移民的政治顾虑阻碍了其进一步推进。法律合规性存在不少灰色地带，包括税收和社会保障，如医疗保健。霍勒兰认为，数字游民研究"未能详细阐明居民如何在新的地点与国家建立联系，成为纳税人、医疗保健接受者或公共教育用户"。② 对无国界税收和签证实践的探索研究表明，在合乎法律法规方面，数字游民往往面临风险。具有讽刺意味的是，驾驭税收和签证制度离不开高度的自我管理。结果，数字游民群体"一边幻想着打破（民族国家的）社会契约，一边又不得不硬着头皮与之接触"。③

　　需要强调的是，相关研究应该区分"合法"的数字游民和"非法"或处于"法律灰色地带"的数字游民，前者持有专门为他们设计的签证旅行。此外，我们还应格外关注税收实践，探讨数字游民如何与合法的税收和签证规则互动，无论是在原籍国还是在目的地国。像 Plumia* 这样的超国家计划也是一个新兴的值得关注的领域，这些计划正在试图通过开发商业支持来为数字游民提供相应的社会

---

　　① Parag Khanna, "There's a Global War for Young Talent. The Winners Will Shape the Future," *Times*, https://time.com/6224186/global-war-for-young-talent/, October 24, 2022.

　　② Max Holleran, "Pandemics and Geoarbitrage: Digital Nomadism Before and After COVID-19," *City*, 2022, 26（5—6）: 831—847.

　　③ Dave Cook, "Breaking the Contract: Digital Nomads and the State," *Critique of Anthropology*, 2022, 42（3）: 304—323.

　　* Plumia 是 SafetyWing 公司的总项目，旨在提升人们的全球流动权利。作为一家智库机构，Plumia 专注于研究、政策、产品和理念，以促进跨越国界的公平竞争。SafetyWing 公司是一家科技公司，致力于在互联网上构建一个全球性的社会保障网络，并提供相应的保险产品。该公司由三位来自挪威的数字游民于 2018 年创立，如今已经发展壮大，拥有来自全球 60 多个国家的 150 多名成员。——编者注

福利。随着数字游民文化的发展，"合法"或"非法"的标签可以用来划分不同的研究或生活方式类别。

（八）工作生活一体化与工作生活平衡

对于数字游民来说，选择、自由和自主流动至关重要，但是维持这种生活方式却并不容易。他们的目标是寻求工作和生活的协调。二者融合的整体生活当然更佳。数字游民将工作等同于一种具有内在动力和带来成就感的活动，就像休闲活动一样，而不是外部强加于己的义务。不过，旅行带来的个人挑战倒是一种不同类型的工作。早期企业主经常感受到"压力，尤其是财务状况方面的压力"，这导致他们长时间工作。一些受访者解释道："我们通常身处美丽的地方，有很多事情可做，但却被困在笔记本电脑前，无法体验当地的风土人情。"

有人说，平衡工作与生活有助于防止过度劳累和职业倦怠，但一些数字游民在思想上拒绝接受这种观念。[1] 拉扎维说道："我不觉得这两件事可以达到平衡，顶多实现某种意义上的融合，代价是我的个人激情和职业激情边界暧昧，我自己也分不清了。"[2] 在此前提下，工作生活一体化与二者的平衡成为这个群体身上很矛盾的一对关系，这与下文的数字游民分类密切相关。例如，自由职业者因其创收能力有保障，可能会定期减少工作量，给自己放个假出去玩，而其他人则可能经历相反的情况。

（九）使用共享工作空间

使用共享工作空间可能是最直观、最具体的实现工作与生活平衡

---

[1]　Sam Applebee, "I Went Full Nomad and It（Almost）Broke Me," *Hacker Noon*, https://hackernoon.com/iwent-full-nomad-and-it-almost-broke-me-2a02c5e8f138, December 17, 2017.

[2]　Lauren Razavi, *About Lauren Razavi: Personal Website*, https://lraz.io/about/, 2023.

的方式。雷切尔·沃尔多夫（Rachael Woldoff）和罗伯特·利奇菲尔德（Robert Litchfield）提问道："为什么数字游民会远赴他乡，然后选择在共享工作空间内办公？"消除孤独感、弥补人际关系的缺失常常被认为是使用共享工作空间的主要动机[①]，但马尔科·奥雷尔（Marko Orel）认为，共享工作空间经常被用来平衡工作和休闲。[②] 笔者提出，使用共享工作空间是一种自律策略，用于在空间和时间上建立工作常规。[③] 同样，格林也指出："对于一些数字游民来说，他们需要在共享工作空间内……将他们的工作和笔记本电脑劳动区分开来。"[④]

奥雷尔和威尔·本尼斯充分肯定了共享工作空间的重要性，提出了四种类型的共享工作空间：（1）最初的共享工作空间，也就是个人用途的共享工作空间；（2）创意共享工作空间；（3）群体共享工作空间；以及（4）创业共享工作空间。其中，后面三种类型的共享工作空间是第一种类型的替代模式。进一步来说，这些个人用途的共享工作空间是酒店大堂和咖啡馆的延伸。但两位学者认为，创意、群体和创业共享工作空间是新的空间类别，可能会吸引传统自由职业数字游民以外的新型数字游民。他们强调，创意和群体共享工作空间"针对的是公司和团队，而不是个人"。[⑤] 面向传统公司和

[①]　Rachael Woldoff and Robert Litchfield, *Digital Nomads: In Search of Freedom, Community, and Meaningful Work in the New Economy*, New York: Oxford University Press, 2021.

[②]　Marko Orel, "Coworking Environments and Digital Nomadism: Balancing Work and Leisure whilst on the Move," *World Leisure Journal*, 2019, 61（3）: 215—227.

[③]　Dave Cook, "The Freedom Trap: Digital Nomads and the Use of Disciplining Practices to Manage Work/Leisure Boundaries," *Information Technology & Tourism*, 2020, 22（12）: 355—390.

[④]　Paul Green, "Disruptions of Self, Place and Mobility: Digital Nomads in Chiang Mai, Thailand," *Mobilities*, 2020, 15（3）: 431—445.

[⑤]　Marko Orel and Will Bennis, "Classifying Changes: A Taxonomy of Contemporary Coworking Spaces," *Journal of Corporate Real Estate*, 2021, 23（4）: 278—296.

员工的新型共享工作空间在数量上不断增长，这表明对新兴的带薪数字游民进行分类是必要的。

在新冠疫情期间，涌现了一批新型的共享工作空间，如位于泰国清迈的 Yellow Coworking。它是一个 Web3/ 加密货币初创企业孵化器，为创业的数字游民提供了一个具有典范意义的共享工作空间。这说明，超越了传统自由职业范畴的数字游民群体正在持续发展壮大。与此同时，共享工作空间构成了数字游民基础设施的重要组成部分。虽然并非所有的数字游民都使用共享工作空间，但这些空间的兴起和普及无疑是数字游民社群蓬勃发展的具体体现。

三、数字游民的类型：五种不同的模式

当前学界主要关注数字游民中的自由职业者，而对于企业主和带薪游民的研究相对较少。穆勒认为，数字游民既可以是自由职业者，也可以是创业家。在此基础上，赖兴伯格从 3 个数字游民脸书（Facebook）群组中招募了 22 名研究对象。所有参与者都认为自己是数字游民，并且将自己定义为自由职业者或创业家。这种自由职业者和创业家的区别颇为引人注目，因为穆勒和赖兴伯格并未明确定义创业家这个概念，只是暗示创业家可能是指企业主。笔者提出，随着时间的推移，许多企业仍处于规划阶段，尚未实现盈利，因此可以对创业者和有抱负的创业家进行进一步的区分。①

在此，我们将数字游民分为五种类型：（1）自由职业数字游民；（2）数字游民企业主；（3）带薪数字游民；（4）实验性数字游民；（5）"扶手椅上"的数字游民。"数字游民"在谷歌（Google）中的检

① Dave Cook, "The Freedom Trap: Digital Nomads and the Use of Disciplining Practices to Manage Work/Leisure Boundaries," *Information Technology & Tourism*, 2020, 22(12): 355—390.

索数量不断增加（参见图 1.2）。接下来的部分将深入探讨数字游民的不同类型及其差异。

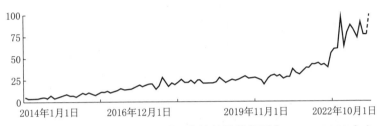

图 1.2 在谷歌上检索"数字游民"的数量趋势图（2014—2023 年）

（一）自由职业数字游民

自由职业数字游民，是指在旅行中从事自由职业的独立知识工作者。他们在 2020 年前一直被认为是传统的、刻板印象中的数字游民类型，并且是前新冠疫情时代被研究最多的群体。在许多高被引论文中，自由职业数字游民主要从事知识工作，包括：博客撰写、平面设计、翻译、数字营销、播客制作、油管（YouTube）内容创作、金融和商业咨询、摄影、文案写作、计算机编程、新闻业务、网页设计、旅行视频博客、在线英语教学、生活指导、软件开发、虚拟助手、专业指导、行政管理等。

这类自由知识工作者将继续在数字游民的活动场所普遍存在，并持续受到研究者的关注。他们非常看重高度的自主权，因为能够掌控工作方式和工作类型是他们选择成为自由职业者的根本原因。同样地，他们也高度重视自己对工作地点的选择权。

虽然有些研究倾向于将数字游牧看作一种超级流动性形式，但也有学者提出，数字游民的流动频率可能正在放缓。[①] 例如，有的

---

① Fabiola Mancinelli, "Digital Nomads: Freedom, Responsibility and the Neoliberal Order," *Information Technology & Tourism*, 2020, 22（3）: 417—437.

受访者自称为"慢旅行者",他们每年会在 3—5 个目的地之间进行季节性移动,停留时间在很大程度上由签证制度决定。数字游民通常在旅行初期行动迅速,然后找到自己喜欢的地方,在几个地方之间进行切换。因此,他们的流动频率、旅行模式和地点选择可能会因人而异,特别是考虑到签证政策的快速变化,越来越多的人意识到税收问题是一个灰色地带。这些额外的变量可能会左右自由职业数字游民对居住地的选择。特别是签证和税收方面的法律合规性问题,将影响自由职业数字游民做出是否跨越国界的决定,一些来自地域辽阔国家的数字游民尤其如此,比如美国、加拿大、澳大利亚、中国、俄罗斯或印度。

　　研究者特别关注工作生活一体化及其平衡议题。相比于企业主或带薪游民,自由职业数字游民对工作频率的控制能力更强,这种能力的主要挑战在于不稳定性,他们与零工劳动者之间有着某种相似性。贝弗利·尤恩·汤普森(Beverly Yuen Thompson)强调:"尽管行业管理部门和数字游民都将'自由'誉为零工工作的优点,但这种生活方式标志着向不稳定就业的转变——这本身并不构成经济自由或安全的基础。"[①] 随着数字游民数量的增加,自由与不稳定性之间的张力亟待学界持续关注和反思。

(二)数字游民企业主

　　数字游民企业主经营着注册企业,他们的工作相较于熟练的自由职业者更为复杂。他们需要与承包商、雇员和产品库存打交道,或需要更广泛的商业系统和基础设施来维系企业的运营。相比之下,在本分类法中,自由职业数字游民是那些为客户或企业提供技

---

① Beverly Yuen Thompson, "Digital Nomads: Employment in the Online Gig Economy," *Glocalism*, 2018, 6(1): 1—26.

能的个体。既有研究表明，数字游民企业主是一个较小的类别。但是，数字游民企业主和自由职业数字游民之间的界限往往又是模糊的，"几乎所有参与者……目前都是自由职业者、创业家或两者的结合体"。① 金也发现，人们越来越倾向于将自己看作企业或品牌："过去 15 年的调查显示，自由职业者以往主要以自由职业者或承包商自居。但现在，大多数人都认为自己是企业主。因此，对我们来说，区分自由职业数字游民和数字游民企业主变得越来越困难。"

"创业家"这个术语比比皆是，但其定义却相对模糊，因此未来的数字游牧研究需要明确其用法。穆勒和赖兴伯格把"数字游民创业家"和"数字游民自由职业者"放在一起比较，但对什么是"创业家"却语焉不详。② 汤普森分析了人们如何用"企业家精神"这个词来描述数字游民所处的文化背景。她观察到："'自我'作为一个发展项目……是一个西方消费过程，许多数字游民参与其中，将伪灵性（pseudo-spirituality）与创业精神相结合。"③

笔者在田野考察中发现，"创业家"和"企业家精神"这两个词在会议室和共享工作空间中被广泛用来概括数字游民的基本特征，而汤普森则认为"企业家精神"更具精神内涵。这两个词都是概括性的、令人向往的术语，其含义比简单的"经营企业"更为丰富。有时，"创业家"可以指代"创新者"，有时则暗指"冒险家"和"具有远见和卓识品质的人"，或者仅仅是那些"主动行动"的个体。特别

---

① Ina Reichenberger, "Digital Nomads: A Quest for Holistic Freedom in Work and Leisure," *Annals of Leisure Research*, 2018, 21（3）: 364—380.

② Annika Müller, "The Digital Nomad: Buzzword or Research Category?" *Transnational Social Review,* 2016, 6（3）: 344—348; Ina Reichenberger, "Digital Nomads: A Quest for Holistic Freedom in Work and Leisure," *Annals of Leisure Research*, 2018, 21（3）: 364—380.

③ Beverly Yuen Thompson, "The Digital Nomad Lifestyle:（Remote）Work/Leisure Balance, Privilege, and Constructed Community," *International Journal of the Sociology of Leisure*, 2019, 2（1—2）: 27—42.

是，它被用来强调个人责任的美德。"创业家"和"颠覆者"这两个词也可以互换使用。这些术语贯穿了数字游民的实践、愿望、身份和文化，无论他们是自由职业者还是企业经营者。为了保持准确性，避免含糊，本文使用"数字游民企业主"。

数字游民企业主的类型多种多样。电子商务企业主就是其中的一个例子，包括直销业务商和在线培训供应商等。在这些企业类型中，雇员或合同工的数量差异很大。实地调查显示，团队管理责任和团队规模会影响数字游民企业主的流动频率。本文的访谈对象指出，更大的管理责任要求有序的日常工作和能够预测的可获得性。此外，进一步研究可以关注远程业务对企业主出差和更换地点能力的影响。

（三）带薪数字游民

在前疫情时代，学界很少关注带薪数字游民，目前尚不清楚这是因为他们的数量较少还是可见度较低。在赖兴伯格的 22 个研究样本中，仅有 1 名带薪数字游民，而在笔者的 16 个样本中也只有 4 名。不过，截至 2022 年，行业和媒体报道显示，这种情况正在迅速发生改变。有文章直接以"为什么新型数字游民拥有全职工作"为标题，指出："这种特权……以前是自由职业者的领域，……现在已经扩展到那些兼职'传统'工作的人。"[1]

MBO 声称，新冠疫情已经彻底重塑了全球数字游牧景观。根据该组织发布的统计数据，拥有传统全职工作的数字游民数量在 2020 年翻了一番，"在 2021 年又增加了 42%"。[2] MBO 估计，仅在

---

[1]　Alex Rayner, "Why the New Breed of Digital Nomads Have Full-time Jobs," *The Sunday Times*, https://www.thetimes.co.uk/article/why-the-new-breed-of-digital-nomads-have-full-time-jobs-ns0hr576p, January 8, 2023.

[2]　MBO, *Working from the Road: The Aspirations and Reality for Digital Nomads*, https://www.mbopartners.com/state-of-independence/digital-nomads/, 2022.

美国就有 1110 万带薪数字游民。如果这些估算没有水分，带薪数字游民可能成为各类数字游民中增长最快的类别。

这就给工作、休闲和旅行领域提出了一系列兼具理论性和现实性的研究问题。例如，这些人如何安排假期？传统的"朝九晚五"和每周工作模式能否维系？他们出远门的时候，是不是要特别注意和管理人员保持在同一个时区？随着他们的数量越来越多，相互竞争和日益分化的工作文化将何去何从？一些公司（如 Spotify）接受并宣传"随处办公"的理念，而另一些公司（如迪士尼）则反对新冠疫情期间的远程工作规范，要求员工返回办公室工作。这表明在文化方面，工作场所正呈现出一种紧张关系。哈佛商学院的一位经济学家对此评论道："现在有两种公司。一种完全不在意他们的员工肉身在何处，另一种必须要看到员工在眼皮子底下上班——后者是肯定留不住人的。"[1]

（四）实验性数字游民

实验性数字游民会经常出现在共享工作空间、会议室和聚会中。他们可能正在试图从其他形式的流动生活方式过渡成数字游民。例如，背包客可能一边旅游，一边从事表演性工作。笔者还观察到，"尽管有 4 位受访者没有实际收入，但所有受访者跟游客还是不一样的，因为他们主要根据日常工作实践来安排和管理自己的时间，或者正在创业"。[2]

同样的研究估计，在清迈，很大一部分数字游民在第一年就放

---

[1]　Bruce Daisly, "The Work-from-anywhere War Is Beginning," *Wired*, https://www.wired.com/story/remote-work-labor-economy/, December 29, 2022.

[2]　Dave Cook, "The Freedom Trap: Digital Nomads and the Use of Disciplining Practices to Manage Work/Leisure Boundaries," *Information Technology & Tourism*, 2020, 22（12）: 355—390.

弃了这种生活方式。工作环境决定了一批人是不是实验性数字游民，这些人可能正在学习新技能、参加课程或创办企业，但还没有收入来源。因此，实验性数字游民这个概念看重个体成为数字游民的时间性过程。他们进，可以成为自由数字游民、数字游民企业主；退，可以回到稳定的、依赖地点的生活方式。"实验"二字背后是一些有趣的研究问题，我们既可以考察游民群体面临的现实困境，也能够描摹他们"想象中的"生活方式与现实体验之间的鲜明落差。

（五）"扶手椅上"的数字游民

"扶手椅上"的数字游民是 MBO 报告中提出的一个新类别。它揭示了数字游民概念渗透进主流意识的过程。MBO 在 2022 年的数字游民报告中估算，美国有 7200 万"扶手椅上"的数字游民计划在未来 2—3 年内成为数字游民。[①] 当前，人们对"扶手椅上"的数字游民这一群体的了解还相当有限，这些人大概也没有接受过明确的指导，不知道该怎么把自己的愿望转化成行动。金解释道："虽然我们谈论的是一项观赏体育运动，但这也能说明这个词正在进入主流意识，这很有趣。即使未来几年的增长率是 5%，那也有 350 万人。这是一个很大的数字。"

因此，未来人们想要展开对数字游民的社会想象，企业要策划市场营销，研究人员要设计定量抽样、预测建模，政府要根据人口统计学特征进行社会治理决策，可能都绕不开这个类别。数字游民的数量增加导致建筑环境发生了明显的变化，主要表现为共享工作空间和共享生活空间数量的激增。这些空间的形成对城市规划和住房供应又产生了深远的影响，激发了市场对短期租赁的需求。一些

---

① MBO, *Working from the Road: The Aspirations and Reality for Digital Nomads*, https://www.mbopartners.com/state-of-independence/digital-nomads/, 2022.

学者认为，数字游民的涌入加速了城市的士绅化进程，加剧了城市
贫民化的问题。霍勒兰指出，研究数字游民的超级流动性为我们提
供了一扇窗口，让我们了解正在发生跨国士绅化的发展中国家的新
型社会和财产关系。[①] 例如，2022 年，里斯本和墨西哥城的活动家
举行了集会示威，抗议住房和生活成本的急剧上涨，并将矛头直指
数字游民。如果上述三类数字游民的数量持续增加，那么，眼下的
当务之急是要进一步深入研究清迈等数字游民聚集地的社会和财产
关系。

四、讨论与结论

以上对数字游民的分类在多个方面都具有实际应用价值。首
先，它拓展了数字游民的基准定义。这个定义可以用来判断谁是数
字游民，谁则不是。所谓数字游民，是指那些利用数字技术进行远
程工作，有能力在旅行的同时工作，对流动频率和地点选择拥有自
主权，并且每年至少访问三个非自己、朋友或家人居住地点的群体。

除了这个基准定义和五种数字游民分类之外，我们还可以应用
六个变量来开展研究。控制旅行地点是数字游民自主性的基本表
现，但并非唯一的表现形式。我们发现，数字游民能否言行自主、
生活自决，取决于他们的具体行动和身份，这也是后续研究应该关
注的核心议题，比如：谁拥有自主权和自由？如何理解被排除在这
些自由定义之外的当地居民的自主权和自由？家庭居住地、国内和
国际旅行以及法律合规性等变量也为相关研究提供了学术方向。此
外，跨国主义与公民身份之间、地方营造与超级流动性之间，以及
个人与国家之间的紧张关系都是有趣的议题。研究者应充分利用这

---

① Max Holleran, "Pandemics and Geoarbitrage: Digital Nomadism Before and After COVID-19," *City*, 2022, 26(5—6): 831—847.

些变量来提出问题和假设，并开展相关的研究。

本文对数字游民的分类似乎过于"以工作为中心"。但反过来思考，在新冠疫情的社会语境下，工作和非工作活动的界限正在消弭。本文中不同类型的数字游民涵盖了各种工作模式和背景，这直接影响了休闲概念的变迁、人们对工作和生活的感知，以及日常时间安排。例如，如果带薪数字游民仍需遵守传统的工作模式，包括八小时工作制和每周五天工作制，那么这又如何体现其自主性？

此外，工作环境分类法有助于学者、市场营销人员和行业（如提供共享工作空间的企业）更深入地理解数字游民及其子类型，这种方法特别适用于自由职业者、企业主和带薪数字游民这三类人群。从工作环境分类法出发，我们可以进一步追问：带薪数字游民希望从共享工作空间获得哪些服务？他们的需求与其他类型的数字游民存在何种具体的差异？

工作、旅行和休闲之间的边界逐渐消融会产生怎样的实质性影响？由于大部分数字游民选择在休闲和旅游地居住，普遍青睐生活成本较低的发展中国家，共享工作空间的出现将会对数字游民选择居住地有哪些影响？爱彼迎（Airbnb）和其他全球短期租赁服务的平台会在多大程度上扰动当地的住房市场？当数字游民计划去清迈时，他们会首先想到寺庙还是共享工作空间？这些问题都值得深入探讨和分析。

我们需要思考的不仅是数字游民在逃避什么，更应关注他们在输出什么。当大量人群迁移时，文化可能会发生融合、被吸收或被强加。数字游民群体内部普遍认为，他们的存在对游牧地是有益的。这些益处包括知识交流、分享创业技能和思维方式。如果有证据表明，数字游民的商业经验对当地居民具有价值，那么研究者就需要对这些益处进行定性分析和量化评估。当数字游民数量较少时，当地人通常不太关注他们或感觉不到他们的存在。有些人甚至认为，数字游民试图将自己与旅行者等其他游客区分开来的做法没有意义。但是，当数字游民数量激增时，这种漠不关心和缺乏意识又将发生怎样的改变呢？

如上文所述，美国当前有 7200 万"扶手椅上"的数字游民。如果这些人口中的一小部分成为数字游民，那么又会带来怎样的社会影响呢？MBO 声称，由于新冠疫情在全球的蔓延，传统的带薪工人已经从办公室中解放出来，正在踏上数字游民的旅途，拥抱他们新获得的自由。这将对清迈、巴厘岛、里斯本等地产生哪些长期的后果？最后，我们该如何对全球数字游民进行分类和统计？

如果各国政府能够就数字游牧的定义及其细分标准达成一致，建立确定的分类和量化依据，那么接下来就能进一步推动合作、共享可比数据，从而更准确地估算和预测数字游民群体的规模。清晰地界定数字游民并对其进行细致的分类是有益的，这将有助于我们更好地了解和处理与居住、签证、税收和社会保障（如医疗保健）相关的政策。至少，政府、机构和个人可以更精准地判断数字游牧到底是机遇还是挑战。

2

超越作为热词的"数字游民"：
定义数字游牧工作与数字技术应用 *

凯莉斯·纳什
穆罕默德·侯赛因·贾拉希
威尔·萨瑟兰　加布里埃拉·菲利普斯 **

【导读】 近年来，"数字游牧"作为一种时尚且颠覆传统的生活方式，受到越来越多年轻人的追捧。然而，学术界对于数字游牧生活方式的特征、对未来工作的影响以及支持它的技术，还缺乏深入的实证研究。通过分析数字游民论坛，与22名数字游民进行访谈，本文探讨和阐释了构成数字游牧工作的四个关键要素——数字工作、零工工作、游牧工作、冒险与全球旅行，这些要素共同决定了数字游民的身份特征以及数字游牧工作所涵盖的重要维度。

　　首先是数字工作。为了在持续旅行的同时维系他们的生活方

---

　　* 本文译自 Caleece Nash, Mohammad Hossein Jarrahi, Will Sutherland and Gabriela Phillips, "Digital Nomads Beyond the Buzzword: Defining Digital Nomadic Work and Use of Digital Technologies," *International Conference on Information*, Cham, Switzerland: Springer International Publishing, 2018, pp.207—217。

　　** 凯莉斯·纳什（Caleece Nash），美国北卡罗来纳大学教堂山分校（University of North Carolina at Chapel Hill）信息与图书馆学院助理研究员；穆罕默德·侯赛因·贾拉希（Mohammad Hossein Jarrahi），美国北卡罗来纳大学教堂山分校信息与图书馆学院副教授；威尔·萨瑟兰（Will Sutherland），美国华盛顿大学（University of Washington）设计与工程系博士研究生；加布里埃拉·菲利普斯（Gabriela Phillips），美国北卡罗来纳大学教堂山分校信息与图书馆学院助理研究员。

式,数字游民从事使用数字工具创造数字产品的工作,即"数字工作"。这些工作与无固定地点的工作实践密切相关,是数字游牧工作的核心要素。其次是零工工作。数字游民的职业生活同样依赖于零工工作,这使他们能以独立承包商的身份进行短期工作,并根据需求拥有灵活的工作安排。零工工作和数字工作的结合为人们提供了丰富的在线自由职业工作机会,这些工作可以通过数字平台远程完成,无须受特定地点的限制。再次是游牧工作。数字游牧工作方式最显著的特点可能是持续不断的流动,这不仅是指在国家之间的流动,还包括工作空间之间的切换。这使得数字游民不仅面临流动性问题,即在不同空间之间移动并找到合适的地点,还面临更为复杂的游牧性,这要求他们积极调动资源并充分利用当地的基础设施。最后是冒险与全球旅行。数字游民是热衷于不断探索新地方的全球旅行者。不过,与一般游客不同,他们在旅行过程中持续工作,十分注重与工作相关的资源,因此必须不断平衡旅行与工作之间的关系。

本文认为,数字游民位于上述四个要素的交汇处,且每个要素都与数字技术的应用紧密相连。换言之,在构成数字游民的四个要素的过程中,各种数字技术都起到了不可替代的支撑作用。这些技术深度渗透到数字游民职业生活的各个方面:从市场营销和客户获取,到工作执行和与客户的持续沟通。这些技术为流动和灵活的工作环境奠定了基础,但同时也要求工作者具备相应的专业知识。数字游民通常在应用程序和工具的使用上展现出高超的熟练程度,自信地选择、配置甚至开发它们来解决自身遇到的问题。这些知识不仅体现在个体层面,也通过信息共享的社区渠道(例如,数字游民论坛)进行扩展和传播。在这些在线社区中,数字游民共享数字技术在工作实践中的应用经验,推动这些理念在群体间传播并持续演进。

一、问题的提出

在过去几年中，全球数字游民的数量持续增长，他们倾向于选择一种不受地理位置限制的工作和生活方式。[①] 人们普遍认为，产生这种趋势的原因是人们渴望逃离现代生活中的"激烈竞赛"，以及摆脱"朝九晚五"的传统工作模式。这些人追求能够实现全球旅行、工作时间灵活且不受传统办公环境约束的就业方式，并"重新定义……谋生方式"。[②] 这种浪漫化的描绘呈现出一种"真正自由的状态……（不受）任何限制或边界定义……可以在世界的任何地方工作"的形象。[③] 这个趋势通常被称为"数字游民运动"，它涵盖了多种因素：全球信息和信息基础设施的发展和完善、更加灵活的工作安排、人们对旅行的偏好，以及年轻一代知识工作者对冒险和工作灵活性的追求。[④] 作为持续的旅行者，许多数字游民摈弃了永久家园的概念，选择从事形式极端、远程或无固定地点的工作。这个月他们可能在印度尼西亚巴厘岛的咖啡店工作，而下个月则可能在柏林的共享办公空间中"上班"。[⑤]

研究数字游民社群有助于深入剖析数字游民、信息以及信息与通信技术之间错综复杂的关系。数字技术在数字游民的工作实践中

[①] Annika Muller, "The Digital Nomad: Buzzword or Research Category?" *Transnational Social Review*, 2016, 6 (3): 344—348.

[②] Jules Schroeder, "What Digital Nomads Know that You Don't (Yet)," *Forbes*, May 17, 2016.

[③] Robert Kanaat, "How to Become a Digital Nomad and Travel the World," *Forbes*, January 20, 2017.

[④] Filippo Dal Fiore, Patricia Mokhtarian, Ilan Salomon and Matan Singer, "'Nomads at Last'? A Set of Perspectives on How Mobile Technology May Affect Travel," *Journal of Transport Geography*, 2014, 41 (3): 97—106.

[⑤] Rosie Spinks, "Meet the 'Digital Nomads' Who Travel the World in Search of Fast Wi-Fi," *Guardian*, June 16, 2015.

扮演着关键角色，这为研究者提供了一个重要的现实背景，使他们能够更全面、系统地探索新兴技术的可供性，以及这些技术与无固定地点工作的相互作用。这种相互作用在一定程度上决定了未来工作和组织的发展趋势。[①]

当前，数字游牧生活方式已成为许多杂志和博客的热门话题，并在管理者、工人和旅行者中流行起来。然而，尽管"数字游民"一词的受欢迎程度迅速上升，却鲜有学术研究探讨该生活方式的不同面向，例如数字游民的工作安排，与组织的关系变化，工作、个人生活和旅行之间的新平衡，以及数字技术的作用，等等。特别是目前对数字游民的描述通常涵盖了远程工作者、自由职业者、无固定地点工作者和在线创业者等多个标签，但数字游牧工作与这些标签之间存在明显差异。

需要强调的是，这些概念仅仅涵盖了数字游民社群的某些方面，未能全面理解数字游牧工作的微妙之处。总的来说，这些标签无法完整体现数字游民灵活多变的工作安排。特别是在需要同其他特征相似但在某些维度上存在差异的传统工作形式（例如远程办公）区分开时，这些标签显得不够准确。

具体来说，数字游牧工作的一个关键方面是各种数字技术和基础设施在其中所扮演的中介角色。眼下，商业媒体、网站或博客上已经出现了关于这个话题的讨论，明确指出数字游民善于巧妙地利用技术来完成工作。对于研究者而言，这为探索新兴工作形式与数字中介之间的关系提供了宝贵机会。因此，本文旨在弥补现有研究中对数字游民、常见工作实践和数字技术基础作用关注和解释的不

---

① Stephen Barley, Beth Bechky and Frances Milliken, "The Changing Nature of Work: Careers, Identities, and Work Lives in the 21st Century," *Academy of Management Discoveries*, 2017, 3（2）: 111—115.

足。通过分析数字游民论坛,与 22 名数字游民开展访谈,本文探讨和回答了以下两个核心问题:其一,数字游牧工作的基本要素是什么?其二,这些要素如何与数字技术的使用相互交织?基于此,本文旨在检视和揭示数字游民生活方式的本质,以及数字技术在形塑这种生活方式中的重要作用。

二、研究方法

本文采用了两种数据来源:一是对知名数字游民论坛的深入分析,二是对 22 名数字游民进行的一系列访谈。论坛帖子的收集范围包括 reddit.com 的 "digitalnomad" 版块、脸书群组 "Digital Nomads Around the World" 和 nomadforum.io。选择这三个论坛,是因为它们拥有庞大且活跃的用户群体,并专注于数字游民话题。研究者根据数字游民在论坛上的可见性、口碑传播,或是否发表过和数字游民主题相关的文章,选择和确定不同的访谈对象,然后与他们取得联系。

在论坛中广泛收集信息,为数字游民社群研究提供了重要的研究背景。不过,本研究的分析主要集中在 nomadforum.io 上的一个论坛主题,该主题要求数字游民进行 "自我介绍"。在这个主题中,参与者介绍自己的姓名、职业,以及对数字游牧生活方式的看法,并补充了一些其他的自我描述。总体而言,对该主题的分析涵盖了 460 名数字游民的自我介绍内容,为研究人员对数字游民的职业生活进行初步描述提供了依据。

这些初步描述与访谈是同时进行的。受访者拥有不同的职业背景,但都共同拥有游牧式、数字化的工作状态,并与数字游民社群保持紧密联系。研究者根据对论坛的初步探索设计访谈结构和问题,随着访谈进行而逐步完善。每个访谈大约持续 1 个小时,通过视频会议软件进行,之后由研究者逐字进行转录。

三、研究发现

本文对数据和访谈结果进行了全面且细致的分析,揭示出数字游民的工作由四个关键要素构成:数字工作、零工工作、游牧工作、冒险与全球旅行。这些要素共同决定了数字游民的身份特征以及数字游牧工作所涵盖的重要维度。在描述和阐释这些要素的同时,本文还探究了它们与各种形式的数字技术之间密不可分的关系。

(一)数字工作

为了在持续旅行的同时维系他们的生活方式,数字游民从事使用数字工具创造数字产品的工作,最近的研究将此称为“数字工作”。[①]数字工作作为数字游牧工作的核心,与无固定地点的工作实践密切相关,使得数字游民在访问不同城市和国家时能够完成工作。通过使用数字平台来生产数字产品,数字游民能够在旅行过程中灵活工作。由于数字游民频繁地迁居和探索异国他乡,他们无法携带大量机械设备或材料来制造实体产品。数字设备和应用程序成为数字游民将数字输入转化为数字输出的主要工具,而这一转化可以在任何有电力和网络连接的地方实现。在 NomadList 论坛上,不少数字游民自称为“极简主义者”。因此,许多人在旅行和工作时选择携带最少或最便携的装备。

这些便携式数字设备使得数字游民能够在旅行中从事多种职业。论坛上观察到的大多数数字游民是程序员、开发人员、设计师或内容创作者。在这些数字游民中,很多人从事软件工程和网页开发等工作。然而,数字游民也涵盖了博客写作、平面设计、文件翻

[①] David Durward, Ivo Blohm and Jan Marco Leimeister, "Crowd Work," *Business & Information Systems Engineering*, 2016, 58(4): 1—6.

译、数字营销、制作网页和视频制作，以及财务和商业咨询等相关工作。在 NomadList 论坛的"自我介绍"主题中，超过 15% 的数字游民提到，他们利用之前培训或获得的专业知识来开展自己现有的业务。

数字游民使用多种技术平台进行数字工作并创造数字产品。他们通常会在第三方承包的网站上寻找工作机会，通过在线应用程序完成特定任务，将数据存储在云端或设备中，然后以数字形式将最终产品交付给承包商或雇主。数字游民使用的应用程序和软件可分为两类：专业特定工具和通用工具。专业特定工具支持特定数字工作子领域的实践。例如，程序员使用 GitHub 编写和共享代码，而设计师和创作者则通常使用 Adobe Creative Cloud 进行网站布局和格式处理。这些专业特定工具通常只适用于同一领域的专业人士。相比之下，还有一些技术工具是所有数字游民普遍使用的，比如即时通信应用程序。在论坛中，常见的即时通信应用程序包括 Slack，它允许用户在同一个平台上与多个人和团队进行交流。不同职业的数字游民还描述了使用 Skype 等通信应用程序与合作伙伴或客户进行远程会议的经验。

数字工作的另一个关键方面是，无论使用何种应用程序，数字工作者都极大地依赖网络连接，以便在应用程序上工作，并将完成的数字产品传递给客户。论坛上的许多数字游民都特别关注在不同国家获取稳定网络接入的最佳方式。一些数字游民讨论了使用公共无线网络的可能性，而另一些人则根据价格、可及性以及网络连接的安全性等多种因素来选择使用移动数据。然而，数字游民对数字工具和服务的依赖意味着拥有稳定的网络连接是无法替代的。

（二）零工工作

数字游民职业生活的另一个关键方面是对零工工作的依赖。零工工作使个体能够以独立承包商的身份进行短期工作，根据需求拥有灵活的工作安排。[①] 零工工作和数字工作的结合为人们提供了丰富的在线自由职业工作机会，这些工作可以通过数字平台远程完成，无须受特定地点的限制。在本文中，有位受访者描述了零工工作如何让她摆脱了地理束缚："转变工作方式就改变了一切；以前我被'困'在洛杉矶，而现在，我的大部分工作都在线上进行，我可以身处世界的任何角落。"

数字游民可以找到允许他们在世界任何地方工作的零工工作，"学成文武艺，卖与资本家"。根据零工工作所需技能的类型和投入的时间，数字游民的收入水平各不相同。越来越多的企业将项目外包给零工工作者，因为这些企业不需要为零工工人支付医疗保险或其他福利待遇。[②] 然而，这也常常给数字游民带来问题，因为他们不能像企业员工那样获得通常由企业提供的资源，进而导致工作愈发不稳定。

由于数字游民通常是独立工作者，因此他们不能获得企业提供的丰富而宝贵的资源，必须依赖各种网络服务和自由职业市场来开展工作。与组织内雇员不同，零工工作者必须积极寻找工作来获得稳定的收入。许多有零工工作经验的数字游民会在网络上使出浑身解数来进行自我推广。[③] 例如，一些受访者通过广告将潜在客户引导到自己的网站上，以增加自己产品或服务的曝光度。另一位受访者则使用 LinkedIn 和 Medium 等平台与同一领域的其他专业人士保

① Valerio De Stefano, "The Rise of the 'Just-in-Time Workforce': On-Demand Work, Crowd Work and Labor Protection in the 'Gig-Economy'," *Comparative Labour Law Journal*, 2015, 37(3): 471—503.

② Elka Torpey and Andrew Hogan, "Working in a Gig Economy," *Career Outlook*, U.S. Bureau of Labor Statistics, May 2016, p. 11.

③ Alessandro Gandini, *The Reputation Economy: Understanding Knowledge Work in Digital Society*, London: Springer, 2016.

持联系。部分数字游民认为，这样的在线方式有效地向潜在客户展示了他们的可靠性。其他数字游民可能会选择像 Upwork 和 Remote OK 这样的数字平台来寻找无固定地点的零工工作。

数字技术在数字游民执行各种重要任务时发挥着关键作用。例如，由于数字游民使用 PayPal 和 Transferwise 等数字支付方式，他们无须提供实际邮寄地址，就可以轻松地记录交易。另一个例子是，有受访者表示，他经常使用 Groove 软件来管理自己的客户关系。简言之，数字游民通过利用这些数字技术，可以更轻松地从事零工工作并完成相关任务，从而有更多时间专注于核心项目活动。

（三）游牧工作

数字游牧工作方式最显著的特点可能是持续不断的流动，这不仅是指在国家之间的流动，还包括工作空间之间的切换。这使得数字游民既面临流动性问题（在不同空间之间移动并找到合适的地点），还面临更为复杂的游牧性，这要求他们积极调动资源并充分利用当地的基础设施。在计算机支持的协同工作和信息系统领域，学者们已经进行了大量研究来阐述"游牧性"这个概念，并出现了许多可供选择的定义。这些研究具体描述了如何利用数字技术在多个地点和当地基础设施上完成工作的过程。[1] 论坛上的许多参与者认为，游牧性使他们能够体验到不同于常规生活的经历，摆脱企业的束缚，但这也要求他们自己寻找或组建工作空间，而不是依赖组织提供稳定的办公环境。数字游民寻求的资源包括皮纳蒂·德·卡瓦略（Pinatti de Carvalho）等学者所描述的"空间、时间、隐私、安静

---

[1] Mohammad Hossein Jarrahi, Sarah Beth Nelson and Leslie Thomson, "Personal Artifact Ecologies in the Context of Mobile Knowledge Workers," *Computers in Human Behavior*, 2017, 75: 469—483.

和其他人"。[①] 在 NomadList 论坛 "自我介绍" 的主题中, 一对数字游民夫妇讨论了他们需要找到 "舒适的工作空间以便完成工作" 的需求。如果缺少这样的空间, 这对夫妇认为他们的工作生产力可能会受到限制。

值得注意的是, 虽然数字游民与以往研究中的游牧工作者共享一些重要特征, 但他们的职业愿景和持续流动的动机可能与大多数游牧工作者不同 (企业界的游牧工作者也逐渐增多)。数字游民的独特之处在于他们旅行的时间更长, 并决定放弃固定的家庭地址。此外, 游牧工作者通常是为了工作而旅行, 数字游民则是在工作的同时旅行。游牧工作者通常会因工作而前往不同的地方和空间, 而数字游民的工作必须灵活地适应他们在选择旅行地点时能够找到的任何空间。在 NomadList 论坛上, 一位名叫 Zbynek 的成员讲述了他是如何放弃在银行业的 IT 工作, 转而成为一名从事安卓软件开发的自由职业者, 从此开始数字游民生活的故事。这种职业转变使得 Zbynek 能够远程工作, 不再像企业 IT 支持岗位那样局限于特定地点。类似地, 还有受访者从法律服务从业者转变为美食和旅行博主。与 Zbynek 相仿, 该位受访者现在可以享受世界旅行, 并且作为博主, 只要有网络接入和设备正常运转, 就能够在世界任何地方工作。对于大部分数字游民而言, 在旅行期间彻底改变职业道路, 同时获得经济收入是相当普遍的。虽然这可能需要掌握更多的知识或不同的技能, 但数字游民在成为地点独立的工作者之前已经做好了必要的准备。

便携式技术和个人云服务的使用有助于数字游民在不同地点进

---

① Aparecido Fabiano Pinatti de Carvalho, Luigina Ciolfi and Breda Gray, "Detailing a Spectrum of Motivational Forces Shaping Nomadic Practices," Proceedings of the 2017 ACM Conference on Computer Supported Cooperative Work and Social Computing, Portland, OR, 2017, 962—977.

行游牧工作。鉴于数字游民工作的知识密集性特点，对于这类工作者来说，维护一个庞大的信息库至关重要。通过将相关信息转移到云存储中，数字游民可以在任何有网络连接的地方访问这些信息，无须为了搬运、存储和携带更多的物品而大费周章。大多数接受访谈的数字游民指出，他们会在不同的设备上完成工作，便携式设备为他们提供了在不同空间或在旅途中工作的灵活性。此外，数字游民使用云服务与客户或同行共享信息或协作文档。借助这些服务，数字游民得以打造一个可移动的办公室，使他们能够在任何地方获取自己的专业材料。

从在线论坛和访谈的讨论中可以明显看出，持续游牧的最大挑战是孤独感，因为大多数数字游民无法维持长期的人际关系，只能局限于他们能够在所在地找到的空间和人群。一位 Reddit 用户描述了这个问题："……远程工作中存在负面的心理因素。这些是需要克服的障碍，否则会影响工作和情绪。此外，我认为'室内恐惧症'恐怕也应该在我的问题清单中，因为你在同一个地方工作和睡觉，这并不是很令人愉快。"于是，围绕数字游民社群发展起了许多在线社区和社交项目（例如 Hacker Paradise），旨在解决部分游牧主义的这个负面后果。通过这些在线社区以及在推特（Twitter）和 meetup.com 等在线社交平台上的互动，数字游民可以与其他面临类似困境的人产生共鸣和联系，或者找到在他们旅行地点附近的聚会和活动。NomadList 论坛的创始人皮特·莱维斯（Pieter Levels）在数字游民社群中备受尊敬，因为他创建了这个数字平台，使数字游民不仅可以分享旅行建议，还能结识其他数字游民。

（四）冒险与全球旅行

因为旅行和工作难分彼此，数字游民的工作和生活交织在了一起。与以往文献中许多形式的游牧工作者不同，数字游民是热衷于不断探索新地方的全球旅行者。他们选择前往全球各地具有异国风情的地区，例如泰国清迈和普吉岛、印度尼西亚乌布（Ubud）。数字游民可以自主决定生活方式，他们中的大多数人选择热带地区，或那些聚集了大量冲浪、徒步、背包旅行或滑雪爱好者的地方。在对数字游民论坛的观察中，我们可以看到一些人采用季节性的旅行方式，这更接近于传统的游牧主义。例如，有受访者表示，他在热带地区过冬，在夏季则返回北欧。此外，还有许多数字游民活动，如社交项目 Hacker Paradise 和数字游民大会，通常把多样的目的地当作宣传噱头，鼓励数字游民"环游世界"。

一些数字游民会寻找旅行伙伴或与其他数字游民合租房屋，以降低旅行成本。数字游民专属的在线社区为他们提供重要的信息，例如与旅行目的地和同行者相关的信息。他们使用脸书（Facebook）来寻找住所，并通过 NomadList 和 Slack 等数字平台与其他数字游民互动。在这些论坛上，数字游民互相推荐，提供建议，并对旅行目的地的不同方面进行评价，如网络连接、生活成本和娱乐设施等。例如，有一位 NomadList 论坛成员分享了他为获取更低价格的长期住宿，而与爱彼迎房东协商的体验。

与一般游客不同，数字游民在旅行过程中持续工作，因此必须不断平衡旅行与工作之间的关系。这种持续性旅行与工作的融合带来了一系列挑战。对于数字游民而言，如何保持高效的工作状态是每天必须应对的重要问题，因为他们身处持续"工作＋度假"的状态。一位 Reddit 评论者描述了在旅行中维持高效工作的难题：

> 制定日程表可以帮助防止懈怠情况发生，同时也有助于激发工作动力。而在温暖、阳光明媚的地方，你会遇到很多有趣的人，他们会告诉你关于他们计划做的令人兴奋的事情，这很容易分散你工作的注意力。

　　在许多情况下，数字游民为了区分个人工作和生活，会特意留出时间在即时通信应用程序上与工作团队保持联系，并使用应用程序来跟踪工作进度。

　　此外，导致数字游民工作效率下降的原因之一是，他们需要跨越不同的时区，或与客户、雇主处于不同的时区。一位 NomadList 论坛的成员描述了与雇主处于不同时区时的合作障碍，以及他如何通过调整工作日程以适应不同客户，并通过即时通信应用程序与合作者保持联系来解决这个问题。像 Slack 这样的即时通信应用程序，以及诸如 Asana 或 Trello 之类的团队管理工具，能够帮助数字游民有效地管理自己和团队成员的工作进度，同时提升工作效率。

　　虽然数字游民可能会前往一些旅游胜地，但与普通游客不同，他们寻求的资源有助于完成他们的游牧工作。在线上论坛和访谈中，许多数字游民会分享他们频繁光顾一些共享工作空间的经验，这些空间专门为远程工作者设计，提供临时办公场所和舒适的工作环境。与一般旅行者不同，数字游民在旅程中十分注重与工作相关的资源。

四、讨论

　　数字游牧性可以被视为上述四个要素的综合体，由于流动性和职业灵活性的复合问题，它变得日益复杂（见图 2.1）。数字游民与其他非传统的工作方式，如远程工作或游牧工作存在一些相似之处。但作为一个新兴的数字工作者社群，数字游民表现出与这些类别和描述不同的特点。

　　虽然某些群体和职业可能符合其中某一要素，但未必被界定为数字游民，例如：（1）固定的企业 IT 支持人员（数字工作者）；（2）亚马逊土耳其机器人众包平台的任务接受者（零工工作者）；（3）游客

图 2.1　四个概念交汇的数字游民

（全球旅行者）；（4）巡回销售人员（游牧工作者）。通过借鉴这些不同要素的重要方面，我们可以对数字游牧工作的运作方式以及技术在他们工作生活中所发挥的促进作用有进一步的了解。

　　数字游民的工作实践和工作生活表明，组织的角色和固定工作场所的作用正在减弱。这一趋势还凸显了个体数字工作者的能动力量，他们越来越像"自由能动者"[①]，享受着选择何时何地完成工作所带来的益处。这种社会技术变革与工作规范的变化（例如，新一代工作者与组织的联系较为松散）以及普遍的个人技术和服务的大量出现密切相关。

　　研究结果明确指出，要全面了解数字游民及其数字化的工作实践，需要更深入地理解他们工作的核心要素，如零工工作和数字工作。目前对数字工作的概念化停留在将其作为知识工作的一个独立子类，这仍处于初级阶段。[②] 正如在数字游民的背景下所看到的，数字工作的本质倾向于虚拟化，使工作者能够摆脱特定工作空间的

　　[①]　Stephen Barley, Beth Bechky and Frances Milliken, "The Changing Nature of Work: Careers, Identities, and Work Lives in the 21st Century," *Academy of Management Discoveries*, 2017, 3（2）: 111—115.

　　[②]　David Durward, Ivo Blohm and Jan Marco Leimeister, "Crowd Work," *Business & Information Systems Engineering*, 2016, 58（4）: 1—6.

限制，实现与地点无关的工作。同样，对零工工作的研究也还处于发展阶段，学术界对"在线自由职业"这一概念也没有明确的界定，而这恰恰是数字游民所从事的零工工作类型，在当前大部分相关研究中尚未得到广泛关注。既有研究大多通过考察微任务来系统分析和论述零工经济时代的工作类型，例如亚马逊土耳其机器人众包平台提供的零工工作，或更理想化的零工工作形式（如围绕打车平台而产生的新工作）。

本文聚焦数字游民的工作状况以及数字技术在其中的重要作用，因此在探讨数字化中介工作和未来工作方向上也有一定的学术价值。具体来说，在回答本文的第二个研究问题——数字技术的作用时，我们可以观察到：各种数字技术在构成数字游民四个要素的过程中都发挥着不可替代的支持作用。毫不夸张地说，这些技术深度融入了数字游民职业生活的各个方面：从市场营销和客户获取，再到工作执行和与客户保持沟通。例如，云服务赋予他们从不同地点获取信息的便捷性，而像 Upwork 等网络平台上的算法则将他们与潜在客户相匹配。当数字游民将工作与个人生活融合时，他们运用不同的设备实现更有效的工作。数字技术与数字游民工作方式之间的关系，恰如万达·奥尔利科斯基（Wanda Orlikowski）和苏珊·斯科特（Susan Scott）两位学者所言："当今工作的具体物质化表现为由复杂算法操作和不间断的数据流所驱动的数字平台。"①

这些技术为流动和灵活的工作环境提供了基础，但同时也需要工作者具备相当的专业知识。数字游民通常在应用程序和工具方面展现出高超的熟练程度，自信地选择、配置甚至开发这些应用程序

---

① Wanda Orlikowski, "Digital Work: A Research Agenda," In *A Research Agenda for Management and Organization Studies*, edited by Barbara Czarniawska, Northampton, MA: Edward Elgar Publishing, 2016, 88—96.

和工具来解决自身面临的问题。这些知识不仅体现在个体层面，还通过信息共享的社区渠道（例如，数字游民论坛）得以发展和传播。在这些在线社区中，数字游民共同分享着数字技术在工作实践中的应用经验，促使这些理念在群体之间扩散并不断演化。

五、结论

全球范围内个人数字技术的广泛应用以及日趋普遍的信息基础设施，再加上工作规范的不断演变，共同推动了数字游民现象的兴起。与此同时，这一现象凸显了游牧性和工作灵活性的议题，这些议题可能会对未来的工作产生深远影响。因此，深入了解数字游民群体的基本特征、构成要素，以及支持他们的技术变得既必要又紧迫。概言之，数字游民社群为研究数字化中介工作实践的变革提供了重要的切入点，为探究新一代工作者在工作实践中如何运用数字技术和信息资源提供了宝贵的分析视角。

本文是学术研究与数字游民社群的一次初步互动，未来的研究可以进一步深入探讨这一议题。鉴于数字游民存在的广度和多样性，进行更为正式的调查研究可以为我们系统了解这一群体及其职业提供更有价值的见解。此外，更深入地概念化基本范畴（如零工工作和数字工作）将有益于我们更全面阐述和深刻洞察数字游牧工作的相关实践。

中篇

自由、流动与（元）工作

数字游民：追求工作和休闲的全面自由[*]

数字游民：追求工作和休闲的全面自由 [*]

伊娜·赖兴伯格 [**]

【导读】　数字游民主要由年轻的专业人士构成，他们普遍从事在线工作，而且把旅行融入到日常生活。这种新的生活方式打破了传统的"职住二分"状态，使得工作、休闲和旅行之间的界限变得模糊，这一方面使他们获得了前所未有的自由感，但另一方面，要想实现工作-休闲平衡也变得更加具有挑战性。

　　本文尝试将"数字游民"这一概念进一步类型化，以便确定到底哪些人群才属于真正意义上的"数字游民"，而后探索该群体选择数字游牧生活的动机，以及他们如何将这些动机付诸实践。作者指出，根据流动性的程度，数字游民可以被分为四个等级：（1）第〇等级，通过在线工作实现地点独立的个体；（2）第一等级，活动范围有限，同时仍在自己的家庭环境中居住的个体；（3）第二等级，偶尔和间歇性地旅居，但最终还会返回原居住地的个体。在这种情况下，他们有一个长期的居住地，而旅行通常只在特定的时间段进行；（4）第三等级，没有固定居所或家庭基地的个体。他们充分利用了工作条件所提供的地点独立性，以持续的全职旅行为特点。作者认

＊　本文译自 Ina Reichenberger, "Digital Nomads: A Quest for Holistic Freedom in Work and Leisure," *Annals of Leisure Research*, 2018, 21（3）：364—380。

＊＊　伊娜·赖兴伯格（Ina Reichenberger），新西兰惠灵顿维多利亚大学（Victoria University of Wellington）旅游管理学系高级讲师。

为，第〇等级只是成为数字游民的基本要求，即通过在线工作实现地点独立，而后三个等级的数字游民通过在不同地方之间的流动真正实现了"数字游牧"这种生活方式。

数字游民追求一种以全面自由为特征的整体性生活方式，力图实现职业自由、空间自由和个人自由。首先，职业自由指的是个体以自决的方式选择和组织工作任务。数字游民通过创造（或选择）自己的职业道路，不仅能够决定他们的工作环境，还能对工作内容本身拥有更大的控制权；其次，地点独立性是空间自由的一种具体表现，反映了数字游民在不同地方工作和生活的愿望。其本质就是在世界各地学习和体验的自由。数字游民在流动中接触到不同的文化、价值观、规范、生活方式和观点，这些因素共同构成了他们追求空间自由的重要动机；最后，拥有更多对空间移动和职业活动的控制权，意味着数字游民具备了更大的个人自由，这对提高生产力、创造力，以及谋求自我发展都是有益的。他们幸福感的源头不仅是物质满足或经济收益，更多的是技能提升、知识增长和自我发展。实现自我发展的途径包括接触其他文化和生活方式、在适宜的环境中学习语言或其他技能等。

其实，在数字游民眼中，"工作"不只是一种个人无法逃避的劳筋苦骨之事，它乃是人类与生俱来的本能性活动，并不比休闲低等。不过，虽然休闲（包括旅行）是数字游牧给人以积极体验的重要来源，但它同时也带来了诸多新的挑战，本质上仍然是一种不同形态的工作。因此，本文强调，有必要摆脱工作时间和休闲时间二元对立的观念，重新审视工作和休闲的定义。不仅要重新评估什么是工作，也要用全新的分析框架来理解休闲。换言之，是否应该继续使用"工作"和"休闲"这些概念来理解个人如何规划他们的生活，这值得我们进一步思考和探讨。

一、引言

长期以来，学术界对信息和通信技术（Information and Communication Technologies，ICTs）的快速发展及其在旅游业中的深远影响给予了高度关注。研究表明，ICTs 极大地改变了旅行在人们生活中的角色，尤其是对数字游民这一群体而言。该群体主要由年轻的专业人士组成，得益于 ICTs，他们的工作开始不受地理位置的限制——这使得数字游民可以长时间、频繁地旅行，甚至"永远在路上"，同时仍能保持收入来源。[①] 媒体报道和博客文章皆强调，人们选择在旅行中生活，主要是为了摆脱传统的、受地点限制的工作和生活模式。随着个人工作负担的加重和休闲时间的减少，越来越多的职场人士感到与生活的脱节和断裂。于是，人们开始追求数字游牧生活，希望通过打破工作与休闲的二元对立，不断促进自我实现、自我发展和自我满足。

目前，对数字游民这一新兴社会群体的研究还相对较少。相关定义一度只能在维基百科上找到："'数字游民'是指那些依赖数字技术谋生并采纳游牧式生活方式的人群。这些人通常都是远程工作者，能够在家中、咖啡馆、公共图书馆，甚至是房车里完成那些传统上需要在固定和静态工作环境中进行的工作或任务。"[②]

不过，随着 ICTs 日益侵入工作和生活，职场的工作安排也随之变得越来越灵活。可以预见，数字游牧生活方式将变得愈发普遍（例如，在 2017 年 2 月，通过谷歌搜索"数字游民"，出现了大约80.4 万个结果）。在这样的背景下，为了更深入地理解这种尚未被

---

① Tsugio Makimoto and David Manners, *Digital Nomad*, New York: Wiley, 1997.

② Filippo Dal Fiore, Patricia Mokhtarian, Ilan Salomon and Matan Singer, "'Nomads at Last'? A Set of Perspectives on How Mobile Technology May Affect Travel," *Journal of Transport Geography*, 2014, 41（3）: 97—106.

充分讨论的旅行者类型，本文将探讨工作和休闲之间的关系，以及这种关系如何随着社会和技术的变迁而发生改变。文章首先明确界定了"数字游民"的概念，厘清了其身份特征的构成基础，在此基础上为未来研究提供一个重要的概念框架。接下来，文章将分析和审视人们选择数字游牧生活方式的动机以及付诸实践的过程。这部分还将进一步阐述数字游民对工作、休闲和旅行的期望。最后，随着工作和休闲边界的日益模糊，我们关注并讨论了二者之间的关系。综上所述，本研究试图回答以下三个问题："什么是数字游民？""人们选择数字游牧生活方式的动机是什么？""数字游民如何平衡工作、休闲和旅行之间的关系？"

二、工作和休闲的关系

尽管学术界对工作和休闲相关主题的讨论已延续数十年，但在二者的构成要素及它们之间的关系上，至今尚未形成共识。有学者认为，鉴于技术、经济和社会的变化，我们"需要不断重新审视对休闲的理解"。[1] 休闲最初被视为工作的"对立面"，是一种次要的、附属的状态；[2] 然而，考虑到数字游民经常表达出增加休闲时间的愿望，本文把休闲置于讨论的核心，并尝试探究它与工作的关系。最早的休闲定义把它简单地看作工作之外的状态，因此缺乏"固有的特性"。[3] 后续研究将休闲时间视为工作完成后的剩余时间[4]，这种

---

[1]　Ken Roberts, "The Importance of Being Inconsequential," *Leisure Studies*, 2011, 30（1）: 5—20.

[2]　Patricia Mokhtarian, Ilan Salomon and Susan Handy, "The Impacts of ICT on Leisure Activities and Travel: A Conceptual Exploration," *Transportation*, 2006, 33（3）: 263—289.

[3]　Joy Beatty and William Torbert, "The False Duality of Work and Leisure," *Journal of Management Inquiry*, 2003, 12（3）: 239—252.

[4]　John Robinson and Geoffrey Godbey, *Time for Life: The Surprising Ways Americans Use Their Time*, University Park, PA: Pennsylvania State University Press, 1997.

观点忽略了日常家务和杂事的存在。而现在，有学者主张只有特定的活动才能被归类为休闲，并强调休闲活动应当带来愉悦的体验，换句话说，休闲是建立在个人感受而非外部条件之上的。① 数字游民在休闲中追求的不仅是乐趣和放松，更重要的是，休闲是自由选择的结果，这构成了相关研究的出发点。②

有学者提出，休闲的感知和分类依赖于它是否能激发个体的流动性。③ 在某些休闲活动中，人们可以完全投入，体验技能与挑战之间的完美平衡。随着非标准工作时间、家庭办公安排、ICTs 的普及以及灵活用工形式的出现④，区分工作和休闲变得更为困难。⑤ 边界的模糊不仅意味着闲暇时间的减少，而且也使这些时间变得更加碎片化。尽管如此，通过休闲活动实现从工作中的恢复对于提升个人幸福感至关重要。⑥

斯坦利·帕克（Stanley Parker）认为，工作和休闲之间的差异只有在工作内容无法满足休闲相关标准，且这两个领域在生活中扮演着截然不同的角色时，才可能成为一个问题。他将这种状态定义为"分段主义"（segmentalism），在这种状态下，工作和休闲是分开的，重要性不同。⑦ 相反，在一种整体性的生活方式中，两者被认为是

---

① Susan Shaw, "The Meaning of Leisure in Everyday Life," *Leisure Sciences*, 2009, 7（1）: 1—24.

② Douglas Kleiber, "Fate Control and Leisure Attitudes," *Leisure Sciences*, 2009, 2（3—4）: 239—248.

③ Loree Primeau, "Work and Leisure: Transcending the Dichotomy," *American Journal of Occupational Therapy*, 1996, 50（7）: 569—577.

④ Francis Lobo, "The Work-Leisure Paradigm: The Stresses and Strains of Maintaining a Balanced Lifestyle," *World Leisure Journal*, 2006, 48（3）: 22—32.

⑤ John Haworth and Suzan Lewis, "Work, Leisure and Well-being," *British Journal of Guidance & Counselling*, 2005, 33（1）: 67—79.

⑥ Mark Cropley and Lynne Millward Purvis, "How Do Individuals 'Switch-off' from Work During Leisure? A Qualitative Description of the Unwinding Process in High and Low Ruminators," *Leisure Studies*, 2009, 28（3）: 333—347.

⑦ Stanley Parkers, *The Future of Work and Leisure*, New York: Praeger, 1971.

同等重要的，并且可以相互融合。所谓的"新经济"就倾向于鼓励这种整体性的关系，当人们在工作中获得更多的意义和满足感时，工作便成了一种新形式的休闲。[①]

为了在工作中体验到休闲般的感觉，我们必须消除等级制度、支配关系和评价体系——这需要改变工作的本质，给予个体更多的自由，并允许内部的、自我驱动的激励因素存在。这不仅是建立工作和休闲平衡的关键，也对构建个人身份和实现个人价值起着举足轻重的作用。[②]肖恩·贝斯特（Shaun Best）进一步指出，如果工作仅仅依赖外部激励，且自由度和控制水平较低，那么实现工作和休闲之间的平衡将变得极其困难。[③]在一个以绩效为导向和以消费主义为特点的社会里，通过休闲实现工作-休闲平衡的机会正在减少。

此外，休闲体验可能会被工作中负面感受的溢出效应所拖累，这种负面的工作感知会损害个人在闲暇时间内的满足感。马戈·希尔布雷希特（Margo Hilbrecht）提出了一种应对策略，即采取"减速换挡"的生活方式：个体有意识地减少工作时间和收入，转而将重心放在追求更充实、更平衡的生活上。[④]在探索工作和休闲关系的新途径时，学者们也敏锐地观察到了这一趋势。个体试图通过摆脱社会期待和传统的工作时间义务，来重塑自己的生活方式，以追求一种更自主、更有意义的生活。[⑤]

[①] Suzan Lewis, "The Integration of Paid Work and the Rest of Life. Is Post-industrial Work the New Leisure?" *Leisure Studies*, 2003, 22（4）: 343—345.

[②] Wayne Stormann, "Work: True Leisure's Home?" *Leisure Studies*, 1989, 8（1）: 25—33.

[③] Shaun Best, *Leisure Studies: Themes and Perspectives*, London: Sage, 2010.

[④] Margo Hilbrecht, "Changing Perspectives on the Work-leisure Relationship," *Annals of Leisure Research*, 2007, 10（3—4）: 368—390.

[⑤] Tarquin Bowers, "Cultivating a Leisurely Life in a Culture of Crowded Time: Rethinking the Work/Leisure Dichotomy," *World Leisure Journal*, 2011, 49（1）: 30—43.

三、研究方法

总的来说，关于数字游民的资料是零散且非科学性的，这导致学界缺乏对工作和休闲概念的共识，研究者们对二者在人们的主观感知中发挥什么作用也缺乏理解。因此，本文将采用基于社会建构主义的定性研究方法。社会建构主义关注个体的实际经历，并强调现实是由个体经验和心智结构构建出来的。[1] 受此启发，本文致力于探索"个体的意义构建活动"，以阐发个体对现实的解释和感知。[2] 为了更全面和系统地回答本文提出的三个研究问题，文章的数据收集过程包括对在线材料的内容分析和半结构化的深度访谈，通过个体的连贯叙述来理解他们的经历——这两种方法都与具有解释性的建构主义方法相一致且适用。[3]

首先，在线内容分析方面，本文通过在谷歌上搜索"数字游民"来初步确定相关的网络信息（例如访谈、文章、报告、视频、博客、论坛等）。这些信息与数字游民的特征、选择这种生活方式的多样化动机、数字游牧生活的具体实践，以及他们对工作、休闲和旅行的感知相关。

其次，研究者通过 Skype 与 22 名受访者进行了半结构化的深度访谈，目的是深入探究他们选择数字游牧生活方式的内外部原因。这些受访者都是研究者从脸书群组中招募的。选择这些群组的标准包括成员数量和持续的活跃程度（主要通过群组中每日发布的

---

① Jennie Small, "Memory-work: A Method for Researching Women's Tourist Experiences," *Tourism Management*, 1999, 20（1）: 23—35.

② Tomas Pernecky, "Constructionism: Critical Pointers for Tourism Studies," *Annals of Tourism Research*, 2012, 39（2）: 1116—1137.

③ Maureen Jane Angen, "Evaluating Interpretive Inquiry: Reviewing the Validity Debate and Opening the Dialogue," *Qualitative Health Research*, 2000, 10（3）: 378—395.

帖子数量来衡量）。这些访谈为本文提供了丰富的信息。

四、研究结果

（一）数字游民的定义

当下的数字游民主要是由年轻的专业人士构成，他们一般从事线上工作，同时周游世界，享受一种不受地理限制的生活方式。不过，在回答本文第一个研究问题"什么是数字游民?"时，受访者提出了更具批判性和见仁见智的看法。

本研究的受访者年龄跨度很大，最年轻的 19 岁，还不到弱冠，最年长的已经 51 岁了，年过半百。其中大多数人在 20—30 岁之间。他们目前没有家庭责任，加上从小对 ICTs 有较强的适应性，因此成为数字游民并没有难以逾越的门槛和感知障碍。几乎所有受访者都拥有本科或本科以上学历，并且是自由职业者、个体企业家或兼有两种身份。在所有参与访谈的人中，仅有一位是远程工作的雇员。

在探讨全球旅行的作用时，我们发现，尽管大多数受访者没有固定的居住地，或者一年中最多只在他们的常规"家庭"环境中停留三个月，但他们并不认为频繁旅行是成为数字游民的必要条件。相反，相比旅行，他们更偏爱"流动性"这个词，认为这才是构建数字游民身份特征的关键要素。在他们看来，数字游民也可以只在较小的地理范围内流动，例如走亲访友，通过地点独立性来实现工作和生活的灵活性。

数字游民生活中最核心的部分就是能在世界的任何角落自由工作。有的人是全职的，他们四处漂泊。有的人是兼职的，他们有自己的家，但每年会出去旅居好几个月。还有些人大部分时间在家里，偶尔会带着工作出去玩几周，或者就在所在城市的不同咖啡馆、共享办公空间转转。他们有选择的自由，旅居不一定是他们生活的常态，但他们完全可以这么做。（德国女性受访者，33 岁）

对我来说，只要你能自由选择工作地点，并且真的活跃在那儿，就算是数字游民了。因为工作的原因，我遇到过各种各样的数字游民，有的人一年出去旅居几周，有的人好几年都在路上……但说实话，从技术上来讲，你甚至不用旅行，完全可以在你城市中的某个咖啡馆办公，只要你在换地方。（阿根廷男性受访者，31 岁）

受访者普遍关注的问题是：能不能通过在线工作实现地理位置的独立性，然后把自己从地点当中不同程度地解放出来？受访者认为数字游民可以被分成不同的等级（参见表 3.1），但将他们区别开来的依据并不是人口统计学数据或其他相关因素，而恰恰是地点的流动性。因此，旅行（不管是国内还是国际）只是利用地点流动性的一种可能的方式，并不是构成数字游民的必要条件。虽然第○等级只是成为数字游民的基本要求，即通过在线工作实现地点独立，但后面三个等级的数字游民乃是通过在不同地方之间流动，才真正兑现了所谓的"数字游牧"这种生活方式。

表 3.1　不同等级的数字游民及其定义

层 级	定 义
第○等级	数字游民指的是那些通过在线工作实现地点独立的个体
第一等级	数字游民不仅实现了地点独立，还将这种独立性转化为流动性，不在一个固定的办公空间内持续工作
第二等级	数字游民在工作的同时实现旅行的可能性
第三等级	数字游民达到了无固定居所的程度，完全没有固定的居住地

具体来说，第一等级的数字游民是那些在有限的范围内活动，同时继续居住在自己家庭环境中的个体。第二等级的数字游民包括那些偶尔和间歇性地旅居，但最后还是要"衣锦还乡"的人。在这种情况下，他们有一个长期的居住地，而旅行通常只在特定的时间段进行。第三等级的数字游民充分利用了工作条件所提供的地点独立性，以持续的全职旅行为特征，没有固定居所或家庭基地可归。本文中的所有受访者都是第二等级或第三等级数字游民，这可能是因为他们对自己作为"数字游民"的身份有着强烈的认同感。

（二）选择数字游牧生活方式的动机

如前所述，人们选择数字游牧生活方式的动机之一是为了摆脱传统地点依赖型工作模式的束缚。所有受访者都用"自由"一词来描述他们选择地点独立生活方式的原因。无论是在工作中还是在闲暇时间，自由都是构成满意和享受活动的基础，它涵盖了职业自由、空间自由和个人自由三个方面。

首先，职业自由指的是个体以自决的方式选择和组织工作任务，人们总是热衷于更灵活和个性化的生活方式。通过创造（或选择）自己的职业道路，受访者不仅能够决定他们的工作环境，还能对工作内容本身拥有更大的控制权。专注于个人感兴趣的项目或任务，并以完全由自己控制的方式去执行，这增强了数字游民的归属感和目标感——对于参与本研究的 22 名受访者中的 16 人而言，这也有助于消除他们在传统工作中所感受到的疏离感。

> 我之前做的是市场营销，但我很快就做腻了。我在为别人的梦想打工，帮人家搞定他们热衷的事，而且我做得还挺不错。但问题是，他们喜欢的东西并不是我喜欢的，那谁来帮我实现我的梦想呢？只能靠我自己了。因为如果不是为了我自己，我

就找不到那份满足感。（爱尔兰女性受访者，27 岁）

因此，数字游民有意识地放弃了等级制度、支配关系和评价体系，从而为工作创造了实现休闲目的的基础条件。这是因为工作有助于塑造个人身份、提升自我价值、促进个人发展以及实现生活的乐趣。这种职业自由必须设计得能够通过在线方式实现，以确保地点独立性。

其次，地点独立性是空间自由的一种具体表现，突出了数字游民在不同地方工作和生活的愿望。这种自由与学习和体验的自由密切相关。数字游民在流动中接触到不同的文化、价值观、规范、生活方式和观点，这些因素共同构成了他们追求空间自由的重要动机。

出远门的时候，我就喜欢融入一个全新的文化和环境中……对我来讲，这真的就是一次探险，去过一种我真心喜欢的生活。我发现，我在别的地方、别的文化里生活的时间越长，就越容易找到自己的位置，越能更好地理解别人。（意大利男性受访者，44 岁）

空间自由及其带来的学习经历通常被认为是对传统家庭和社会环境不满的直接回应，这也是为什么越来越多的人选择追求"慢生活"——不再注重物质主义和消费导向价值观，而是更多关注以自我为中心的满足感。[①] 空间自由和学习经历的另一个好处是创造力的增强。与那些职业自由度较低的远程工作者相比，自由职业者或个体企业家发现，不断变化的环境激发了他们的创造力，这对他们

---

① Clive Hamilton and Elizabeth Mail, *Downshifting in Australia: A Sea-change in the Pursuit of Happiness*, Canberra, Australia: The Australia Institute, 2003.

的职业发展至关重要，而且反过来积极地影响了他们的职业自由。同时，选择在生活成本较低的地方过日子也增加了灵活性，使他们能够在较小的经济压力下不断地开发和扩展自己的业务。

最后，对空间移动和职业活动有更多控制权意味着个人更加自由，这对提高生产力、创造力，以及自我发展都是有益的。受访者表示，给他们带来幸福感的不仅是物质上的满足或经济上的收益，更多的是技能提升、知识增长和自我发展。实现自我发展的途径包括接触其他文化和生活方式、在适宜的环境中学习语言或其他技能等。

综上所述，职业自由、空间自由和个人自由三者之间是紧密相连的，缺一不可（参见图3.1）。只有当自主性成为人们实现职业自由的基础，并且他们还能够借助空间自由来实现个人自由时，才能达到预期的目标，这也是数字游民实现整体性生活方式的关键所在。图3.1清晰地展示了工作（职业自由）和休闲（个人自由）之间的联系，这两种自由都促进了学习和技能的获取或提升以及自我发展。地点独立性（空间自由）通过旅行经历和对不同文化的接触，增强了个人自由，并且通过激发流动性和创造力，强化了对工作

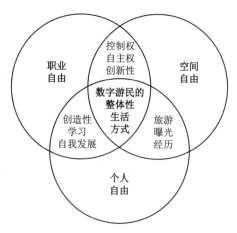

图3.1　数字游民的整体性生活方式

（职业自由）的感知和控制。上述三种自由的实现是数字游民整体性生活方式的决定因素。

（三）旅行背景下对工作和休闲的考虑

现有研究表明，数字游民追求职业自由的目的主要是将他们所偏好的休闲要素融入工作。然而，当被问及如何在日常生活中体现职业和个人自由时，受访者更倾向于使用传统的工作与休闲／闲暇时间二元划分的术语。以前这种划分主要是用来进行时间管理，以确保利润最大化，传统企业并不关心员工对任务本身的感知。为了回答"数字游民如何平衡工作、休闲和旅行之间的关系？"这一研究问题，我们将具体分析数字游民如何感知工作任务，探讨他们是否成功地将工作转变为更具休闲特性的活动，以及旅行中的休闲活动到底扮演了什么样的角色。以往，旅行通常被视为一种特殊的休闲活动，但现在越来越被人们视为常态而非例外了。

对于个体企业家而言，他们的工作任务一般都是由个人兴趣、技能和激情所驱动的。他们把工作任务看作积极的、令人愉悦和满意的体验，这是因为工作对他们而言同时融合了内外部的激励因素。成功的企业家特别强调根据自己的情境偏好以及当前的时间、注意力和创造力水平，自由地在工作和休闲之间切换。他们"有能力做某事"，所以再也无须"不得不做某事"，这种自由使得他们完全能够自主选择所从事的工作内容，不必听命于人。

> 你知道那句老话吗？"如果你爱上了你的工作，那么工作就不再是工作。"这句话真的很有道理。我对自己的工作很满意，而且我还能以自己喜欢的方式来做这份工作……之前，我很困惑，因为我不是很喜欢我的工作，它很无聊。工作和玩乐是不一样的，毕竟还得挣钱，对吧？但现在，对我来说，它们也不一

定是完全不同的两件事情了。(荷兰男性受访者,33 岁)

在访谈中,受访者表达了这样的观点:当工作的外部激励胜过内部激励,当空间自由和个人自由受到威胁,生活方式失去平衡时,工作任务很难成为一种休闲,即使这份工作在其他方面是令人满意的。此外,当工作任务的数量减少时,休闲活动也变得不那么吸引人了。

> 我发现每个礼拜只上四个小时班也挺糟糕的,因为这让我感到自己对这个世界好像没有什么贡献,感觉自己失去了努力的方向和目标。生活不可能只是冲浪那么简单,我真心想帮助人们去追求他们的梦想,而这恰恰也是我实现自己梦想的方式。所以在我没去上班的那些日子里,我意识到我并不是真的喜欢我所做的事情,我的生活其实不太平衡。(德国女性受访者,33 岁)

在访谈中,"平衡"一词的频繁使用突出了数字游民追求的是一种全面的生活方式。也就是说,工作和休闲对于个人的自我认同和价值感都极为重要,缺一不可。当职业自由和个人自由得到充分实现时(特别是在内部动机的驱动下),受访者表达了极大的快乐和满足感。尽管工作和休闲、自由时间、娱乐是我们常谈论的主题,但细致探究人们对它们的感知时,我们会发现它们之间并没有一个明确的分界线。值得注意的是,尽管本研究中的每位受访者都对自己的现状表示满意,但这并不意味着所有人都有相同的体验。毕竟还有很多追求职业自由受挫的人没有机会吐露心声。[1]

---

[1] David Blanchflower, "Self-employment: More May Not Be Better," *Swedish Economic Policy Review*, 2004, 11(1): 15—73.

　　除此之外，在数字游牧的语境中，空间自由一般指的是人们为了减轻经济压力，自主迁移到低成本国家或地区居住的机会。但此外我们也发现了一些与工作任务无关的其他活动类型和感知面向，都与空间自由有关。这些活动及其目的通常围绕着旅行发生。当然，空间自由的概念也并非全然是积极和正面的，特别是对于那些居无定所、无乡可归的第三等级数字游民来说。他们不得不频繁地建立新的生活环境，通常在一个地方停留 2—3 个月，并且没有一个固定的家庭基地。

　　　　我确实挺享受到新地方去冒险，但是让我在那儿安家立业就有点受不了。得找地方住，找工作，还得发现哪儿有好吃的，哪儿有不错的咖啡馆，得交朋友，搞懂当地是怎么回事，应付各种复杂的事情，还有那些完全不同的文化习俗……这简直就是每几个月来一次文化大碰撞。刚开始当数字游民的人可能看不到这些问题。你每天都在忙活，但感觉啥也没做成，周围一个熟人都没有，挺孤单的。如果你的生意还没起步，那就更糟了。（希腊男性受访者，28 岁）

　　另外，社交活动有时也被视为一种负担，这种感受在内向型数字游民中尤为强烈。本研究发现，大部分数字游民在没有伴侣或朋友的情况下工作和生活，这一现象反过来又凸显了社交网络的重要性。

　　　　这种感觉挺孤单的。想象一下，你周围没有亲人和朋友，工作和生活中的挑战一个接一个。你得在新地方找到新朋友，对有些人来说，这很容易做到，还挺开心的，但对我来讲，这简直就和登天一样难。我不是那种"自来熟"的人，要我变得外向，到共享工作空间或者共享生活空间中去，太难了。在这些空间中，人们来了又走，在他们离开之后，我又需要从头再来。（瑞典女性受访者，26 岁）

数字游民通常把旅行和自我提升活动当作休闲活动。旅行让人们有机会观光和独立探索某个地方，同时学习当地文化。至于自我提升活动，则因人而异，通常包括在特定兴趣或爱好领域（如艺术、体育）内提升自己的技能，或者在精神和心灵上获得成长（比如参加冥想、瑜伽、健康活动）。这些活动都是个体出于内部动机自由选择的，为的是追求空间自由和个人自由。

旅行使我能够更好地面对各种问题，去找到真正的自我，去明白自己到底想要什么，什么能让我开心，怎样成为更好的自己……但这只是开始。旅行让我见识了这个世界，给我带来新的灵感，这既刺激又好玩，还能让我在工作上更有创意……同时，我也能自由自在地做事，学习新东西。比如，我想学冲浪，就会飞到巴厘岛去；想学瑜伽，就会去泰国……这也是我痴迷旅行、一定要当个数字游民的原因。（德国女性受访者，35 岁）

总之，当职业自由、空间自由和个人自由得到充分实现时，人们可能会认为工作任务就是一种休闲活动，并保持在工作之外的闲暇时间进行休闲特性更浓厚的"休闲"活动。尽管旅行是实现职业自由、空间自由和个人自由的关键要素，但它并不总是带来积极体验，有时甚至带来不少挑战。换句话说，即使数字游民本来想把可能产生不愉快的工作任务排除在生活方式之外，但这些工作任务现在被"带"到了旅行环境中。在这个新环境中，特定的旅行活动反倒成了一种新型的工作。

五、研究结论

全球旅行占据了媒体报道的显著位置，但它并非成为数字游民的必要条件，因为地点的流动性也可以在更小的范围内实现。因此，根据地点流动性的程度，本文将数字游民分为三个等级（不包括第〇等级）：第一等级的数字游民在工作地点上有灵活选择权，但不在旅行时工作；第二等级的数字游民保留永久居留权，并利用各种机会在更广泛的范围内旅行；第三等级的数字游民放弃永久居留权，全身心投入流动生活。与第一等级的数字游民相比，第二等级和第三等级的人更强烈地认同数字游民的身份特征，他们有动力在全球持续流动。

在本文中，对处于第二等级和第三等级的数字游民而言，职业自由和个人自由——传统上分别对应工作和休闲两个领域——是密切相关的。在选择数字游牧生活方式之前，受访者在其工作环境中通常从事被认为带来负面影响的工作。然而，他们的实际经历表明，那些不令人满意的和外部激励驱动的活动并未完全被消除，而只是从工作领域转移到了旅行领域。工作和休闲之间的平衡是自我选择的结果，受到个体对自由追求的影响——这是数字游民的主要动机和目标，他们同样愿意承担相应的代价。本文强调，对工作和休闲的概念化需要摆脱工作时间和休闲时间的二元对立视角。因此，仅仅重新评估什么是工作是不够的，重新评价我们对休闲的理解也是必要的。此外，是否应该继续使用"工作"和"休闲"这些术语来理解个人如何构建他们的生活，值得进一步思考和探索。当然，本文也存在局限性，例如，它未能涵盖除第二等级和第三等级以外的数字游民，也没有访谈那些放弃数字游牧生活方式或对现状不满意的人。这些人的经历和体验需要引起未来研究者的关注。

4 数字游民：自由、责任与新自由主义秩序*

法比奥拉·曼奇内利**

【导读】 数字游民是这样一群人，他们运用便携式数字技术和广泛的互联网接入，能在任何地点远程工作，并利用这种自由来探索世界。他们将自己从固定的工作场所中解放出来，以工作为契机体验不同地方和文化，展现了他们对有意义生活的追求。在他们的叙述中，旅行不再是基于地点的活动，而是以自我为中心的体验，是身份认同的基本元素。对于这个群体来说，流动成了一种生活方式，使他们有机会创造自己的生活环境，将生活定义为自我实现的个人主义项目。

摆脱定居主义生活加速了数字游民新价值观体系的形成。其中，极简主义、不确定性和风险取代了物质积累、稳定性和舒适性。为了更全面地理解他们的生活方式，我们需要关注那些帮助数字游民实现跨国流动的经济策略，以及他们在流动生活中所面临的实际挑战和新形式的责任。本文提出，数字游牧主义并未构成对现有制度的根本挑战，而是一种对新自由主义影响的机会主义式调适，其内核是企业家精神般的自由。换句话说，数字游民的自我实现计划

* 本文译自 Fabiola Mancinelli, "Digital Nomads: Freedom, Responsibility and the Neoliberal Order," *Information Technology & Tourism*, 2020, 22（3）：417—437。

** 法比奥拉·曼奇内利（Fabiola Mancinelli），西班牙巴塞罗那大学（University of Barcelona）社会人类学系副教授。

实际上非常符合企业家精神的意识形态，他们不仅在某种程度上加剧了资本主义制度的全球不平等，并利用国籍所带来的特权，成为这种不平等制度和背景下的受益者。

在传播科学中，学者们开始赞颂游民，因为他们是"自由的化身"。在全球化的两大趋势——流动性和数字化——的交汇点上，游民成为一种隐喻。永久的网络连接使得数字游民能够在多个居住地之间"辗转腾挪"，同时维持自己的社交网络。技术改变了他们的工作方式、社交方式和生活方式，使得个人生活和职业生活的边界变得模糊。交通系统的发展和旅游业的去中介化，使得人们可以通过在线平台安排自己的旅行，因此边界的模糊化趋势被进一步强化了。这样，与传统游民不同，数字游民的流动不再是对环境变化的条件反应，而是自由选择的结果，同时也构成了新的流动实践的基础。

本文指出，气候条件、网络连接、生活成本，以及有无志同道合之友组成的社区，都是影响数字游民流动的重要因素。为了探索他们所访问的国家或地区，数字游民经常乘飞机旅行，或长途跋涉，或短途出游。同时，在本文中，不是所有人都自认为是"游民"：这种认同因人口统计特征和职业经历有所不同，但在所有情况下，他们在谈论自己的身份时都强调了迁徙的潜力。

对于数字游民而言，定居主义和流动性代表了两种对立的价值观，前者象征着物质积累和道德停滞，后者则是通向各种重大变革的途径。集体和部落往往选择定居，而流动性则以个体为中心，个体化的数字游民创造自己的生活环境，推动自我发展、自我表达和自我实现。他们把走出舒适区视为"个人发展的巨大催化剂"，它为这个群体提供了一个探索自身极限和能力的自由空间。

在这个过程中，数字游民必须像企业家经营和运作项目一样组织自己的移动生活，这就需要依赖企业家精神的意识形态——这是新自由主义的标志性特征。从工作场所解放出来意味着有更多的时间投入自己热爱的项目中。然而,对于那些依赖不稳定工作和计件活计的千禧一代来说,数字游牧则意味着朝不保夕、随叫随到、工休不分。

统而观之,本文的目的是双重的:一方面,它将数字游民的社会文化想象——流动性/非流动性,与他们为维持流动性所采取的特定经济策略(包括地理套利和网络资本商品化)进行对比;另一方面,它提供了新的民族志证据,阐明数字游民的自我实现计划如何与企业家精神的意识形态相吻合,使他们得以成为"特权一族",畅行在资本主义制度的全球不平等中。由此可见,数字游牧主义是一种适应新自由主义意识形态的生活方式,而非对既有制度的挑战。

一、引言

数字游民是这样一群人,他们运用便携式数字技术和广泛的互联网接入,能在任何地点远程工作,并利用这种自由来探索世界。他们的愿望是一种独特的生活方式,融合了旅游、休闲和专业活动,可以远程工作、全球旅行,同时还能"狡兔三窟"。本文旨在将数字游民流动的动机与其采取的经济策略进行对比,并在此基础上,阐述他们关于自由和自我实现的话语与所处结构性限制之间的相互关系。

要理解数字游民决定迁移的原因,我们必须考察他们的个人能动性和文化动机。就数字游民而言,"美好生活"是一种激发多种流动性的普遍愿望,它更多地是在追寻意义,而与经济或政治因素无关。[①] 数字游民将自己从固定的工作场所中解放出来,以工作为契机体验不同地方和文化,展现了他们对有意义生活的追求。因此,在线工作提供的灵活性是他们生活计划的基本要求。不过,与其他

---

① Mari Korpela, "Lifestyle of Freedom? Individualism and Lifestyle Migration," In *Understanding Lifestyle Migration: Theoretical Approaches to Migration and the Quest for a Better Way of Life*, edited by Michaela Benson and Nick Osbaldiston, London: Palgrave Macmillan, 2014, 27—46.

远程工作者的区别在于，数字游民认为通过国际旅行获得文化和个人经验很有价值，这有利于体验不同的生活安排，并培育更深层次的自我意识。当然，数字游民并不是唯一具有巨大流动性潜力的劳动者：记者、军事人员、国际导游、季节性工人、非政府组织工作人员和企业高管也可以是超级流动的实践者。然而，这些实践仍然取决于他们的职业，并不完全是"自由选择"的结果，"自由选择"这个词是数字游民话语中最重要的一个元素。

就像其他生活方式下的移民和全球游牧民一样，数字游民一般都不大喜欢他们原籍国（通常是富裕的工业化国家）的社会制度。[①]他们拒绝过安定的生活，质疑定居主义的本体论，家庭／工作场所、生产时间／假期的二元划分在他们身上并不是很明显。传统上，我们用这些二元范畴来理解建立在地点之上的生活方式及其社会地位，也依靠它们来区分任务、空间和时间段。数字游民将自己从不令人满意的工作／生活平衡中解脱出来，转而追求自由和自我实现。在他们的叙述中，旅行不再是基于地点的活动，而是以自我为中心的体验，是身份认同的基本元素。对这个群体来说，流动成了一种生活方式，使数字游民能够有机会创造自己的生活环境，将生活定义为自我实现的个人主义项目。

有些学者对跨国的、非传统流动的当代形式很感兴趣，他们使用生活方式的概念来解释"移动生活"的社会文化增殖过程，这标志着人们的身份、社会性以及与地点和空间关系的构建发生了根本性的变化。[②]特别是塔拉·邓肯（Tara Duncan）、斯科特·科恩（Scott Cohen）和玛丽亚·图莱马克（Maria Thulemark）等学者发展

[①]　Anthony D'Andrea, *Global Nomads: Techno and New Age as Transnational Countercultures in Ibiza and Goa*, London: Routledge, 2007.

[②]　Scott Cohen, Tara Duncan and Maria Thulemark, "Lifestyle Mobilities: The Crossroads of Travel, Leisure and Migration," *Mobilities*, 2015, 10(1): 155—172.

了"生活方式流动性"的概念，将其用作一种理论视角，来构建介于旅游和迁移之间自愿的、持续的旅行，如数字游牧主义。①

摆脱定居主义生活加速了数字游民新价值观体系的形成，其中，极简主义、不确定性和风险取代了物质积累、稳定性和舒适性。但笔者认为，只关注他们的话语，掩盖了促成这种可能性特权的先决条件，即他们原籍国的高生活水平和教育水平，以及有利的签证制度。尽管一些数字游民以这种方式看待他们的经历，但将自由精神视为一种移动的潜力，并不足以逃避普遍存在的社会政治秩序。为了更全面地理解他们的生活方式，我们需要关注那些帮助数字游民实现跨国能动的经济策略，以及他们在流动生活中面临的实际挑战和新形式的责任。数字游牧主义并未构成对现有制度的根本挑战，而是一种对新自由主义影响的机会主义式调适，其内核是企业家精神般的自由。②本文提供了新的民族志证据来推动这一论点的发展，证明数字游民的自我实现计划实际上非常符合企业家精神的意识形态，他们不仅在某种程度上加剧了资本主义制度的全球不平等，而且利用国籍所带来的优势，成为这种不平等制度和背景下的受益者。

尽管数字游牧主义产生了很大影响，不仅涉及工作的现状和未来，甚至国际旅行都因之发生了转型，但关于它的人类学研究仍处于起步阶段。到目前为止，社会学家一直致力于研究数字游民对休闲的理解与态度。③数字游民中的大部分人会根据自己的热情和兴趣来定义自己，而将那些支持他们实现生活方式的专业活动放在次

---

① Tara Duncan, Scott Cohen and Maria Thulemark, *Lifestyle Mobilities: Intersections of Travel, Leisure and Migration*, London: Routledge, 2016.

② David Harvey, *A Brief History of Neoliberalism*, New York: Oxford University Press, 2005.

③ Ina Reichenberger, "Digital Nomads: A Quest for Holistic Freedom in Work and Leisure," *Annals of Leisure Research*, 2018, 21（3）: 364—380.

要位置。其他学者则强调了这种生活方式所承诺的自由需要大量的"元劳动"，才能应付其发生的时间和社会环境所受到的环境限制，这很有启发性。[①] 信息系统和计算机科学的研究人员看重数字游牧主义和新价值秩序创造之间的联系，以及它与零工经济兴起和不稳定就业普遍化之间的关联。[②] 本文的目标是为正在进行的讨论做一点贡献，提供一种民族志探索，将数字游民对流动性／非流动性的社会文化想象，与维护自由精神所必需的一系列新责任进行对比。

笔者首先从隐喻和实证两方面简要回顾游民概念，这是一个带有对抗和自我实现意味的形象。接下来，本文将探讨跨国流动的生活方式与个体化理论之间的联系，然后介绍方法论和基于案例的实证研究。在后面的几部分中，笔者将聚焦数字游民关于自我认同的话语，并将其与维持和构建持续流动生活的具体经济策略相比较，包括地理套利、极简主义和网络资本商品化。

二、从传统到数字：游民是"自由的化身"

游民作为一种极端流动性的典型，无论是在身体上还是在思想上，都吸引着人类学家和其他社会科学领域的研究人员。这些研究领域包括哲学、旅游和流动性研究，还有信息和通信科学等。在这

---

① Claudine Bonneau and Lucie Enel, "Caractériser Le Méta-Travail Des Nomades Numériques: Un Préalable à l'Identification Des Compétences Requises," *Lien Social et Politiques*, 2018, 81: 138—155.

② Will Sutherland and Mohammad Hossein Jarrahi, "The Gig Economy and Information Infrastructure: The Case of the Digital Nomad Community," *Proceedings of the ACM on Human-Computer Interaction*, 2017, 1: 1—24; Caleece Nash, Mohammad Hossein Jarrahi, Will Sutherland and Gabriela Phillips, "Digital Nomads Beyond the Buzzword: Defining Digital Nomadic Work and Use of Digital Technologies," *International Conference on Information*, Cham, Switzerland: Springer International Publishing, 2018, 207—217; Beverly Yuen Thompson, "Digital Nomads: Employment in the Online Gig Economy," *Glocalism*, 2018, 1: 1—26.

些领域中，游民对定居社会既是一种威胁，也是奇迹的来源。^① 一方面，游民被视为一个微不足道的、被边缘化的主体。另一方面，哲学家们却把他们当作一种理想化的隐喻，象征着无限的自由和对民族国家发号施令的批判性抵抗，因为游民居无定所，这就挑战了由稳定和固定的政权强加的问责制度。^②

　　迁徙和自由之间的联系成为后现代游民地理隐喻的最突出特征，这在早期人类学对游牧人口的描述中是不存在的。因此，游民成了后现代的英雄，开启了一种超越传统模式的新的身份思考方式。^③ 以前的人们更相信"叶落要归根"，而在当前的"液态社会"中，数字游民是面对全球新自由主义强加的流动存在时，唯一能够屹立不倒的人，虽然这种存在往往由风险、不确定性和个人主义所主导。^④ 同样，"流动性的转折点"这一概念强调，流动既是一种本体论语境，也是理解后现代条件的诠释学关键。^⑤ "游牧形而上学"强调了流动性的积极内涵，是一种解释权力结构、身份建构和日常

---

①　John Durham Peters, "Exile, Nomadism, and Diaspora: The Stakes of Mobility in the Western Canon," In *Home, Exile, Homeland: Film, Media, and the Politics of Place*, edited by Hamid Naficy, New York: Routledge, 2013: 17—41; Peter Kabachnik, "England or Uruguay? The Persistence of Place and the Myth of the Placeless Gypsy," *Area*, 2010, 42（2）: 198—207.

②　Gilles Deleuze and Félix Guattari, *Nomadology: The War Machine*, New York: Semiotext（e）, 1986; Rosi Braidotti, *Nomadic Subjects: Embodiment and Sexual Difference in Contemporary Feminist Theory*, New York: Columbia University Press, 1994; Dominique Grisoni, *Politiques De La Philosophie*, Paris: Grasset, 1976; Caren Kaplan, *Questions of Travel: Postmodern Discourses of Displacement*, Durham: NC: Duke University Press, 1996.

③　John Noyes, "Nomadic Fantasies: Producing Landscapes of Mobility in German Southwest Africa," *Cultural Geographies*, 2000, 7（1）: 47—66; Ada Engebrigtsen, "Key Figure of Mobility: The Nomad," *Social Anthropology*, 2017, 25（1）: 42—54.

④　Zygmunt Bauman, "Individually, Together," In *Individualization: Institutionalized Individualism and Its Social and Political Consequences*, edited by Ulrich Beck and Elisabeth Beck-Gernsheim, London: Sage, 2002: 14—19.

⑤　John Urry, *Sociology Beyond Societies: Mobilities for the Twenty-first Century*, London: Routledge, 2000.

生活微观地理的理论范式。[①]

　　一些学者将游民隐喻概念的特征应用于实证分析，其中最重要的尝试是对旅游和休闲移民的民族志研究。例如，通过分析与科技音乐和新时代精神相关的反文化，安东尼·达安德里亚（Anthony D'Andrea）提出了一种新游牧主义理论，反思了超流动性和主体性形成之间的纠缠。[②] 另一个极端流动性的例子是派维·卡尼斯托（Päivi Kannisto）描述的全职居无定所的旅行者，他们放弃了民族国家提供的安全保障，转而拥抱边缘化的生活。[③] 边缘化和另类价值观是这两个全球游民例子的共同特征，尽管除了他们之外，学者们还用"游民"这个概念来描述大量异质的、不一定都属于反文化实践的旅行者，比如背包客、新游牧嬉皮士，以及第三文化儿童[*]和精英商务舱旅行者。[④]

　　在传播科学中，学者们开始颂扬游民，因为他们是"自由的化身"。在全球化的两大趋势——流动性和数字化——的交汇点上，游民成为一种隐喻，正如曼纽尔·卡斯特（Manuel Castells）所言，"流动不是关键的因素，永久的联系才是"。[⑤] 牧本次雄（Tsugio Makimoto）和大卫·曼纳斯（David Manners）预言了数字游民的到

① Tim Cresswell, "Mobilities I: Catching up," *Progress in Human Geography*, 2011, 35（4）: 550—558.

② Anthony D'Andrea, "Neo-nomadism: A Theory of Post-Identitarian Mobility in the Global Age," *Mobilities*, 2006, 1（1）: 95—119.

③ Päivi Kannisto, "Extreme Mobilities: Challenging the Concept of 'Travel'," *Annals of Tourism Research*, 2016, 57: 220—233.

④ Mary Langford, "Global Nomads, Third Culture Kids and International Schools," *International Education, Principles and Practice*, 2012, 18（2）: 28—43.

⑤ The Economist, "Nomads at Last," https://www.economist.com/special-report/ 2008/04/12/nomads-at-last, April 12, 2018.

＊ 第三文化儿童，是指那些成长时期被父母送至另一个文化中生活的人群。——编者注

来，他们描绘了一种由便携式数字技术造就的未来生活方式，每个人都可以自由地在世界各地旅行，同时不必丢下自己的工作。[1] 几年后，美国传播学者约书亚·梅罗维茨（Joshua Meyrowitz）预测，由于通信技术的发展，社会将回归原始游牧的状态，不同的活动和社会领域相互重叠。[2] 全球游民摒弃了物理共存，以往这是互动的一种决定性因素。永久的网络连接使得数字游民能够在多个居住地之间"辗转腾挪"，同时维持自己的社交网络。[3] 技术改变了他们的工作方式、社交方式和生活方式，使得个人生活和职业生活的边界变得模糊。交通系统的发展和旅游业的去中介化，使得人们可以通过在线平台安排自己的旅行，因此边界的模糊化趋势被进一步强化了。这样，与传统游民不同，数字游民的流动不再是对环境变化的条件反应，而是自由选择的结果，同时也构成了新的流动实践的基础。

三、生活方式的流动性与个体化理论

研究者们发展了三个理论视角，来探讨跨国流动的非传统生活方式，它们的重点不同，但在重要维度上存在重叠。这三个理论视角分别为：生活方式迁移、新游牧主义／全球游牧主义，以及生活方式的流动性。

这些现象的共同之处在于，人们都在"别处"寻求一种不同的（或"可替代的"）生活方式，"自愿流动"被认为是通往更好机会和更高生活品质的门户，人们以此来实现更佳的生活-工作平衡，或是

---

① Tsugio Makimoto and David Manners, *Digital Nomad*, New York: Wiley, 1997.

② Joshua Meyrowitz, "Global Nomads in the Digital Veldt," In *Mobile Democracy: Essays on Society, Self and Politics*, edited by Kristof Nyiri, Vienna, Austria: Passagen Verlag, 2003: 91—102.

③ Greg Richards, "The New Global Nomads: Youth Travel in a Globalizing World," *Tourism Recreation Research*, 2015, 40（3）: 340—352.

逃避高生活成本、消费主义或不安全的生活条件。这三种类型的流动性生活方式都涉及来自富裕工业化国家的人群，他们的护照为全球自由流动提供了便利。不过，他们的流动模式不同，在他们眼里，作为居住地的家和领土归属标识在价值上是不一样的。生活方式移民的工作定义是"各年龄段相对富裕的人，出于各种原因，要么兼职，要么全职搬到对移民者来说生活质量更高的地方"。[①]

　　但实证研究表明，生活方式移民主要是退休人员，很看重迁移到一个新的国家，通常是生活成本低、气候温和的地方。他们往往会在此处安家，作为第二居所，因此被贴上了各种各样的标签，比如，住宅游客、舒适移民和居住移民。相比之下，全球游民和生活方式旅行者是这种模式的反对者，他们选择多住所实践，并持续流动到不同的目的地。新游民/全球游民拒绝国家市场制度以及与家庭和公民身份（消费、不动产、财产和纳税）理念相关的经济责任，而选择在任何地方都能感受到家的世界主义文化。居家和外出的不稳定性也是生活方式流动性的特征，其中，流动成为一种生活方式，要么是因为居住地随着时间的推移而频繁改变，要么是因为居住地本身就具有流动性。这个概念的经验例子包括攀岩者、独木舟探险者、搭便车者、全职房车居住者、银发游民和马戏团工作人员。[②] 尽管身处不同的地理位置，但寻求志同道合之友的陪伴是这些不同类型流动人士的共同特征。生活方式流动性是审视数字游民的一个有用的理论视角，虽然它对休闲的强调未能充分解释远程就业的作用及其对未来工作的影响。

---

① Michaela Benson and Karen O'Reilly, "Migration and the Search for a Better Way of Life: A Critical Exploration of Lifestyle Migration," *The Sociological Review*, 2009, 57（4）: 608—625.

② Jenny Onyx and Rosemary Leonard, "Australian Grey Nomads and American Snowbirds: Similarities and Differences," *Journal of Tourism Studies*, 2005, 16（1）: 61—68.

用于分析这些现象的三个理论视角都强调了个体能动性,并在不同程度上勾连了个体化的社会学理论,将跨国流动的消费与晚期现代性生活方式选择的根本变化联系在一起。吉登斯(Anthony Giddens)将生活方式定义为"个人采用的、多少经过整合的一套综合实践。这些实践不仅满足了人们的功利性需求,而且具体化了个体身份的编年史"。① 生活方式的选择体现了个人的愿望、价值观和态度,并出现在后传统社会中,在这种社会,个人的生活在很大程度上并不取决于他们的社会地位。② 在"生活方式"这样一个总括性的术语下,米凯拉·本森(Michaela Benson)和凯伦·奥赖利(Karen O'Reilly)概括了这些流动性的形式,他们关注人们的生活方式轨迹,并将他们的选择看作个体化和寻找意义过程的重要部分。③ 然而,这种关注受到了一些批评,因为它掩盖了影响跨国能动性的结构性限制。对此,玛丽·科尔佩拉(Marie Korpela)建议更多地关注结构和目的地,她在针对波希米亚生活方式移民的分析中发展了这种方法——这是一种反文化趋势,倡导者是一群具有艺术和创造性抱负的资产阶级侨民。④

根据个体化理论家的观点,晚期现代性的特点是历史规定的统治和支持形式的消解,例如地位和阶级。传统准则的瓦解使个体需要根据社会环境不断重新定义自我,这种能力被称为"反身性"

① Anthony Giddens, *Modernity and Self-identity: Self and Society in the Late Modern Age*, Cambridge, UK: Polity Press, 1991: 81.

② Robert Stebbins, "Lifestyle as a Generic Concept in Ethnographic Research," *Quality and Quantity*, 1997, 31(4): 347—360.

③ Michaela Benson and Karen O'Reilly, "Migration and the Search for a Better Way of Life: A Critical Exploration of Lifestyle Migration," *The Sociological Review*, 2009, 57(4): 608—625.

④ Marie Korpela, "Searching for a Countercultural Life Abroad: Neo-nomadism, Lifestyle Mobility or Bohemian Lifestyle Migration?" *Journal of Ethnic and Migration Studies*, 2020, 46(15): 3352—3369.

（reflexivity）。反身性迫使人们选择他们想成为的人，并将自己的身份转化为自我实现的计划：自我项目。[1] 自我项目建立在自由精神的基础上，人们有潜力成为任何想要成为的样子，比如消费者享有更大的选择权，渴望同他人区别开来。选择一种生活方式就是自我反身项目的结果，其背后是人们做选择的反身性能力和可行的选择范围。在这个框架下，选择流动性作为一种生活方式似乎是自我实现的基石，它激发人们创造新的价值认识论。

　　个人拥有如此广泛的选择自由，无疑很有吸引力，但有必要考虑到个体化既是一种可能性，也是一种负担。在分析生活方式的流动性时，这一点经常被忽视。晚期现代性的社会分化可能是一种解放，但作为交换，它要求一种新型的社会责任来承担其风险和负担。正如鲍曼（Zygmunt Bauman）所述，"个体化包括将人类身份从既定状态转变为一项任务——并要求行动者承担完成这项任务的责任，并对其后果（也包括副作用）负责"。[2] 乌尔里希·贝克（Ulrich Beck）强调了个体化的三个维度：解放，即把自己从规定的社会形式和责任中剥离出来；祛魅，其特点是人们在主导规范和知识方面失去了传统安全；以及再整合，即以一种新型社会责任为代表的重新嵌入。[3] 进入新的体系需要一套新的责任，这是自由精神的另一面。在这种精神下，个体拥有行动的主导权，反过来又被迫承担风险和任务，而这些风险和任务以往是由共同的社会结构来承担的。"以前在家庭协会、村庄社区或依靠社会等级或阶级规则来预先确

[1] Anthony Giddens, *Modernity and Self-identity: Self and Society in the Late Modern Age*, Cambridge, UK: Polity Press, 1991.

[2] Zygmunt Bauman, "Individually, Together," In *Individualization: Institutionalized Individualism and Its Social and Political Consequences*, edited by Ulrich Beck and Elisabeth Beck-Gernsheim, London: Sage, 2002: 14—19.

[3] Ulrich Beck, *Risk Society: Towards a New Modernity*, London: Sage, 1992.

定的机会、危险和人生的不确定性，现在必须由个人自己感知、解释、决定和处理。"[①] 对于现代游民而言，他们"别无选择，只能如此"：个体化成为一种系统性驱使，迫使个体像创业项目一样管理自己的生活。[②] 所以，作为自由职业者和自雇知识工作者，数字游民是这个风险社会的典型社会形象，并非巧合。[③]

四、民族志与网络民族志研究方法的结合

由于数字游民的极端流动性，很难单独通过传统的民族志方法来展开相关研究，因为这种方法需要研究人员在规定的时间和地点与参与者互动。虽然数字游民的身体旅行几乎遍及全球，但他们的大部分社交和商业互动都是经由通信技术和社交媒体来实现的。这些平台为分散在全球的不同群体提供了一个易于访问的连接基础，为实践社区提供了虚拟聚会空间，成员可以在这里分享他们的经验和共同关心的事，目的是通过分享建议来改善他们的移动工作和生活策略。[④]

数字游民的社会性是在一个混合的世界中发展起来的，这是线下和在线社交之间展开有意义互动的结果。[⑤] 为了应对这种混合式结构，笔者调整了线下研究策略来适应在线环境，将传统的民族志

[①]　Ulrich Beck, *Individualization: Institutionalized Individualism and Its Social and Political Consequences*, London: Sage, 2002.

[②]　Anthony Giddens, *Modernity and Self-identity: Self and Society in the Late Modern Age*, Cambridge, UK: Polity Press, 1991.

[③]　Sven Kesselring, "The Mobile Risk Society," In *Tracing Mobilities Towards a Cosmopolitan Perspective*, edited by Weert Canzler, Vincent Kaufmann and Sven Kesselring, London: Ashgate, 2008: 77—102.

[④]　Etienne Wenger, *Communities of Practice: Learning, Meaning and Identity*, Cambridge, UK: Cambridge University Press, 1999.

[⑤]　Christine Hine, *Ethnography for the Internet: Embedded, Embodied and Everyday*, London: Bloomsbury, 2015.

与网络民族志研究方法相结合。① 一方面，笔者在泰国清迈和西班牙巴塞罗那进行了为期 4 个月的实地考察；另一方面，本研究使用网络民族志的研究方法，包括在线沉浸式参与和视频采访，以及对互联网上受普遍关注的访谈、文章和个人博客进行内容分析。

具体而言，自 2016 年以来，笔者一直参与脸书上的四个数字游民小组，它们是仅供成员使用的私人论坛。在加入时，笔者做了自我介绍，完全公开了自己的研究目标和所属机构，并发起了一项招募，要求参与者从事与地点无关的工作，且经常出差。在其中一个专门针对家庭受众的论坛里，笔者通过滚雪球抽样的方式招募了一批志愿者，并记录了 13 个半结构式视频电话访谈。在接下来的两年里，笔者继续以非介入式的方法观察前两轮受访者的生活轨迹，同时经常在脸书上突出显示并保存关于常见讨论主题的对话，随后对它们进行编码以供分析。在引用这些讨论的片段时，笔者联系了发帖者以获得他们的同意，为了保护受访者，在整个研究过程中都使用了假名。只有使用自然主义和非介入式研究方法，比如长期潜伏和有限互动，才能利用好这些社交媒体论坛的指数级增长和长期持续的、强度峰值不同的研究过程。② 同一时期，笔者对数字游民撰写的播客、在线文章和个人博客进行了内容分析*，2017 年，在泰

---

① Robert Kozinets, *Netnography: Doing Ethnographic Research Online*, London: Sage, 2010; Robert Kozinets, *Netnography: The Essential Guide to Qualitative Social Media Research*, London: Sage, 2020.

② Amy Bruckman, "Teaching Students to Study Online Communities Ethically," *Journal of Information Ethics*, 2006, 15（2）: 82—98; Robert Kozinets, Pierren Dolbec and Amanda Earley, "Netnographic Analysis: Understanding Culture Through Social Media Data," In *The Sage Handbook of Qualitative Data Analysis*, edited by Uwe Flick, London: Sage, 2014: 262—275.

* 在撰写本文时，这些团体中最大的一个有 11.9 万名成员，而笔者刚加入时只有 6000 人。新的女性社区现在有 58471 名成员，当地的清迈社区有大约 3.5 万名成员。地方论坛通常看起来更活跃、更倾向于解决实际问题和组织聚会，而一般论坛则解决与生活方式及其挑战相关的各类问题。

国清迈进行了为期两个月的实地调查,这是一个深受数字游民欢迎的集聚中心。在此,笔者有机会遇到了其中的一个家庭,并扩展了人脉。在研究中,笔者熟悉了当地社区的组织,参加各类活动,并写了一本田野工作日记,收集了关于社会化动态、工作场所描述和随意对话片段的笔记。此外,笔者还进行了 21 次半结构式访谈。

这些方法的结合,使笔者能够从两个不同的年龄组中识别数字游民:一个是职业中期组,另一个是职业早期组。职业中期组(32—49 岁)大多是与伴侣和 / 或孩子一起旅行的人。他们选择流动是为了寻求更好的生活与工作平衡,喜欢到处旅行,对传统生活方式及其积累模式持批判立场。而职业早期组(35 岁以下)的数字游民大多在清迈,出于对自由、职业成就、探索的渴望,他们开始了数字职业生涯。本研究使用了大约 50 人的访谈数据。需要说明的是,虽然笔者在其他地方关注了数字游民家庭面临的具体挑战,但本研究的目标是对这一现象进行更广泛的阐述,而不是具体区分这两个群体。[①]

五、谁是数字游民?

本文的研究参与者主要来自发达资本主义国家或地区(美国、英国和欧洲),只有一位曾在美国留学的中国人例外。尽管在线观察表明,数字游牧主义本身并不局限于"西方国家",但所有受访者都持有"强势"护照,并明确表示他们的流动策略受益于他们的护照。尽管由于年龄和地位的差异,他们的收入各不相同,但他们都可以算作中产阶级,即在原籍国,他们过着舒适的生活,有固定的住所、良好的教育机会以及可用于旅行和休闲的可支配收入。除一人外,所有参与者都拥有大学本科学历。在接受访谈时,他们的旅

---

① Fabiola Mancinelli, "A Practice of Togetherness: Home Imaginings in the Life of Location-independent Families," *International Journal of Tourism Anthropology*, 2018, 6(4): 307—322.

行时间从 5 个月到 8 年不等（整个群体的平均旅行时间为 2 年）。
他们中的许多人在家乡没有永久住所，在那里，他们唯一的根是还
有亲戚健在，以及一个堆东西的储藏空间。虽然大多数研究参与者
都认为自己的流动选择是永久性的，但一部分人却定居下来了，要
么返回原籍国，要么选择在欧洲或东南亚地区扎根。这一发现表
明，这种形式的流动可能会使这群人演变成移民——他们大概率会
移居到成本较低的目的地。

本研究的参与者称自己是"慢旅行者"，每年季节性地在 3—5
个目的地之间辗转，停留的时间长短在很大程度上受签证制度的影
响。他们的行程主要取决于能否享受到各自认为有利的气候条件。
以清迈为例，大多数数字游民停留在这里时都要避开"焚烧季节"，
即每年的 2 月至 4 月期间，这段时间由于干旱天气和农业发展会引
发森林火灾，空气质量急剧下降。影响流动性的其他重要因素还包
括网络连接、生活成本，以及有无由志同道合的朋友组成的社区。
数字游民经常乘飞机旅行，或长途跋涉，或短途出游，以探索他们
所访问的国家或地区。

不是所有人都自认为是"游民"：这种认同因人口统计特征和职
业经历有所不同，但在所有情况下，他们在谈论自己的身份时都强
调了迁徙的潜力。对于年龄较大、专业水平较高的个体来说，当他
们调整现有的专业技能，能够远程工作，从而享受最大的灵活性和
更佳的生活-工作平衡时，这个机会就出现了。那些拥有很强专业
技术能力的人，比如网络设计师或程序员，可以很容易地过渡到远
程工作。这些参与者更喜欢把自己定义为"地点独立者"，他们认为
"数字游民"太像流行语了。不过，他们实际上也参与了游民社区
的在线讨论，各方面表现得和后者也差不多。在大多数情况下，他
们与家人一同旅行，把工作与孩子的家庭教育结合在一起。清迈小
组的成员大部分都是千禧一代，他们渴望旅行的生活方式，这激发

了他们从事数字职业的灵感。他们之所以选择清迈，是因为这里有一个充满活力、志同道合的社区，有机会参加各类专业和社交活动。同时，他们能够以较低的成本生活，获得数字技能，在线上找到工作，从而自力更生。不过，这个年轻群体的收入不太稳定，主要依靠 Upwork 或 Fiver 等平台上的计件工作。

总体来说，笔者在这两个研究中遇到的人都是自雇的知识工作者，其中一些人有固定的客户，而另一些人则通过网络平台寻找工作，因此他们有时称自己为"独立企业家"。职业中期组中有 5 名参与者就是这样的企业家。他们所代表的数字职业包括：编程、数字营销、在线教学、翻译、虚拟助理、专业辅导、在线销售和行政管理。在许多情况下，他们试图通过被动的进项实现收入多样化，例如，自我出版、联属营销或电子商务网站都可以成为他们收入的来源。一些参与者是公众人物，他们通过社交媒体将自己的游民生活经历商品化、货币化，创建播客或组织团建活动。参与者还利用社交媒体推销他们的服务，创造新的商业机会，并与远方的朋友和亲戚保持联系。

（一）流动性和身份

"我活着就是为了旅行，这一点没商量。"（阿德里亚娜，40 岁，视频采访，2016 年 9 月）三年前，阿德里亚娜对旅行的热情促使她开始远程工作。从那以后，她和丈夫在五个国家生活过，另外还去过四个国家。正如她在访谈中讲述的那样，这种生活方式的改变使她能够在生活的不同领域——工作、休闲、家庭之间达到整体平衡。她在自己的商业咨询公司中利用了这种寻求平衡的机会，帮助其他女性"打造她们渴望的生活方式"。她每天与客户以视频会议的方式交流 4 个小时。此外，她还花时间在社交媒体网站上保持自己的知名度，在那里她找到了客户，这些客户都是说英语的，而且通常都是像她一样的美国人。多居住地冒险使她生活中的一切都变得顺利，让她得以逃离"不快乐"的生活方式，并按照自己喜欢的方式来生活。

旅行成为数字游民的一种身份标识，是他们实现自我表达的重要方式。访谈摘录强调了数字游民谈话中的一个关键主题：自由精神。他们强调，自由精神体现的是做任何想做事情的潜能。从根本上讲，这关乎重新获得能动性和选择权，但它只能在与其相反的情境中被完全理解，因为要充分实现自由，个体必须从自己感知到的障碍或限制中解放出来。① 在数字游民的话语中，自由经常和他们反对的制度"同框"出现，比如，"朝九晚五的例行公事""疲于奔命的竞争""生活的脚本"，等等。因此，数字游牧主义是一个具有比较特点的项目，叙事上集中于逃离社会制度和各自原籍国的特定工作文化，这些叙事往往都以负面的方式呈现，但跨国流动的项目则通常被呈现为积极的和解放的。

渴望改善生活-工作平衡是研究参与者反复提出的理由，以证明他们选择替代性生活方式是合理的。当笔者与数字营销企业家帕特（36 岁，视频采访，2016 年 8 月）交谈时，他已经和他的妻小环游世界 3 年了。此前，他每周在办公室工作 60—70 小时，外加通勤时间。为了能有更多的时间和家人在一起，帕特要求公司允许他在家工作，遭到拒绝后，他选择了离职。公司找不到替代者，最终只好以高得多的薪水雇佣帕特作为承包人。他最初的想法是能在家工作，后来他才意识到可以把这份工作和"学习旅行"深度结合起来。

受访者认为，待在一个地方的日常生活是一种"负权式"的生活方式，因为这种生活方式减少了个体的选择余地，将个人困在对职业和经济成功的一系列期望中。苏茜是英国人，她和丈夫（一名社区管理和数字营销人员）以及他们 6 岁的女儿一起旅行了 6 个月，她说道："我们变得很安逸。我们正在遵循英国人的生活模式……

---

① Chris Rojek, *The Labour of Leisure: The Culture of Free Time*, London: Sage, 2009.

我们两人都在全职工作，但没有足够的时间陪女儿。我们在心理上并不舒服，觉得自己的一生都是有人替我们安排好的。也许我们能够有一个不同的故事！"（苏茜，35 岁，视频采访，2016 年 9 月）可以看出，长时间的工作是对个人生活的挑战，这对夫妇为了提升社会地位，不得不面对越来越多的压力。然而，既定的生活轨迹形成了一个舒适区，在这个舒适区里几乎没有什么决定需要自己来做。一些研究参与者明确将这条既定的道路称为"剧本"。还有人说："你应该相信事情就应如此。如果他们不相信，那就是失败。"（帕特，36 岁，视频采访，2016 年 8 月）

放弃固定住所不仅是一种自由和能动性的体现，还是寻求另类价值体系的机会，避免陷入激烈竞争中，在不确定的未来为获得物质回报而展开无休止的竞争。这也鼓励人们去质疑稳定生活所强加的价值体系。"剧本"是一条可预测的社会道路，社会竞争引发人们疯狂积累物质财富和地位标志——文凭、高薪工作、抵押贷款、汽车。在受访者看来，定居主义和流动性代表了两种对立的价值观，前者象征着物质积累和道德停滞，后者则是通向各种重大变革的途径。受访者们强调了那些"决定性时刻"的象征意义：决定离开企业工作场所和变卖他们的物质财产。在这两个时刻，他们的自由和行动力表达了自己与原籍国主流文化之间的张力。这些突破象征着一次飞跃，在此，极简主义、未知和不确定性将取代物质积累、稳定性和舒适性。

流动性以个体为中心，人们创造他们自己的生活环境，推动自我发展、自我表达和自我实现。他们把走出舒适区视为"个人发展的巨大催化剂"（理查德，38 岁，视频采访，2016 年 8 月），由此进入探索自身极限和能力的自由空间。理查德和他的家人一起旅行，他就是一名数字游民，拥有不少技能，赚钱能力也很强。他和家人一起旅行了 9 年，这要归功于他开发了一款在线软件而获得的收益，这笔钱能够让他在最喜欢的旅居目的地之一投资房产。一年中有一段时间他和家人住在那里，剩下的时间则把它租出去，以维持家庭生活的开销。自从开始旅行后，理查德和他的妻子探索了一些副业，包括成为励志演说家和团建活动的组织者，鼓励和引导其他家庭采纳类似的旅行生活方式。

以上叙述将旅行的目的，从和地点有关的体验转变为"自我反身项目"，旅行和流动性成为区分游民与其他个体的重要因素。流动性有助于数字游民重组自己的生平事迹，同时也是他们选择的生活方式在物质上的具体体现，与其他同样可行但却被舍弃的选择形成反差。然而，高度流动性需要创造力，才能在远程工作时应对维护财务安全的挑战。一个人必须运用企业家精神和技能，包括自我负责、适应新环境、承担风险和提高生产力的能力。简言之，数字游民的移动生活必须像企业家经营和运作项目一样组织自己的移动生活，这就需要依赖企业家精神的意识形态——这是新自由主义的标志性特征。[1] 企业家颂扬零工经济带来的自由和灵活性。从工作场所解放出来意味着有更多的时间投入自己热爱的项目。然而，对于那些依赖不稳定的工作和计件活计的千禧一代来说，数字游牧则意味着朝不保夕、随叫随到、工休不分。

旅行也是一种迫使自己学习创业技能的方式。比如，笔者在清迈遇到的中国数字游民弗勒，她正在努力打造自己的旅行身份，不断发掘自己的技能，开设了一家亚马逊代购电子商店。她希望自己最终能够自由地追求真正的梦想——成为一名瑜伽老师。

（走出自己的舒适区）挑战我在各个方面的成长。学习我不

---

① Colin Gordon, "The Soul of the Citizen: Max Weber and Michel Foucault on Rationality and Government," In *Max Weber: Modernity and Rationality*, edited by Sam Whimster and Scott Lash, London: Allen and Unwin, 1987: 293—316.

知道的东西。（旅行教会我）真正拥抱恐惧，创造性地思考，想出解决问题的办法，让事情顺利进行。我喜欢成长。我真的很喜欢在许多自己并不擅长的领域都取得进步。所以这有点像是发掘了我以前不知道的企业家本性。（弗勒，26 岁，面谈，2017 年 11 月）

如上所示，对许多人来说，发现自己的企业家天性是成为数字游民的第一步。当他们走出舒适区时，这一步就更容易踏稳，就像在流动的生活中那样。

（二）地理套利与新的责任

我是自己的老板。当我来到这里时，由于生活成本低，我可以自由地去探索和创业。有了难以置信的自由，创造能力就来了，因为没有了真正工作的压力。工作占用了我太多的时间，每周 60 个小时，你知道吗？其他的好处是什么呢？自由是最重要的。一些数字游民，他们的梦想是赚很多钱。不少人有"每个月必须赚这么多钱"的压力。我对赚钱从来都不太感兴趣。我更愿意做一些有用和有益的事情。我觉得我在这里可以做到，但我不需要那么"卷"。我每周只需要工作 10 个小时就能活下来了。（迪娜，52 岁，面谈，2017 年 11 月）

在笔者与艾伦的一次线上访谈中，他同样表示：

我们最初开始在网上教学。我的搭档早上教 3—4 个小时，我每周（周末）教 10—15 个小时。对我们来说，能在早上 8 点 30 分前完成（强制性的）工作，剩下的时间可以用来做我们想做的事情，真是太棒了！我们选择开始发展一块额外的业务。我有能力做出这个决定。如果我选择周末晚上工作 7 个小时，

然后休息一周……这也是我的选择。我也可以选择疯狂地工作
1个月，这样我就有钱付6个月的房租，然后在下个月学习西
班牙语或去玩风筝冲浪……总之，我可以这么做。我想提高生
活水平的话，就去海滩上住3个月，如果想省钱，就去清迈或
梅里达（墨西哥东部城市）这样的地方住上一年……我牢牢地
掌握着我最宝贵的资产——时间！（艾伦，在线对话）

可见，自由和灵活的时间管理是数字游民"美好生活"的先决
条件。生活方式的流动性为他们提供了一种掌控感，他们可以决定
花多少时间在工作和休闲上。然而，我们绝不能忽视使他们能够表
达这种自由的社会环境——大多数人的部分或大部分时间都在低生
活成本国家或地区居住，如东南亚、墨西哥或东欧。生活在低成本
国家或地区，让这些数字游民能够承担创业的风险，有时间"白手
起家"自己的"零工企业"，或者通过开拓新业务来丰富他们的创收
活动。成本不同的目的地让他们在生活开支的选择上具有了更多的
弹性，并将一些日常任务外包出去，如做饭或家务。这种做法被称
为"地理套利"，蒂姆·费里斯（Tim Ferriss）在其畅销书《每周工作
4小时》（The 4-Hour Workweek）中引介和普及了这个概念。[1] 许多
人认为，这本书是数字游牧主义兴起的宣言。

"地理套利"首次出现在《福布斯》（Forbes）杂志上，指的是利
用在高生活成本地区获得的收入，将日常开支转移到生活成本较低
的国家，这对那些工作地点不固定的人来说是一种可能性。[2] 地理

[1] Timothy Ferriss, *The 4-Hour Workweek: Escape 9-5, Live Anywhere, and Join the New Rich*, New York: Crown Publishers, 2007.

[2] Rich Karlgaard, "Outsource Yourself," *Forbes*, http://www.forbes.com/forbes/2004/0419/033.html, April, 19, 2004; Rich Karlgaard, "Special Report: 150 Cheap Places to Live," *Forbes*, http://www.forbes.com/2005/10/31/karlgaard-broadbandtelecommuting_cz_rk_1101liverich.html, October 31, 2005.

套利是"生活方式设计"的关键要素之一,其基础是每个人都有权选择如何生活。生活方式设计包括通过搬到成本较低的地方,将创收任务自动化,或将其外包给劳动力成本较低的发展中国家的人,从而更好地掌控自己的时间。这种经济策略使人们能够利用生活成本的地域差异,增加强势货币收入的购买力。

马修·海斯(Matthew Hayes)认为,地理套利除了是一种追求效用和物质福利最大化的精神外,还是企业离岸外包的个人主义版本,即"企业利用发展中国家较低的劳动力成本,将成品销售给高成本地理区域的高收入劳动者"。[①] 地理套利是一种机会主义式策略,它利用部分国家的系统性特权,在全球地图上为自己的利益导航。它为富裕工业化国家日益加剧的不平等提供了一种个人主义的退出策略。海斯在比较"灵活公民身份"的文化逻辑和地理套利基础上强调:前者鼓励主体"对不断变化的政治经济条件做出灵活和机会主义式的调适";后者使数字游民能够在特定国家政权的权利和责任方面协商出灵活的立场。[②]

能否享受流动性也取决于一些条件,包括良好的网络连接、方便且价格合理的住宿、共享办公空间,以及适合的签证。研究参与者大多住在租来的公寓、青年旅社或酒店里,有时会使用租房网站来降低住宿成本,里面通常家具齐全。因此,他们在全球"轻装"旅居。个体与物质财产建立了一种独立而灵活的关系,在这种关系中,实用性比面子来得更重要。[③]

---

① Matthew Hayes, "'We Gained a Lot Over What We Would Have Had': The Geographic Arbitrage of North American Lifestyle Migrants to Cuenca, Ecuador," *Journal of Ethnic and Migration Studies*, 2014, 40(12): 1953—1971.

② Aihwa Ong, *Flexible Citizenship: The Cultural Logics of Transnationality*, Durham, NC: Duke University Press, 1999: 6.

③ Fleura Bardhi, Giana Eckhardt and Eric Arnould, "Liquid Relationship to Possessions," *Journal of Consumer Research*, 2012, 39(3): 510—529.

　　尽管数字游民可以自由选择相对简约的生活方式，但也需要履行新的责任。通常，他们持旅游签证旅行，有效期为3个月或6个月，具体取决于入境国家。他们必须不断离开某个国家来更新他们的签证，如果他们试图反复进入，可能会在边境受到审查或拒绝。边境管制和签证制度影响了他们的流动性，并使他们在移民法方面处于弱势地位，这主要是因为数字游民的身份存在根本的模糊性，又居业两分。

　　大部分数字游民还面临着孩子教育、医疗保健和退休计划等方面的责任，被迫应对在固定形式的公民身份中通常由国家（至少部分）来负责处理的需求。正如海斯指出的："地理套利和跨国生活方式的流动性可能是一种基于地方公民形式的新自由主义变体，它在20世纪福特主义福利国家政权出现以前就有了。"① 大多数研究参与者购买了私人医疗和旅行保险。笔者访谈的13个家庭，以及活跃在网络论坛上的许多其他家庭，都直接负责自己孩子的教育。这种需求转化为一种非常经典的基于性别的角色分工，即女性负责孩子的教育，男性主要负责赚钱。对于没有孩子的数字游民来说，旅行的冲动影响了他们组建家庭的决定。一些收入较稳定的人试图尽可能多地储蓄，并投资于能够维持退休生活的资产。尽管如此，在讨论中，这些责任仍然被框定为一种选择：

　　　我们已经重新获得了选择的自由：为我们的孩子提供合适的教育，自己决定投入工作或家庭的时间，在医疗保健方面做出最佳健康的选择。（帕特，36岁，视频采访，2016年9月）

---

① Matthew Hayes, "'We Gained a Lot Over What We Would Have Had': The Geographic Arbitrage of North American Lifestyle Migrants to Cuenca, Ecuador," *Journal of Ethnic and Migration Studies*, 2014, 40(12): 1953—1971.

另一方面，数字游民既要持续关注生产力，又要注意经济安全，这导致旅行、工作和休闲之间的平衡成为一个需要精细化管理的复杂等式。在位于海滩天堂的酒店工作可能会像在办公室一样令人不太舒服。在不同时区工作，安排时间表很困难，还要和拖延症进行斗争，和同事也缺乏面对面接触的机会。一位远程管理医学实验室的研究参与者每天都要经历两次生活——她晚上在美国远程工作，白天则与家人共度时光，无论她当时生活在哪个国家（笔者第一次联系她时她在墨西哥，一年后我们在清迈再次见面）。为了开始跨境电商业务，弗勒不得不半夜起床，给世界另一端的供应商打电话。管理这些情况所需的组织和自律与数字游民的社交功能紧密关联，并经常成为他们讨论的话题。

（三）个人故事的商品化：自我品牌与网络资本

> 你不断向那些即将踏上下一段旅程的人道别。你会花很多时间独自一人，做以你为中心的工作。但它不是一帆风顺的；你可能会有健康问题……你可能会发现冥想是你生活中必不可少的一部分，因为你需要高度自律。（丹尼尔，34 岁，面谈，2017 年 11 月）

社区建设是数字游民面临的主要挑战，因为他们的职业不便与同事进行面对面的互动，而且频繁且不规律的搬迁导致一种孤立感，目的地语言和文化方面的差异使之雪上加霜。数字游民的社交融合了线上和线下环境。在建立社交和职业联系方面，在线社交发挥着至关重要的作用，但寻找线下社交关系、友谊和亲密关系仍极为要紧。因此，一个由志同道合个体组成的世界性社区是数字游民开启全球流动模式的另一个要素。

在清迈、巴厘岛的乌布或里斯本等热门目的地，数字游民通过社交媒体定期举行线下聚会或见面会。与会者纷纷表达了"对移动的归属感"和"被承认、接受的感觉"。此类社交活动有网络拓展活动，比如每周的午餐会或聚会；也有技能分享活动，允许个体展示他们的专业知识，并推广自己的个人品牌。这些会面有一个核心特点，即工作与休闲、友谊和商务之间的界限越来越模糊。一位数字游民在他的博客中批判性地指出："商业关系网和友谊之间的界限是不存在的，因为这个星球上能够理解你生活方式的人，也可能成为你潜在的合作伙伴和／或客户。"[①] 这暴露了一对基本矛盾：一方面，数字游民在寻找一种替代性的生活方式；另一方面，这种新的生活方式依赖于自由职业者所在的数字服务行业，其中一些服务的内容就是将这种生活方式推广给新加入者。

在营建他们的社区时，数字游民展现了一种独特的交互方式，强调全球游民身份、自主创业价值观和商品化之间的交互关系。"桀骜不驯"催生了一种服务和体验的市场，这些服务和体验传授人们数字游牧的生活方式，这有时会为"伪"专家和即兴大师提供"可乘之机"，还有人针对新来者设计了多层次的营销计划。一些游民使用独特和昂贵的全包体验来寻求营建社区，例如共享生活／共享工作空间和特定的"工作和旅行"打包计划，其中一些计划为远程工作者提供了一起旅行的可能性，同时在世界各地准备好便利的住宿和工作空间。此外，还有一个繁荣的国际会议、团建活动和研讨会市场，宣扬创业精神、经济成功，以及正念（mindfulness）和自我约束。有学者指出，这些"商品化社区"形成了自我边缘化的泡沫，将舒适的中产阶级环境输送到全球的每一个角落。[②] 商品化社区凸显

---

① Mark Manson, "The Dark Side of the Digital Nomad," https://markmanson.net/digital-nomad, July 10, 2013.

② Beverly Yuen Thompson, "The Digital Nomad Lifestyle: (Remote) Work/Leisure Balance, Privilege, and Constructed Community," *International Journal of the Sociology of Leisure*, 2018, 2(1): 27—42.

了自我实现计划和消费之间的明确联系。^① 尽管数字游民表面上拒绝物质积累，但他们的生活方式设计仍然是一个消费过程，在社会分化的过程中，流动体验和无形资产取代了有形商品。

在笔者研究的社区内部，个人故事扮演着至关重要的角色，因为它是向潜在的全球观众呈现自我形象的主要方式，尽管这些观众并非是一个整体，地理上也是分散的。首先，分享个人故事、生活方式策略和实用的旅行知识是社交的一种手段。然而，职业和个人领域的模糊界限，以及收入来源多样化的需求，将数字游民的个人传记变成了潜在的商品。在社交媒体上流传的（据称）成功游民的个人传记激励着其他人尝试这种生活方式，影响着他们的行动。拥有在许多不同国家生活的法律信息和人脉，知道如何在旅行时谨慎管理财务，能够在频繁更换工作场所时保持高效率等，这些能力都来自流动体验的增殖，都可以在数字游民经济中被商品化和利用起来。

这一过程表明了约翰·厄里（John Urry）所定义的网络资本的商品化过程，即"与那些不一定亲近的人建立和维持社会关系的能力，从而产生情感、经济和实际利益"。^② 在厄里看来，网络资本是一个在流动性时代替代社会资本的概念。与社会资本不同，网络资本不受地理邻近性的影响，经常可以在远处维持。^③ 网络资本并不完全与社会关系挂钩，它源于八个要素的结合，包括促进流动的官僚体系、经济结构、社会和技术可供性等。^④ 网络资本与一系列能力相关，这些能力既是移动生活的先决条件，也是移动生活的结果，例如拥有适

①　Zygmunt Bauman, *Liquid Modernity*, Cambridge, UK: Polity Press, 2000.

②　John Urry, *Mobilities*, Cambridge, UK: Polity Press, 2007: 196.

③　Robert Putnam, *Bowling Alone: The Collapse and Revival of American Community*, New York: Simon and Schuster, 2000.

④　Fran Martin, "Rethinking Network Capital: Hospitality Work and Parallel Trading among Chinese Students in Melbourne," *Mobilities*, 2017, 12（6）: 890—907.

当的证件和人脉、网络工具和合适的会议场所、物理和经济上可以接触到的通信设备、交通工具，以及用来管理整个生活资源的时间。网络资本的定义凸显了信息通信技术日益增长的重要性。与布尔迪厄（Pierre Bourdieu）的社会资本概念类似，网络资本与权力有内在的关联，因为它属于超流动性群体的特权。在排他性流动制度中，网络资本可以被用来影响他人的移动。① 网络资本与特定场所的分离，使个人的流动性合法化，成为声望和权力的源泉。也就是说，网络资本形塑了"一个与社会阶级（阶层）、社会地位和政党并行的独特分层秩序"。② 最后，正如数字游民的案例所示，网络资本也可以被商品化，并与经济资本、文化资本和符号资本等实现转换。

　　本研究的参与者提供了一些创造性策略的例子：理查德为那些渴望过上独立生活的家庭组织了座谈会，大家一起讨论远程收入、教育、社区和生活满足等事务。阿德里亚娜撰写了一些励志图书，分享她对旅行、育儿和创业的看法。约翰尼在博客中讲述了自己的创业转型，他在亚马逊上还有一个主页，展示了自己最喜欢的读物、科技和旅行装备。像《数字游民生存指南》(*The Digital Nomad Survival Guide*)这样的书籍，为个体成为"手提箱企业家"提供了实际的操作指南。虽然并非所有人都参与营销自己的生活方式，但个人故事和网络资本都面临着商品化，自我品牌的压力也越来越大，这种现象影响着知识经济中的数字自由职业者。③ 有学者指出，自我品牌不仅是一种自我推销的手段，也是在数字化环境中用社会资本货币化来确保就业的工具。这是一个自我建构的过程，通过它，

---

① Anthony Elliott and John Urry, *Mobile Lives: Self, Excess and Nature*, New York: Routledge, 2010.

② John Urry, *Mobilities*, Cambridge, UK: Polity Press, 2007: 197.

③ Alessandro Gandini, "Digital Work: Self-branding and Social Capital in the Freelance Knowledge Economy," *Marketing Theory*, 2016, 16(1): 123—141.

在后福特弹性资本主义下，"自我的反身性项目变成了一种明确的劳动形式"。[①] 这些考量可以有效地应用于上述商品化过程，帮助我们更深入地理解企业家精神与数字游民世界之间的关联。

六、结语

一般而言，能在灵活使用便携式数字技术的同时，自由地环游世界，乃是一桩美事。地理流动性和远程工作是这种生活方式的两大支柱，数字游民能够借此表达能动性和选择权，形成个性化的个人传记。尽管有一些反文化的方面，比如定居式生活和工作文化方式的衰落，以及对财产和消费的极简主义态度，数字游民还是适应了占主导地位的新自由主义秩序逻辑，奉行灵活性和企业家精神。与自由精神相对应的是更强烈的个人责任感，不仅需要打造个人传记，而且还要应付社会福利的逐渐消失和劳动力市场的不稳定性。此外，人人想要成为所谓的反文化实践的一部分，这就催生出一种新的商品类别（首先就是流动性下的个人故事及其网络资本），自我品牌的进程也被强化了。

我们需要更多的民族志研究，来评估数字游民这种生活方式对未来工作和全球劳动分工的影响。民族志学家应该全面地观察数字游民的地理套利行为如何影响当地社区及其经济。他们还应该更细致地思考和分析数字游牧主义是如何与民族国家危机和世界主义的出现联系在一起的。

---

① Alison Hearn, "'Meat, Mask, Burden': Probing the Contours of the Branded 'Self'," *Journal of Consumer Culture*, 2008, 82(2): 197—217.

移动的潜能：数字游民实践中的流动性与未来[*]

帕特里夏·马托斯

艾丽森达·阿雷维尔[**]

【导读】 在过去的十年中，数字游民的生活方式在全球范围内兴起，在科技和创意产业从业者中逐渐流行，它的核心特征是将远程工作和全球旅行合二为一。目前的研究或专注于数字游民的休闲和流动生活，或侧重劳动力市场和工作相关的议题，而本文旨在打通上述两种研究路径，探索流动的休闲生活与数字化工作之间的勾连关系。

　　流动性是数字游民理解和体验"自由"这一概念的关键所在。数字游民并不将自己视为"外来工"或"游客"，而是自我定义为全球化时代背景下的"流动者"，他们既享受全球化带来的好处，同时尽力规避其不利影响。这种流动性融合了物理流动性和虚拟流动性，这也反映了信息通信技术蕴藏的旅行潜能。不过，旅行或持续移动不是这种生活方式的全部特征，随时随地、随心所欲地移动才

---

　　[*] 本文译自 Patrícia Matos and Elisenda Ardèvol, "The Potentiality to Move: Mobility and Future in Digital Nomads' Practices," *Transfers*, 2021, 11（3）: 62—79。

　　[**] 帕特里夏·马托斯（Patrícia Matos），巴西里约热内卢联邦弗鲁米嫩塞大学（Universidade Federal Fluminense）通信学博士研究生；艾丽森达·阿雷维尔（Elisenda Ardèvol），西班牙加泰罗尼亚开放大学（Open University）艺术与人文学教授。

是更重要的特点。因此，流动性是研究数字游民文化视角中的一个关键要素，想要跻身这个群体，个体需要想象力，以及对理想生活的追求和期望。

　　本文提出，大多数数字游民希望打破由追求安全感所塑造的文化体系，这个体系包括稳定的工作、完整的职业生涯和传统的家庭安排。他们更倾向于追求一种充满冒险、即兴和自由的非传统生活方式。换句话说，眼下，灵活、独立且自由流动的工作理念和工作方式似乎越来越受到创意和数字行业专业人士（其中包括许多数字游民）的青睐，他们渴望能"掌控自己的生活"。这充分显示出，数字游民心中的理想生活方式是一种没有工作方式、时间和地点限制的生活，他们认为这是美好和愉悦的。一方面，数字游民对美好生活的想象建立在自由的工作和生活之上，流动性使他们具有位置优势，更有机会从任何地方开启一场"说走就走"的旅行；另一方面，旅行本身也推动了人们对更灵活生活方式的追求，帮助他们实现对美好生活的想象。

　　作者认为，数字游牧并不等于持续的物理移动，而是指有随时随地移动的潜力。持续旅行并不一定是数字游民的常态。在大多数情况下，真正吸引他们的是"随时随地去任何地方"的自由，或选择"不去哪些地方"，即根据自己的意愿来决定是否行动。虽然数字游牧生活提供了移动的可能性，但数字游民也可能因为在某处感到宾至如归而选择长期停留，但前提是他们始终保持随时随地旅行的可能性。

　　数字游民很少预测未来，并且他们对未来的规划保持着开放性，因为在他们眼里，所有计划都是可以调整的。为了维持这种流动性，他们需要构建和保持一种可以随时随地移动的状态；他们必须在当下就创造可以随时随地移动或停留（或"回归"到过去的生活方式）的条件。数字游民通过管理自己的时间并在当下规划（不可预测的）未来，来掌控自己的生活。

总体来说，数字游民的生活方式是一种融合工作和流动性的方式。同时，他们对美好生活的想象和核心价值观却是相对稳定的。这种对美好生活的想象包括摆脱地理限制、掌控个人时间安排、追求工作与休闲的最佳平衡，以及创建自己的社交网络等。

另外，在个体选择成为数字游民的过程中，数字游民社区起着非常重要的作用：网站、教程和排行榜帮助人们更好地为可能的数字游民生活做准备；人们通过社交媒体、共享工作空间和共享工作日来安排日常事务、组织和参加各种活动，并建立自己的社交网络。对于数字游民来说，能够任意移动的潜力是他们生活方式的核心。拥有这种潜力意味着他们时刻准备采取行动，并保持随时随地应对和打破常规的能力，而流动性正是保证未来行动可能性的关键条件。所以，对于数字游民个体来说，未来既是开放的，又是不可预测的，流动性不仅代表旅行的行为，也蕴含着个人生活的每一个方面都有改变和即兴发挥的可能，即在不断的移动中找到"栖息之所"。

一、数字游牧主义

在过去的十年里，数字游牧主义在社交媒体的推动下不断发展，并且越来越受到创意工作者们的青睐，他们把远程工作和全球旅行融为一体。① 数字游民大多是自由职业者、数字企业家或从事科技创意行业的远程工作者。他们在全球各地旅居，依靠电脑在线工作，年龄大多在 20—40 岁之间，性别比例均衡。许多数字游民在社交媒体平台上分享他们的生活方式："我的电脑就是我的办公室，早晨我在咖啡馆工作，下午转到共享工作空间。我只在愿意工作的

① Angela McRobbie, *Be Creative: Making a Living in the New Culture Industries*, New York: John Wiley & Sons, 2018.

时候工作。"这种生活方式孕育了新型的工作模式、劳动形态、职业关系和工作习惯。一方面，随着互联网的广泛普及和网络连接的日益稳定，更多的专业人士能够在任何地点进行远程工作，随时处理工作任务；另一方面，远程工作的灵活性使劳动者有机会在世界各个角落寻求新的生活方式。同时，对旅行的渴望也驱使一些劳动者选择灵活独立的工作或职业生涯，以实现持续流动的生活方式。

本文旨在探究数字游民的动机，并将其置于更广阔的想象框架中，将数字工作和流动性联系起来。田野调查显示，数字游民幸福感的源泉来自灵活的工作安排和流动的生活方式相结合。因此，本文的核心议题就是探讨数字游民生活方式的动机和想象，即"融合工作和流动性以追求更美好的生活"。虽然之前的新冠疫情限制了数字游民的持续旅行和自由流动，有人甚至宣称这将导致数字游民的消亡，但该群体近年来的兴起和蓬勃发展，赋予了这种生活方式新的含义和可能性。

数字游民常被记者、学者，甚至他们自己描述为"工作的未来"。虽然这个概念最初是由牧本次雄（Tsugio Makimoto）和大卫·曼纳斯（David Manners）于1997年在《数字游民》（*Digital Nomad*）一书中明确提出的，但这种现象的确切起源却难以追溯。两位作者在书中预测了科技进步将如何带来新的生活方式的变革，并提出，现在和未来的技术可供性，结合人类与生俱来的旅行欲望，将再次让人类在移动中生存和工作。[1] 2008年，《经济学人》（*The Economist*）出版了一期题为《游民将至》（*Nomads at Last*）的特辑，从流动性的角度展望了一个全球无线互联的未来，并探讨了移动技术及其引发的社会转型的巨大潜力。文章描写了"永久在线"人群的生活，他们通过文本、照片、视频和语音消息来进行日常的工作、学习和社

---

[1] Tsugio Makimoto and David Manners, *Digital Nomad*, New York: John Wiley, 1997.

交活动。

2011 年出版的《全球游民的崛起》（*The Rise of the Global Nomad*）一书细致地勾勒了"游牧职业者"的崛起，刻画了这个群体的基本特征：他们"无界限"，没有固定的居住地，并且能够适应不断的变化。[①] 此后不久，一群自称数字游民的人开始出现，他们追求一种生存方式：不依赖固定地点工作和生活。为了实现这一目标，他们通过笔记本电脑、智能手机、应用程序和各类数字工具与全球移动通信系统或 Wi-Fi 连接，在酒店、咖啡馆、共享工作空间、火车站和机场等地工作。

作为一种新现象，对数字游民的学术研究仍处于起步阶段，特别是与网络社区、旅游流动性等数字人类学议题的研究相比，还显得比较薄弱，但已有的一些研究成果仍然值得关注。例如，学者们将数字游民定义为一种不断演变的动态现象，这种现象基于不同地点间复杂的关系和实践。他们还强调，新技术的使用与组织需求和个人行动之间存在着密不可分的关系。[②] 再如，伊娜·赖兴伯格（Ina Reichenberger）将"数字游民"界定为不受特定地点束缚的专业人士，主要由年轻的企业家、自由职业者和远程工作者构成，他们有能力协调旅行和在线工作。除了对数字游民进行分类，她还指出，职业自由、空间自由和个人自由是他们选择这种生活方式的主要驱动力。[③] 学者丹尼尔·施拉格温（Daniel Schlagwein）指出，数字游

---

① Jim Matthewman, *The Rise of the Global Nomad: How to Manage the New Professional in Order to Gain Recovery and Maximize Future Growth*, New York: Kogan Page, 2011.

② Luigina Ciolfi and Aparecido Fabiano Pinatti de Carvalho, "Work Practices, Nomadicity and the Mediational Role of Technology," *Computer Supported Cooperative Work*, 2014, 23（2）, 119—136.

③ Ina Reichenberger, "Digital Nomads: A Quest for Holistic Freedom in Work and Leisure," *Annals of Leisure Research*, 2018, 21（3）, 364—380.

民是基于信息与通信技术（ICTs）的发展而兴起的全球现象，其主要特征是高度流动的数字工作，并且对个人、企业和社会产生了深远的影响。[①]

数字游民现象涵盖了现代生活方式的各个方面，相关研究在学术界也变得越来越重要。这些研究涉及流动性、劳动和数字技术等多学科的理论概念，但也存在不足。有研究者认为，现有的研究要么集中于数字游民个人的休闲和流动性生活，要么仅关注劳动力市场或与工作相关的议题。[②] 我们需要结合上述两种研究路径来全面理解数字游民，探索流动的休闲生活和数字化工作之间的勾连关系。近年来，一些学者采用民族志研究方法，系统地阐述了数字游民的身份建构、自由精神、对（非）流动性的社会文化想象，以及自我实现的行动等重要问题。[③] 本文将从数字游民关于数字游牧生活的"想象"入手，以理解他们的行为动机，并探讨在流动性文化的视角下，数字游民的"想象"如何使这种生活方式被人们广泛接受。

二、移动的民族志

受访者们频繁提到几个关键词："自由""灵感"和"工作与生活的平衡"，认为这些因素促使他们成为"地点独立的工作者"。社交媒体平台上，大量图片展现了这种生活方式的魅力，如数字游民在

①　Daniel Schlagwein, "The History of Digital Nomadism," 6th International Workshop on the Changing Nature of Work（CNOW）, San Francisco, CA, 2018.

②　Annika Müller, "The Digital Nomad: Buzzword or Research Category?" *Transnational Social Review*, 2016, 6（3）, 344—348.

③　Fabiola Mancinelli, "Digital Nomads: Freedom, Responsibility and the Neoliberal Order," *Information Technology & Tourism*, 2020, 22（3）: 417—437; Julian Prester, Dubravka Cecez-Kecmanovic and Daniel Schlagwein, "Becoming a Digital Nomad: Identity Emergence in the Flow of Practice," Proceedings of International Conference on Information Systems（ICIS）, Munich, Germany, 2019.

如天堂般的风景或迷人的咖啡馆中，轻松地使用笔记本电脑工作。然而，这些图像往往是理想化的想象，它们并不能充分揭示数字游民的真实动机、愿望，或他们渴望逃离传统"朝九晚五"工作模式的文化根源。本研究选择了西班牙巴塞罗那作为田野调查地点，于2018年10月至2019年5月针对聚集在该城市咖啡馆和共享工作空间的数字游民群体展开了民族志研究。选择巴塞罗那的原因有二：首先，该地区数字游民众多；其次，巴塞罗那有美丽的自然环境、舒适的共享工作空间、浓厚的初创企业和技术氛围以及便捷的交通，对数字游民极具吸引力。在田野调查中，一位30多岁来自英国的创业者亚当告诉我们，要"追随太阳、追随人群、追随机会"，这句话很好地概括了我们的研究路径。

通过参与式观察和深度访谈，民族志研究方法使我们得以深度融入社区，全方位分析和理解研究对象的动态互动和社会关系网络。[1] 本文聚焦数字游民工作和生活方式流动性所形成的社区，即追踪数字游民在线上和线下空间中的活动。[2] 不过，由于数字游民总在不断移动，且没有固定的工作地点，因此本研究面临的挑战之一是如何确定田野的边界，并用人类学方法来考察数字游民线上和线下的互动，以及这些互动与他们社交生活之间的（非）关联性。[3] 为此，本文首先追踪了巴塞罗那的数字游民和自由职业者在不同地点的日常活动。接着，通过观察线上社交媒体网站和论坛，参与线下聚会和社交活动，进一步探索数字游民社交生活的核心方面。

---

[1]　John Postill and Sarah Pink, "Social Media Ethnography: The Digital Researcher in a Messy Web," *Media International Australia*, 2012, 145（1）, 123—134.

[2]　Scott Cohen, Tara Duncan and Maria Thulemark, "Lifestyle Mobilities: The Crossroads of Travel, Leisure and Migration," *Mobilities*, 2015, 10（1）, 155—172.

[3]　Vered Amit, *Constructing the Field: Ethnographic Fieldwork in the Contemporary World*, London: Routledge, 2003.

"共享工作日"的活动为本次田野调查提供了重要的契机。这是数字游民通过脸书或 Meetup.com 等平台发起，在共享工作空间或咖啡馆举行的社交活动。由于数字游民大多数是独立的自由职业者或数字企业家，这些聚会不仅促进了他们之间的人际交往，还帮助他们结交了新朋友，为他们提供了工作之余的新的社交选项。这类活动通常每周组织一次，往往在巴塞罗那众多的共享工作空间和咖啡馆中举行，那里提供 Wi-Fi 和其他工作设施。在 2018 年 10 月至 2019 年 5 月，我们频繁参与这些共享工作空间的活动，总计参加了在 9 个不同地点举办的 21 次聚会，其间遇到许多数字游民，并对他们展开了半结构式访谈。

西蒙是"共享工作日"活动的组织者，也是当地数字游民社区的联系人。他是一位英国数字企业家，今年 40 多岁，非常擅长社交。他分享了自己组织这些聚会和活动的初衷：

住在雅典的时候，我是居家办公的。老实说，在希腊的咖啡馆里干活儿，有时候真的挺无聊。我不抽烟，但咖啡馆里经常有人吞云吐雾，所以为了躲避二手烟，挑选咖啡馆的时候就需要特别留意。而且，雅典那会儿连个像样的共享工作空间也没有。我就想，我不单需要一个适合工作的地方，我还得多组织和参加些社交活动，多认识些朋友。于是，为了结交朋友，也为了体验一下雅典不同的地方，我就搞起了"共享工作日"。第一次活动是在一家咖啡馆办的，那次活动让我的社交媒体的圈子大了不少。我的朋友都说这主意不错，问我怎么不在别的城市试试。所以，雅典的"共享工作日"结束后，我就在开普敦、毛里求斯、柏林和伦敦办了类似的活动。后来呢，有人来问我能不能借鉴我的模式，在他们自己城市的不同地方也举办些一样的活动，他们也想通过这样的活动来聚一聚，扩大社交圈，提

高工作效率。（西蒙，44 岁，英国人，"共享工作日"活动创始人）

不难发现，这些活动和共享工作空间在塑造数字游民社区方面十分重要。受访者亚当坦言，他起初并没有将自己视为数字游民。"我那时候只是在巴塞罗那随便逛逛，然后发现了这个超级酷炫的地方，里面全是像我一样的人——那就是共享工作空间。就这样，我突然之间交到了很多朋友。"西蒙深知在"现实生活"中开展社交的价值，他进一步强调：

> 人都是需要社交的，得有个社群，还得有个出门的理由。大家周六晚上出去，不光是为了喝两杯，更多是去参加各种聚会和活动。即便是宅在家里，人们还是会想上脸书看看别人都在忙些啥。现在越来越多的人能直接在电脑前搞定工作，有时候是自己一个人，有时候是和不同时区的团队一起……人需要和别人在一起，成为社区的一部分。（西蒙，44 岁，英国人，"共享工作日"活动创始人）

此外，田野调查发现，数字游民在同一座城市内也会不停移动，他们在共享空间和社交网络中流动。因此，民族志研究需要考虑到数字游民在城市内部的流动性和灵活性，即田野调查的地点也应该是灵活和可移动的。基于此，本研究采用了多点民族志的研究方法，以更好地适应研究对象。乔治·马库斯（George Marcus）强调，为了适应那些不适合在某一特定地点进行长期参与式观察的研究对象，人类学家需要重新定义他们的田野调查地点并调整研究方法，多点民族志就应运而生了。①

---

① George Marcus, *Ethnography Through Thick and Thin*, Princeton, NJ: Princeton University Press, 2021.

马库斯还强调，多点民族志是对"文化是不断循环的"这种理解的回应，这使任何田野都能成为人类学研究视角的一部分。也有其他学者倡导使用一种新的民族志方法———一种全球性的、跨地域的多点民族志——来处理流动性问题，因为民族志的"民族"具有不稳定性和非本土化特征，人类学的研究需要对此进行回应。[①] 所以，当我们作为研究者追随数字游民参加共享工作空间和咖啡馆的活动，与这些空间中的人进行互动，建立起与他们的信任关系时，他们也在构建田野。

在历时八个月的田野调查中，我们大部分时间都在共享工作空间和咖啡馆中与数字游民共处，并对 9 名男性和 10 名女性展开了深入访谈。这些受访者的年龄从 27 岁到 50 岁不等，分别来自美国、加拿大、英国、意大利、西班牙、巴西、法国、荷兰、俄罗斯和匈牙利。所有受访者都受过高等教育，有些还是研究生，他们的工作十分多元，包括信息技术、市场营销、设计、人力资源、翻译、广告、摄影、音乐制作和行政管理。其中有 4 位是企业家，分别从事旅游、数字媒体和可持续发展行业的工作。

访谈以非引导性的方式进行，不按照提纲顺序提问，而是鼓励受访者通过自由联想来讲述他们的故事。我们在访谈前会根据受访者的生活方式拟定一个问题大纲，但在实际对话中，提问的顺序随谈话的内容而改变，一些新的问题也会出现。通过访谈，我们得以倾听受访者关于生活经历、愿望、恐惧和梦想的多样化叙述，并探究数字游民身份对他们意味着什么。

叙事不仅反映出个体对自我生活的理解，而且构成了个体生活世界的重要组成部分。有学者指出，话语中蕴含了战争、贫困和幸

---

① Arjun Appadurai, *Modernity at Large: Cultural Dimensions of Globalization*, Minneapolis, MN: University of Minnesota Press, 1996.

福背后的社会关系，无法与之分离开来。① 因此，话语分析作为一种研究方法，有助于我们解读数字游民有关生活、期望和抱负的叙事，理解叙事手段——如想象、夸大、隐藏、表演、玩笑等——如何支持或限制个体的生活和发展。

三、流动性的文化视角

数字游民对于"自由"和"美好生活"的想象，与劳动、社区和流动性密切相关。本部分关注这种想象与他们对未来的构想之间的联系。有学者提出，"想象"不仅存在于梦境、幻想和令人感到兴奋且具有创造力的时刻，它还是一种贯穿日常生活的重要资源和动能。② 克劳迪娅·斯特劳斯（Claudia Strauss）在人类学研究中探讨了"想象"的概念。她认为，"想象"是个体构想或设想他们所处社会世界的方式。这些想象并非总以明确的理论语言呈现，而是通过图像、叙述和传说得以表达。按照"社会想象"理论，想象构成了社会群体的道德准则，是一种具有共享或统一核心理念的文化模型。③

流动性无疑是当今西方文化模型和社会想象的一部分。当代西方社会的特征是所谓的全球化，即资本、人员、商品、图像和信息的广泛流动，且因ICTs的迅猛发展而被进一步加强。全球化也以不对称性为特点，并且受到选择性的阻碍。因此，流动性及其想象也被权力关系和社会不平等所渗透。数字游民之所以在日常生活中较少体验到这种不公平，是因为他们大多属于流动的优势群体。许多数字游民持有"强势"护照，能够轻松地在全球范围内流动，打破线上

---

① Colette Daiute and Cynthia Lightfoot, *Narrative Analysis: Studying the Development of Individuals in Society*, Thousand Oaks, CA: Sage, 2004.

② Arjun Appadurai, *The Future as Cultural Fact: Essays on the Global Condition*, New York: Verso, 2013.

③ Claudia Strauss, "The Imaginary," *Anthropological Theory*, 2006, 6（3）, 322—344.

和线下、虚拟和现实的边界,在移动中边旅行,边工作。由此可见,数字游民现象也映射出数字时代,ICTs 和全球化发展不平衡对劳动关系和劳动者想象的影响。因此,将数字游民作为一种文化转型,有助于我们理解不断变化的流动性世界——一个"移动"变得愈发普遍的世界,不管是在物理还是虚拟空间中。

近几十年来,在米米·谢勒(Mimi Sheller)和约翰·厄里(John Urry)提出"新流动性范式"后,学术界掀起了一股关注流动性的研究浪潮。[1] 这些研究将流动性视为运动、意象和经验的复杂组合,即一系列有意义的社会实践,以及这些实践所展现和产生的文化、社会与权力关系。[2] 蒂姆·克雷斯韦尔(Tim Cresswell)认为,流动性的多种形式的(物理的、象征的、媒介的)经验,使其成为现代身份和生活方式的重要部分,"无处不在"的流动性最终成为劳动者、消费者和公民的基本需求。[3] 移动已经成为许多人的基本生活方式。

当然,流动性也有不同的类型。虽然许多人的移动并非自愿,比如由战争、饥荒、失业或政治原因引发的移动,但对于数字游民而言,流动性是他们体验和理解"自由"这个概念的核心。换言之,数字游民不认为自己属于"外来工"或"游客"这类移动中的社会群体。相反,他们将自己界定为全球化催生的流动者,既享受全球化带来的好处,同时设法规避其不利影响。

数字游民的流动性还体现在物理流动性和虚拟流动性的结合上,这同样映射出 ICTs 带来的旅行潜能。有学者在关于旅行文化的

①　Mimi Sheller and John Urry, "The New Mobilities Paradigm," *Environment and Planning A*, 2006, 38(2), 207—226.

②　Noel Salazar and Kiran Jayaram, *Keywords of Mobility: Critical Engagements*, New York: Berghahn Books, 2016.

③　Tim Cresswell, "Towards a Politics of Mobility," *Environment and Planning D*, 2010, 28(1), 17—31.

文章中指出，人们可以通过数字媒介在任何地方实现"居住中的旅行"和"旅行中的居住"。[①] 虽然这种分析聚焦媒介在旅行想象中的角色，但这种隐喻却可以反映出数字游民的理念以及他们对旅行方式的看法。更进一步，数字游民的生活方式不仅仅以旅行或持续移动为特征，更重要的是随时随地、随心移动。因此，流动性是研究数字游民文化视角中的一个关键点，它需要想象力，以及对理想生活的追求和期望。在这一系列复杂的关系中，"未来"是数字游民通过不同的策略在"现实"中建构的产物，进而维系着他们在未来随时随地、随心移动的潜力。下文将阐明这些策略是什么，数字游民追求的又是什么，以及这些策略如何转化为移动的潜能。

四、自由、美好的生活与未来

> 从我年轻的时候开始，就一直梦想拥有完全的自由，可以随时随地旅行。我对这个世界和各种文化有着强烈的好奇心。我对其他国家的人是什么样子的，也非常感兴趣。但当你长大后，就发现好像有人已经为你规划好了一条要走的路——那条路就是读书、找工作，然后结婚、生孩子。我突然意识到，自己好像从来没有真正考虑过以不同的方式生活。所以我决定试试，看看自己是否喜欢数字游民这样的生活。（贾斯珀，41 岁，荷兰）

这些关于转变为数字游民或地点独立生活方式的叙述，充满了欲望、抱负、希望，有时还包含一种文化批判。受访者在不同的人生阶段，通过各种方式实现了向数字游牧生活方式的过渡。例如，

---

① James Clifford, *Routes: Travel and Translation in the Late Twentieth Century*, Cambridge, MA: Harvard University Press, 1997.

受访者贾斯珀作为数字游民已经四处旅行 9 年，他经营着一种可以让自己随时旅行的生意，实现了"完全自由"的梦想。他对"美好生活"的定义是走一条不寻常的道路，而非人们通常所期待的那种安定的生活。受访者朱莉安娜目前正在为数字游牧的生活做准备。她是一位来自巴西的招聘专员和职业顾问，现居住在巴塞罗那，打算放弃"朝九晚五"的工作，开发不受地点限制的业务。其他受访者，如萨拉、杰西卡和法拉等，都是刚开始尝试数字游牧生活的新手。法拉今年 40 岁，美国人，在网络上当助理，与丈夫一同踏上了数字游民之路："我们会持续这种生活方式，直到它不再有趣，或者我们的钱用完了，不得不重新回到办公室工作。"对此，法拉认为："这是一个激动人心的时刻，你可以掌控自己的命运、自由和工作经历。"

　　当受访者讨论是什么促使他们成为数字游民时，他们表达了对不同生活方式的渴望。流动性是数字游民实现"美好生活"的关键要素。学者阿琼·阿帕杜赖（Arjun Appadurai）指出，由规范、倾向、实践和故事构成的文化系统将美好生活塑造为一个可识别且具有实践路径的目标。[①] 换言之，文化系统勾勒出了美好生活的具体形象，这种形象作为一幅从现状到理想、从现在到未来的旅行地图，成为数字游民日常生活伦理的一部分。

　　这反映出一种文化模式的冲突：那种基于职业、家庭和固定工作的美好生活模型（又与传统的、资本主义的、福特主义式的生活方式息息相关），正在被一种流动性生活方式的理想所取代，这种生活方式通过不受地域限制的工作变得可能，这是由全球资本主义开启的新的、创造性的文化视野。我们发现，大多数受访者都想打破眼前这个由追求安全感的社会氛围所塑造的文化体系，即稳定的工

---

① Arjun Appadurai, *The Future as Cultural Fact: Essays on the Global Condition*, New York: Verso, 2013.

作、完整的职业生涯和传统的家庭安排，转而向往一种以冒险、即兴和自由为特征的另类美好生活。当被问及"对你来说，什么是自由"时，受访者的回答通常与幸福感相关，比如"工作与生活的平衡"。这也折射出数字游民心中的理想生活方式：一种没有工作方式、时间和地点限制的美好的、愉悦的生活。

> 你可以随心所欲地做你想做的事情，想工作的时候工作。天气好的时候，你可以不去上班，出门好好享受自然美景……要享受生活，不要整天久坐在办公桌前，等待五点钟下班后，回家看电视。那样太无聊了。（西蒙，44岁，英国）

再者，这些关于什么是、什么不是愉快生活的观念已经成为一种选择。这种选择打破了传统的文化视野，后者被认为是人们应该遵循的"唯一"路径。正如阿帕杜赖所述，美好生活被视为许多人在任何社会中都想要实现的目标。[①] 如今，那种灵活、独立且自由流动的工作观念和方式似乎越来越受到创意和数字行业专业人士的欢迎，他们渴望能"掌控自己的生活"。访谈发现，一方面，数字游民对美好生活的想象与工作生活的自由密切相关，流动性让他们能够随时随地去旅行；另一方面，旅行本身也促进了人们对灵活生活方式的追求，帮助他们实现对美好生活的想象。诸如即兴、灵活、流动等关于"自由"的想象，意味着数字游民需要自我预见、准备和规划，以成为自己的老板，打造出可持续的生活方式。所以说，流动性是一把钥匙，它解锁了必要的"自由"，让人们能够摆脱工作上的束缚，这也是追求美好生活的核心。换句话说，流动性和时间的

---

① Arjun Appadurai, *The Future as Cultural Fact: Essays on the Global Condition*, New York: Verso, 2013.

自由密切相关，它能给数字游民带来美好的生活体验，包括享受好天气、体验多元文化，以及结识来自世界各地的有趣的人等。

> 我就是想做自己喜欢的工作，按照自己的想法，做自己的老板，不用请假，度假也不会受到影响。我们想要从事在任何地方都可以工作的职业。越了解数字游民，我就越想加入他们。这真的很令人兴奋，掌握自己命运，享受自由和自己的工作经验。（法拉，45岁，美国）

不过，在实地调查中，我们发现持续旅行并不一定是数字游民的常态。多数情况下，真正吸引他们的是"随时随地去任何地方"的自由，或选择"不去哪些地方"，即根据自己的意愿来决定是否行动。受访者贾斯珀强调自己是一个有"家"的数字游民，而非"无家可归者"。虽然数字游牧提供了移动的可能性，但数字游民也可能因为在某处感到宾至如归而选择长期停留，但前提是始终保持随时旅行的可能。因此，对于数字游民来说，数字游牧并不等同于持续的物理移动，而是指随时随地移动的潜力。

> 这种生活方式很适合我。不过说实话，我在路上已经九年了，差不多吧，我现在挺享受在巴塞罗那的这段时间。我感觉这里对我来说是个很理想的地方……我现在算是有自己家的数字游民了，不像之前那样无家可归。我心里还是觉得自己算数字游民，只不过没有以前那么爱跑来跑去了。（贾斯珀，41岁，荷兰）

此外，流动性与未来的关系也值得进一步探讨。文化人类学家南希·穆恩（Nancy Munn）指出，我们必须分析过去、现在和未来的联系，以及人们是如何在当下构想和预期未来的，这样才能构建时间性的社会文化过程。[①] 自 20 世纪 90 年代以来，时间人类学便开始关注不同文化背景中人们对于未来的理解。[②] 详尽的人类学田野研究记录了未来是如何在现实中被塑造的，揭示了一种方向性的时间模式，而非通过循环或线性的时间模式来认知将要发生的事件。[③] 当人们从文化人类学视角来观察某个社会群体时，这种对于未来的建构模式已经成为一个重要的特征。数字游民的出现反映出一种生活轨迹的变迁，从稳定可预见、固定不变的生活方式转向不可预测、灵活多变的游牧式生活方式。

值得注意的是，在访谈中，数字游民很少预测未来，并且他们对未来计划保持开放性，计划都是可调整的。一方面，当被问及对未来的看法时，受访者们将其想象为生活中的一个阶段，在这个阶段他们可能会回归过去的生活方式，或开启一段新的人生旅程。他们专注于如何在未来找到自己在世界上的"位置"；另一方面，我们发现，未来被实践成一种可能性，这种可能性决定了数字游民当前与移动性的关系。进一步而言，为了能够移动，数字游民需要建立并维持移动的条件；他们必须在当前创造准备移动或停留（或"返回"到过去生活）的条件。在这个意义上，这种经历是一个"开放"且"不确定"的未来，数字游民得以掌控自己的生活。

最后，数字游民对美好生活的渴望是一回事，如何通过预期和准备来实现这些渴望又是另一回事。一方面，我们已经看到，要成

---

① Nancy Munn, "The Cultural Anthropology of Time: A Critical Essay," *Annual Review of Anthropology*, 1992, 21（1）, 93—123.

② Juan Francisco Salazar, Sarah Pink, Andrew Irving and Johannes Sjöberg, *Anthropologies and Futures: Researching Emerging and Uncertain Worlds*, London: Bloomsbury, 2017.

③ Steffen Dalsgaard and Morten Nielsen, "Introduction: Time and the Field," *Social Analysis*, 2013, 57（1）, 1—19.

为一名数字游民，你必须做好准备，创造条件，规划和组织（当然，也要有实现它的手段）；另一方面，你必须思考如何让自己自由到不受未来计划的约束。因此，掌控自己的生活意味着要掌控自己的时间，并以这样一种方式组织自己：你可以随心所欲地即兴发挥和改变主意。在日常工作中也是如此。于是数字游民追求控制时间，这不仅仅是日常互动的策略，更是一种自我赋权和自我管理的手段。

> 有了自由，你就得自己做决定，想想每天要干啥，去哪儿玩，见哪些人。你会忙着处理一大堆事情。但如果你在一个地方定居下来了呢？可能就有份工作，有个固定的朋友圈子，基本上 90% 的事情都是提前安排好的。每天按部就班去上班，朋友们组织活动的时候，你一起去参加……但当你自己旅行时，一切都更主动。如果我飞往一个完全陌生的城市，比如说南非开普敦，那么我在那里做什么都需要我自己来安排。没有人会来邀请我参加活动，我没有住的地方，也没有工作。就像我早上醒来，什么计划都没有，我必须自己从头开始计划。（贾斯珀，41 岁，荷兰）

五、结论：让它发生

数字游牧是一种融合工作和流动性的生活方式。通过分析访谈内容和观察受访者的日常实践，本文阐释了有关数字游民过去、现在和未来的叙事，揭示出他们将流动性和移动潜力视为实现自由的途径。研究发现，数字游民的核心价值观和对美好生活的想象相对稳定。这种自由的想象包括摆脱地理限制、掌控个人时间安排、追求工作和休闲的最佳平衡，以及创建自己的社交网络等。这种对美好生活的想象与福特主义下固定模式工作观念形成了鲜明的对比，构建了一种更符合创意或认知资本主义的新想象。

　　此外，在个体选择成为数字游民的过程中，数字游民社区扮演着非常重要的角色：网站、教程和排名帮助人们更好地为未来可能的数字游牧生活做好准备；人们通过社交媒体、共享工作空间和共享工作日来安排日常事务、组织和参加各类活动，并编织自身的社交网络。研究还发现，数字游民并不总是在持续移动中，移动的潜能才是数字游牧主义的核心所在。拥有移动的潜能意味着他们时刻准备着采取行动，并保持随时应对变化和突破常规的能力，而流动性恰恰是确保未来行动可能性的关键条件。因此，它成为理解数字游民未来行动的新文化视野。所以，对于数字游民来说，未来既是开放的，又是不可预测的，流动性不仅代表旅行的行为，也蕴含着个人生活的每一个方面都有改变和即兴发挥的可能，即在不断的移动中找到"栖息之所"。

6

在顺从与抵抗之间：数字游民和摩擦性流动体制[*]

法比奥拉·曼奇内利

珍妮·格尔曼·莫尔兹[**]

【导读】 数字游民利用数字技术将工作、休闲和旅行融为一体，这种自由而灵活的生活方式使得他们常常被理想化为不受束缚的"世界公民"。然而，为了实现这样的生活方式目标，数字游民必须与国家就入境要求、居住规则、税收制度等事务进行多重复杂的博弈与协商。本文使用"摩擦"这一隐喻来解释这一悖论，通过探讨数字游民的流动策略与国家流动体制的交互形塑，以剖析个中所存在的个体与国家之间的张力。需要说明的是，本文的经验数据来自两个方面：其一是对数字游民及其网络社群分别开展了线下田野调查和线上网络民族志研究；其二是收集了27个国家为吸引数字游民而发布的签证计划和政策数据（2021—2022年）。

文章首先探讨了数字游民为规避国家约束而采取的三类独特的行动实践：其一，持有多本护照，并强调护照象征的是自由而非

---

* 本文译自 Fabiola Mancinelli and Jennie Germann Molz, "Moving with and against the State: Digital Nomads and Frictional Mobility Regimes," *Mobilities*, 2024, 19（2）: 189—207。

** 法比奥拉·曼奇内利，西班牙巴塞罗那大学社会人类学系副教授；珍妮·格尔曼·莫尔兹（Jennie Germann Molz），美国圣十字学院（College of the Holy Cross）社会学和人类学系教授。

对国家的忠诚；其二，频繁地离境续签，利用制度漏洞来规避法律限制，以实现灵活流动；其三，利用地理套利，在享受低成本生活的同时，避免承担税务责任。这些流动策略反映了作为新自由主义主体的数字游民如何将国家强加的限制转化为创造性的"边境艺术"，从而最大限度地实现其生活方式目标。但作者同时指出，数字游民将种种要求内化为追求自由的必要条件，因而他们的行为并没有从根本上挑战国家的流动体制，而更多的是一种机会主义式适应。

数字游民并非实践"边境艺术"的唯一主体，国家同样也是"边境艺术家"。作者借用"流动性治理"的概念来理解国家的治理术及其权力关系，这表现在，国家并不是完全无条件地迎合或拒绝数字游民，而是有意识地建构筛选和排除机制，来制造或生产"理想的"流动公民身份实践和范畴。作者具体列举了三种做法：其一，设立特殊的数字游民签证，并通过设定一系列具体要求来吸引理想的入境者，获取经济利益；其二，模糊游客和移民之间的界限，并视国家的发展情况提供不同类型的国家资源和国家认可；其三，间接庇护地理套利，通过提供便利的生活设施来吸引非政治化的消费者和专业人士（同时减少与公民身份相关的直接福利开支），以协调数字游民与国家之间的利益冲突。

最后，作者强调，摩擦性流动体制的概念不仅呈现了数字游民与国家权力持续协商与博弈的过程，还揭示了数字游民的流动实则建立在特权与不稳定的基础之上。一方面，在发达国家，就业市场的不稳定和社会福利的削减使得数字游牧生活成为一种应对策略；另一方面，数字游民可能会经历一种"分歧"的状态，流动性并不是一种人人都能平等享有的资源，且它在不同地理区域、社会环境和流动体制中也有不同的意涵，这些问题值得进一步思考讨论。

一、引言

在过去的几十年里, 伴随着互联网技术的发展、廉价旅行的普及和移动工作的崛起, 自我形塑的 "移动生活" 日益成为可能。[①] 这在新兴的数字游民群体中体现得尤为明显, 他们是远程工作者, 独自或与家人一同旅行, 在国外或旅途中从事独立于地点的在线工作。

数字游民是典型的新自由主义主体。他们制定了个人主义的退出策略, 以应对富裕工业化国家出现的劳动不稳定性、日益加剧的不平等和福利体系遭受侵蚀等风险。不过, 数字游民也并不完全是新自由主义主体, 国家同样采取了极具前瞻性和效用最大化的政策, 制定了特殊的签证计划来吸引这些高质量的消费群体。通过对政府出台的不同签证计划进行编码和分类, 我们发现, "流动体制" 不仅规定了个体可以移动、进入或在特定国家或地区驻留的时长, 而且还施行了一种 "流动性治理"。这种体制鼓励流动主体以自给自足、消费者公民身份和非政治化的流动性等理想的品质来进行自我管理和自我规训。

鉴于此, 本文将重点探讨数字游民与流动体制的交互作用。数字游民追寻不受约束的全球流动性, 并且明确拒斥国家主义的意识形态, 不过, 这与他们对国家移民法规的遵守形成了鲜明的对比。这种矛盾导致他们的流动生活并非顺滑无阻, 而是摩擦不断。现有的民族志研究强调, 这种自由受限的悖论是数字游民生活方式的核心特征。[②] 在本文中, 我们将这种悖论理解为数字游民既顺从又抵抗国家的暧昧状态, 它反映了个体与国家之间的二元张力。

上述悖论是如何在数字游民能尽情旅行的流动体制中彰显出来的? 数字游民的生活方式与数字游民签证的兴起有何关联? 这种关

[①]　Anthony Elliott and John Urry, *Mobile Lives*, London: Routledge, 2010.

[②]　Päivi Kannisto, "Extreme Mobilities: Challenging the Concept of 'Travel'," *Annals of Tourism Research*, 2016, 57（C）, 220—233.

联性体现出流动体制怎样的运作逻辑？这些都是本文关注的重要议
题。在研究中，我们发现，流动体制并不仅仅是一种固定的国家控
制方式，而是一个由游民主体性和国家权力共同形塑的摩擦界面。

文章首先回顾了现有的理论框架，我们在其中定义了数字游牧
主义和流动体制的概念，并讨论了流动性治理、"边境艺术"、摩擦和
分歧性特权等相关概念。接着，在研究方法部分，我们使用了长期的
民族志观察以及各类一、二手资料。本文的核心内容围绕两个民族
志研究展开，分别阐释了数字游民和国家采取的各种策略，以便最大
化地利用摩擦来为自身谋取利益。最后是本文的讨论和结论部分。

二、理论框架

（一）数字游民与流动生活方式

首先，我们关注的是数字游民的流动形象问题。数字游牧主义
是一个边界模糊的范畴，因社交媒体的普及而变得流行。然而，必
须明确的是，这一所谓的新趋势实际上是学者们在过去几十年间一
直在研究的一系列更广泛的流动生活方式，包括退休后移民[1]、长途
背包旅行者、新游民和全球游民[2]、快闪背包客[3]，以及追求非固定

---

[1] Michaela Benson and Karen O'Reilly, "From Lifestyle Migration to Lifestyle in Migration: Categories, Concepts and Ways of Thinking," *Migration Studies*, 2016, 4（1）, 20—37; Michaela Benson and Karen O'Reilly, *Lifestyle Migration and Colonial Traces in Malaysia and Panama*, London: Palgrave Macmillan, 2018; Kate Botterill, "Discordant Lifestyle Mobilities in East Asia: Privilege and Precarity of British Retirement in Thailand," *Population, Space and Place*, 2017, 23（5）, 1—11; Paul Green, "Mobility Regimes in Practice: Later-life Westerners and Visa Runs in South-East Asia," *Mobilities*, 2015, 10（5）, 748—763.

[2] Päivi Kannisto, "Extreme Mobilities: Challenging the Concept of 'Travel'," *Annals of Tourism Research*, 2016, 57（C）, 220—233.

[3] Jennie Molz and Cody Morris Paris, "The Social Affordances of Flashpacking: Exploring the Mobility Nexus of Travel and Communication," *Mobilities*, 2015, 10（2）, 173—192.

地点和世界学校教育的家庭。① 这些人的流动生活方式多种多样，但他们有共同的特点：高举流动和自由选择的旗帜来追求美好的生活。② 实际上，将流动与自由、个人选择和自我实现等同起来的新自由主义个体是这种流动生活方式的主角——这也构成了相关研究共同的分析线索。③

福柯将新自由主义的主体性定义为一种装置（dispositif），要求人们根据效用最大化的原则来重构自我行为。因此，在新自由主义治理下，个体成为"自我企业家"，理性地"计算每一次选择的成本和收益"。④ 选择成为数字游民，或是为了追求"美好生活"而采取其他形式的生活方式流动，恰恰表明：当一种自力更生和企业家精神的生活方式出现时，数字游民成了理想的小众旅行者。

（二）流动体制和流动性治理的艺术

有学者提出，流动体制是指在单个国家和国际层面上用来控制、允许或禁止境内外流动的监管和监视系统⑤，它由物质基础设

① Mari Korpela, "Lifestyle of Freedom? Individualism and Lifestyle Migration," In *Understanding Lifestyle Migration: Theoretical Approaches to Migration and the Quest for a Better Way of Life*, edited by Michaela Benson and Nick Osbaldiston, Bassingstoke, UK: Palgrave Macmillan, 2014, 27—46; Fabiola Mancinelli, "A Practice of Togetherness: Home Imaginings in the Life of Location Independent Families," *International Journal of Tourism Anthropology*, 2018, 6(4), 307—322.

② Paul Green, "Homes, Home Lives and Precarious Privilege: Older Western Residents and Differing Lifestyle Mobilities in Ubud, Bali," *Asian Studies Review*, 2022, 47(2), 374—391.

③ Ulrika Åkerlund and Linda Sandberg, "Stories of Lifestyle Mobility: Representing Self and Place in the Search for the 'Good Life'," *Social & Cultural Geography*, 2015, 16(3), 351—370.

④ Tim Christiaens, "The Entrepreneur of the Self Beyond Foucault's Neoliberal Homo Oeconomicus," *European Journal of Social Theory*, 2020, 23(4), 493—511.

⑤ Nina Schiller and Noel Salazar, "Regimes of Mobility Across the Globe," *Journal of Ethnic and Migration Studies*, 2013, 39(2), 183—200.

施、行政机构以及社会和文化想象组成。通过流动体制，国家试图维系权威，这种维护体现在对流动及其意义的控制上。[①]

不难看出，生活方式游民付出了巨大努力，并在很大程度上成功地将自己的流动塑造为一种勇敢的选择。[②] 不过，这种看似完全是个人决定的流动生活方式实际上受到国家及附属机构的制约，这些机构十分广泛，它们与护照和签证签发、边境和移民管制、货币兑换和银行系统、税务、医疗保健、养老金或社会保障系统密切相关，有时甚至涉及学校系统、教育法规和儿童保护服务。

虽然流动体制在决定谁能不能流动方面发挥着决定性的作用，但这些体制并不是简单僵化或自上而下的筛选机制，它们在适用的法律、意义和后果方面也并非一成不变。譬如，对于同一违法行为——签证逾期，不同国家可能会有不同的反应，对于不受欢迎的移民可能会采取拘留或遣返措施，而对于理想的移民则可能会制定出全新的移民政策。[③] 从中我们不难发现，流动的个体和流动体制是相互形塑的，约根·奥勒·贝伦霍尔特（Jørgen Ole Bærenholdt）提出的"流动性治理"概念有助于我们更为深入地理解这种权力关系。

贝伦霍尔特借鉴福柯的生命政治和治理术的概念，提出了"流动性治理"概念，用以思考国家如何控制谁流动或不流动，以及如何通过流动性来进行治理。他认为，"流动性可以被治理，但首先

---

① Stefan Gössling and Scott Cohen, "A Darker Side of Hypermobility," *Environment and Planning A*, 2015, 47（8）, 1661—1679.

② Jennie Molz, *The World Is Our Classroom: Extreme Parenting and the Rise of Worldschooling*, New York: New York University Press, 2021.

③ Shahram Khosravi, "The 'Illegal' Traveller: An Auto-Ethnography of Borders," *Social Anthropology*, 2008, 15（3）, 321—334; Nick Gill, James Riding, Kirsi Pauliina Kallio and Jennifer Bagelman, "Geographies of Welcome: Engagements with 'Ordinary' Hospitality," *Hospitality & Society*, 2022, 12（2）, 123—143.

它本身是一种治理方式，是一种治理技术"。^① 可见，国家并没有被简单视为一个控制机构，而是被看作一套制度化的流动性实践。因此，按照福柯的说法，流动性是"治理的艺术"的一部分，它主要通过规范、监控和规训人们的具身流动得以实现。^②

流动性治理艺术在"边境艺术"的展演中尤为明显。这个概念来自佩伊维·坎尼斯托（Päivi Kannisto）对长期旅行者与国家权力持续协商过程的研究。在她看来，这些旅行者"无家可归、无国籍、无拘无束"的身份，使他们在就业、税收、保险、社会服务和银行体系等方面与国家制度格格不入。^③ 然而，从游民的视角来看，流动体制并不仅仅是一套必须遵循的规则，而是保留了运作微妙的，并不总是完全合法的规避策略的空间。^④

坎尼斯托解释说，为了应对这些限制，全球游民采取了各种不同的策略来利用制度的漏洞，例如伪造地址或向边境官员谎报访问目的。她认为，全球游民是"机会主义者"，他们既追求自由，又紧紧依赖国家颁发的护照和实施的社会福利。她进一步将这些策略描述为"边境艺术"。^⑤ 正如戴夫·库克（Dave Cook）所述，"数字游民将国家与公民之间的联系看作不必要的麻烦，是需要协商、规避或打破的限制"。^⑥ 这些限制在他们流动的生活方式中产生了摩擦，

---

① Jørgen Ole Bærenholdt, "Governmobility: The Powers of Mobility," *Mobilities*, 2013, 8（1）, 20—34.

② Michel Foucault, *The Birth of Biopolitics: Lectures at the College de France, 1978—1979*, London: Palgrave Macmillan, 2010.

③⑤ Päivi Kannisto, "Extreme Mobilities: Challenging the Concept of 'Travel'," *Annals of Tourism Research*, 2016, 57（C）, 220—233.

④ Will Sutherland and Mohammad Hossein Jarrahi, "The Gig Economy and Information Infrastructure: The Case of the Digital Nomad Community," *Proceedings of the ACM on Human-Computer Interaction*, 2017, 1: 1—24

⑥ Dave Cook, "Breaking the Contract: Digital Nomads and the State," *Critique of Anthropology*, 2022, 42（3）, 304—323.

然而摩擦本身也使数字游民的旅行和生活方式成为流动体制的一部分。正如我们将在下文讨论的，从本质上来说，流动性治理和相关的自治策略是国家和数字游民为了将流动体制中的摩擦转化为优势而采取的"边境艺术"形式。

通过从流动性和人口角度而非地理边界来重构社会和国家，流动体制和流动性治理艺术的概念要求我们重新思考公民身份的基础及其形成的可能性。这些概念强调流动并不是一种人人都能平等享有的资源，然而，我们的关注焦点并不在谁能流动或谁不能流动，而在于探究这种流动如何迂回在自由与摩擦之间。

（三）摩擦和分歧性特权

我们借用"摩擦"这一概念来解释治理全球游民流动性问题中存在的辩证关系。摩擦的隐喻在社会科学的"流动性转向"中被广泛采用，其中，全球流动被视为一场畅通无阻的自我实现之旅，而摩擦则是这种愉悦背景下的平衡力量。不过在安娜·辛（Anna Tsing）看来，上述观点未能充分考虑流动与权力之间的摩擦。她强调，摩擦的隐喻不仅描绘了那些减缓人和物流动的"阻滞剂"，同时也揭示出了社会互动的场域，以及冲突性的相遇在这些场域中可能催生出的新的权力结构。[1]

英国人文地理学家蒂姆·克雷斯韦尔（Tim Cresswell）回应了摩擦来自"权力结构"的说法，并提示我们，流动的人、物和观念因为摩擦而减速、停滞，但同时也因此得到推动。他描述了穿着光滑鞋底与穿着橡胶鞋底的人在冰上跑步的不同情况：前者可能会滑

---

[1]　Anna Tsing, *Friction: An Ethnography of Global Connection*, Princeton, NJ: Princeton University Press, 2005.

倒，而后者则可以因为摩擦力在冰面上行走。换言之，"摩擦既是流动的障碍，也是流动的催化剂"。[①]

同样地，摩擦也揭示了流动性治理的运作方式，它阐明了所谓数字游民的自由生活方式如何不断地与世俗阻碍、官僚障碍以及日常限制产生冲突的过程。同时，它也全面和生动地展示了数字游民为了应对这些强加的限制性结构而采取的创新策略。通过"摩擦"这一隐喻，我们看到，流动体制并非一种单一的、自上而下的控制方式，而是一个由基础设施、法律和政策以及话语框架和意义构成的复杂体系，这为数字游民与国家之间动态的协商留出了空间。

为了理解数字游民在国家权力面前地位的变化，我们需要考虑他们的流动如何让其处于优势和不稳定的交汇点。接受本文访谈的数字游民似乎享有广泛的优势。他们大多是白人——尽管不全是，通常接受过良好的教育，是专业人士，拥有经济、文化和社会资本，以及网络和流动的资本。他们的护照由全球北方的地缘政治强国（例如美国、加拿大、英国）签发。由于他们自认为是专业人士和中产阶级，我们将他们的"流动愿望"以及对旅游、探险和自我实现的追求理解为其阶层习惯日渐规范化的一种表现。[②]

然而，在考察数字游民的流动动机后，我们发现，社会经济条

---

① Tim Cresswell, "Friction," In *The Routledge Handbook of Mobilities*, edited by Adey Peter, David Bissell, Kevin Hannam, Peter Merriman and Mimi Sheller, London and New York: Routledge, 2014, 107—115.

② Karen O'Reilly, "The Role of the Social Imaginary in Lifestyle Migration: Employing the Ontology of Practice Theory," In *Understanding Lifestyle Migration: Theoretical Approaches to Migration and the Quest for a Better Way of Life*, edited by Michaela Benson and Nick Osbaldiston, New York: Palgrave Macmillan, 2014, 211—234; Shanthi Robertson, Yi'En Cheng and Brenda Yeoh, "Introduction: Mobile Aspirations? Youth Im/Mobilities in the Asia-Pacific," *Journal of Intercultural Studies*, 2018, 39(6), 613—625.

件的变化可能已经严重限制了他们的选择。[①] 研究表明，大量数字游民在国外的相对优势地位常常掩盖了财务不安全、强制性的就业和签证义务，或住房的不稳定。换言之，"生活方式移民仍然处于一种脆弱、无根的状态，悬浮在缺乏关键经济和政治权利，以及没有安全网的公民身份之上"。[②] 这种不稳定性不仅是自由职业和流动生活方式的特征，还被视为数字游民追寻更好生活的一个重要诱因。在发达国家，就业市场的不稳定性和社会福利的削减使得数字游牧生活成为一种应对策略，同时也是一种生活方式的选择。因此，数字游民可能会经历一种"分歧"的状态，他们通过中产阶级的身份、资源和愿望所实现的流动性，在不同地理区域、社会环境和流动体制中产生了各种不同的含义。[③]

即使这些数字游民的"白人资本"在很多情况下是有效的[④]，他们仍会有意识地质疑那些构成社会日常生活基础的"固定坐标"[⑤]，这种质疑同样会带来不稳定性。如果这被解释为一种激进的反叛，甚至是"对现状的独立宣言"[⑥]，那么它仍然是模棱两可的，因为它揭示了数字游民与国家之间的矛盾关系。因此，随着流动个体在流动体制背景下管理着他们的实际流动和日常摩擦，数字游民的分歧

---

① Olga Hannonen. 2020, "In Search of a Digital Nomad: Defining the Phenomenon," *Information Technology & Tourism*, 2020, 22（3）, 335—353.

② Kate Botterill, "Discordant Lifestyle Mobilities in East Asia: Privilege and Precarity of British Retirement in Thailand," *Population, Space and Place*, 2017, 23（5）, 1—11.

③ Shanthi Robertson and Rosie Roberts, *Rethinking Privilege and Social Mobility in Middle-class Migration: Migrants "In-Between,"* New York: Routledge, 2022.

④ Catherine Lundström, *White Migrations: Gender, Whiteness and Privilege in Transnational Migration*, New York: Palgrave MacMillan, 2014.

⑤ Päivi Kannisto, "Extreme Mobilities: Challenging the Concept of 'Travel'," *Annals of Tourism Research*, 2016, 57（C）, 220—233.

⑥ Jennie Molz, *The World Is Our Classroom: Extreme Parenting and the Rise of Worldschooling*, New York: New York University Press, 2021: 71.

性既塑造了"边境艺术"的多重性和冲突性，也被这些特性所重塑。

三、研究方法

在本研究中，我们使用两个独立的数据集来检视流动性治理的不同层面：其一，通过民族志田野调查收集到的定性数据；其二，政府网站发布的有关临时居民和旅行签证（也被称作"数字游民签证"）的官方政策数据库。我们在此考虑的民族志和政策数据，其地理覆盖范围既不是全球性的，也不局限于特定区域，而是与"南北生活方式流动"的新兴地理环境相对应。[①]

（一）移动虚拟民族志

自 2015 年起，两位研究者分别对独自旅行或与家人一同旅行的数字游民开展了具有互补性的民族志研究。我们采用了民族志田野调查和网络民族志相结合的研究方法，后者也被称为"移动虚拟民族志"。[②] 在田野调查中，我们在博客、网站和社交媒体平台上关注了受访者及其流动社群，并与他们一同旅行和会面，行程覆盖阿根廷、澳大利亚、新加坡、西班牙、泰国和美国等地。

本研究的数据来自民族志田野调查，涵盖了 60 多个旅游博客和 7 个专门讨论数字游民及地点独立家庭问题的社交媒体群组的内容。此外，还包括受访者发布的 TED 演讲、播客、网络研讨会，以及 37 次深度访谈（包括面对面和视频访谈）和 21 次半结构式访谈的记录。

[①] Paul Green, "Homes, Home Lives and Precarious Privilege: Older Western Residents and Differing Lifestyle Mobilities in Ubud, Bali," *Asian Studies Review*, 2022, 47（2）, 374—391.

[②] Robert Kozinets, *Netnography: The Essential Guide to Qualitative Social Media Research*, London: Sage, 2020.

在本研究中，受访者的人口统计学特征有着很高的相似性。他们大多是白人、中产阶级、职业生涯黄金期的专业人士，年龄在20—50多岁之间。我们还分析了从2014年到新冠疫情期间的移动民族志数据，以探究数字游民如何协调他们的自由流动主张与国家法律规定的过境、出入境和停留时间之间的冲突。

（二）政策分析

第二个数据集主要由政府为吸引数字游民而发布的政策和协议组成。2021—2022年间，我们构建了一个数据库，从27个国家的官方移民网站上收集和整理了有关临时居留和旅行签证的各类信息。我们搜索了数字游民博客和社交媒体论坛，上面提供了很多关于哪些地方最适合远程工作的建议。我们对数据库进行了初步的定性和比较分析，以识别样本国家中常见的、重复的主题。

我们还收集了这27个国家的签证资格和所需文件、延期或续签可能性、子女入学规定、携带宠物信息、许可的工作类型和国外收入来源的信息，同时记录了政策在网上的呈现方式，观察除了法律规定和申请表格外，网站是否还包括图片、旅游景点介绍或当地政府官员的欢迎信等相关内容。

四、利用摩擦：数字游民如何规避法律的约束？

虽然数字游民强调自己是不受约束的全球公民，但他们并没有挑战流动体制；相反，他们通过自我管理策略，机会主义式地适应了新自由主义治理带来的困境。这些适应的技巧包含了多样化的、有时甚至是相互矛盾的策略，例如宣称自己是世界公民而非某个国家的公民、持有多本护照、离境续签以规避移民法律、避免或尽可能减少纳税义务、利用地理套利，等等。

（一）"一本不行，那就两本"

在博客、访谈和社交媒体论坛上，签证和护照是热门话题。数字游民一方面反复强调他们持续反思对国家的忠诚，另一方面研究如何在复杂的签证申请中驾轻就熟，获得多本护照。英国作家西蒙娜带着学龄儿子旅行时，她的一条评论揭示出这种追求自由与官僚制度摩擦之间的张力："当我不确定我们能前往下一个地方还是必须滞留在当前地点时，签证问题常常让我感到极度焦虑。但是，在大部分时间里，我还是觉得很自由。"

这条评论引出了一个问题：自由感是如何占据上风的？当数字游民面临可能阻碍他们行动或减缓他们速度的监管障碍时，他们如何重新展现自己的主动性？这些问题的答案在于将话语策略和官僚策略紧密结合在一起。

话语策略的一个例子是，数字游民通过感恩的视角来表达他们对政府法规的服从，尤其是对拥有美国、加拿大或欧盟这样"强势"护照的感激之情。来自美国的游民贝拉在自己的博客上写道："我们很幸运能够带着美国护照进行环球旅行。我们可以轻松获得签证，去任何想去的地方。享受免签待遇是一件很平常的事情。"

不过，游民们强调，他们对护照的感激不应被误解为一种归属感或国家认同感。在他们看来，护照仅仅是帮助他们在全球流动体制中畅行无阻、践行全球生活方式的有效工具。美国数字游民企业家伊冯娜在接受访谈时的回答与这种观点大致相仿："我很感谢我的护照，它让我想去哪里就去哪里。但是，我并不认同那些'我来自世界上最好的地方'的爱国主义言论。我不想被束缚在一个地方或一种文化中。我是一个世界公民，在其他地方比在美国快乐得多。"

与其说数字游民是在抵抗国家体系，不如说他们通过获取多本护照，实际上强化了他们与国家官僚机构之间的联系。在社交媒体论坛上，数字游民们常常讨论哪一本（或几本）额外的护照最为理想，能够帮助他们最大限度地减轻税收负担、提升就业机会，以及增加旅行的自由度。

在一次在线讨论中，有位数字游民评论道："我想要的是旅行证件，而不是效忠于某个我经常与它意见不同的政府。"事实上，对国家的忠诚从来都不是数字游民讨论的焦点，拥有多本护照仅仅意味着有更多的自由来追求他们向往的全球生活方式。数字游民就这个观点为自己辩解——他们强调护照象征的是自由（心存感激），而不是对某个具体国家的顺从或忠诚（坚决拒绝）。

（二）离境续签

另一种策略是"离境续签"。数字游民通常持短期旅游签证入境，这些签证需要通过多次过境才可以续签。例如，非欧盟公民描述了"申根曳步"（Schengen shuffle）的过程，他们往返于欧盟国家之间，充分利用申根签证允许的停留时间；在泰国生活的数字游民可能每几周就必须跨境一次；在果阿邦生活的欧洲家庭会在签证到期前定期离开印度，并重新进入。*

频繁的离境续签表明，我们很难将数字游民归类为游客或移民。尽管离境续签是常见的延长旅游签证的做法，但数字游民在远程工作或在家教育孩子时进行离境续签，这实际上拓宽了"游客"的边界。他们意识到，自己正在违反签证法律法规的边缘游走试探。一位在线交流的受访者表示："你可以持旅游签证在很多国家生活几个月，甚至是更长的时间。你不可以在旅居地工作，但实际上，如果你在为一家外国公司远程工作，没有人真的会介意，因为

---

　　* 果阿邦（Goa）位于印度西岸，是印度面积最小的一个邦，是印度人口第三少的邦。果阿邦以海滩闻名，每年吸引着几十万国内外游客。——编者注

你为当地带来收入，而且不会影响当地的就业市场。只要在入境时不提'工作'和'职业'这样的词，大多数情况下，没人会注意你的活动。"

可见，在现实生活中，数字游民经常利用制度漏洞，避免使用某些可能引起怀疑的词汇。然而，频繁离境续签也可能导致他们面临着被拘留、拒签或驱逐出境等风险，社交媒体论坛上不时有这类警示性故事。虽然存在这些风险，且这种行为的合法性也有待商榷，但数字游民和其他生活方式移民一样，都把离境续签——包括虚假申报访问目的——视为他们流动生活方式的常规操作。[①]

在行动上和话语上将离境续签纳入流动生活，这是数字游民利用签证要求的摩擦来换取自由的方式之一。有数字游民提出，遵守国家法律规定并不是对他们自由的限制，反而是一种机会，让他们以旅行者、消费者，甚至是投资者的身份进入不同国家。在所有的案例中，流动体制带来的摩擦——表现为国家监视和控制——被那些持有强势护照的旅行者视为有利条件。

（三）地理套利与税收

"地理套利"是另一种常见策略——它由蒂姆·费里斯（Tim Ferriss）提出，指数字游民通过远程方式为全球北方公司工作，同时在全球南方生活成本较低的地区享受舒适的生活。[②]

此外，地理套利影响个人的纳税责任。国家税制是为常住居民

---

① Mari Korpela, "'We Must Stay for the Exams!' Pacing Mobilities and Immobilities Among Lifestyle Migrant Families in Goa, India," In *Pacing Mobilities: Timing, Intensity, Tempo and Duration of Human Movements*, edited by Vered Amit and Noel Salazar, New York: Berghahn Books, 2020, 100—119.

② Timothy Ferriss, *The 4-Hour Work Week: Escape 9-5, Live Anywhere, and Join the New Rich*, New York: Crown, 2007.

设计的，而数字游民作为持续流动的主体，他们的纳税责任在税收政策上往往是个灰色地带。有游民在讨论税收的帖子中说道："从法律上讲，数字游民这个概念是不存在的，这只是描述一种生活方式。你要么是游客，要么是居民。"然而，在我们的研究中，数字游民并不愿意接受这样的分类，他们更希望处于一种中间状态，尤其是在税务上。正如另一位在线论坛用户所述："除非你在某个地方居住超过 180 天，否则税务不会成为问题。"这表明，如果数字游民没有在某个国家停留过长的时间，他们就可以避免承担税务责任。

费里斯将地理套利宣传为一种创意生活技能，而学者们则批评这不过是享有特权的旅行者利用全球不平等来为自己谋利的又一实例。[①] 如果说全球游民是"机会主义者"，那么这与学者王爱华所强调的"灵活公民"概念相吻合，后者主要指代那些在安家立业、投资资产和持有护照方面具有很强策略性的人群。[②] 我们能够从 21 世纪数字游民看待世界的方式中捕捉到灵活公民的影子，这些人将世界视为一份公民服务菜单。例如，最近在一个旅行家庭论坛上，有参与者提出："我们在找一个新的国家，希望旅行结束后能在那里定居。我们有三个女儿。自由、医疗、教育和经济发展都是我们考虑的因素。"

本文中的数字游民未必像王爱华的研究对象那样富足，这意味着他们必须找到金钱以外的其他策略来规避流动体制的束缚。他们依赖网络传播的知识来实现这一目标，包括分享信息来寻找生活成本低或家庭教育法规宽松的地方，并就如何延长某些地区的签证

---

① Sin Yee Koh, "Disrupted Geographic Arbitrage and Differential Capacities of Coping in Later-Life: Anglo-Western Teacher Expatriates in Brunei," *International Migration Review*, 2021, 55（2）, 322—346.

② Aihwa Ong, *Flexible Citizenship: The Cultural Logics of Transnationality*, Durham, NC: Duke University Press, 1999.

时间或减轻税收负担给出建议。这些挑战表明，若要通过流动来追求自由，游民必须与那些既促进又限制他们的流动体制进行复杂的互动。数字游民被这种焦虑与自由之间的张力所拉扯，成为"边境艺术家"，他们采用反身性的规避策略，利用制度摩擦来为自身谋利。

概言之，数字游民完成了"自我档案化"的过程，接受海关和移民机构的监视，并展现出对那些允许他们轻松跨境旅行的政策的感激之情和顺从的态度，通过规避（例如，利用离境续签来延长短期旅游签证，而不是申请长期居留签证）、服从（通过获取和出示护照），甚至将这些要求内化为追求自由的必要条件来应对不同的挑战。一定程度上说，数字游民与国家权力之间存在共谋的关系——他们将自己塑造为符合"全球公认的种族和阶级分类"的人，在流动人群的光谱上更接近游客而不是移民[1]，并利用随之而来的优势来适应这一系统。近年来，这些优势正在逐步扩大，一些国家新近推出的数字游民签证政策便是明证。相关政策表明，数字游民不是在国家的固定语境下实践"边境艺术"的唯一主体，国家也是"边境艺术家"。

五、运作摩擦：作为"边境艺术家"的国家

全球新冠疫情发生后，一些国家开始推出特殊签证计划，谋求在数字游民的版图上占据一席之地，以重振遭受重创的旅游经济。这些计划表明，国家愿意迎合数字游民的不同需求，吸引他们成为新型的常住居民。在这一过程中，国家也展现出其作为"边境艺术

---

[1]　Tani Sebro and Jordan Hallbauer, "Tourism Otherwise? The Touristic Mobilities of South-South Travel," In *Tourism Geopolitics: Assemblages of Infrastructure, Affect, and Imagination,* edited by Mary Mostafanezhad, Matilde Córdoba Azcárate and Roger Norum, Tucson, AZ: University of Arizona Press, 2021, 185—206.

家"的身份，有意识地创造出新的理想旅行者类别，在赋予他们特殊权利的同时，获取经济利益。

这种为迎合有吸引力的小众消费者而特设移民架构的举措并不算新鲜。在 20 世纪 80 年代末至 90 年代初，菲律宾、马来西亚和泰国等国率先推出了吸引国际退休人员的特殊计划。在后疫情时代，许多国家和地区（特别是加勒比地区、南美洲和欧洲国家）已经开始提供特殊的数字游民签证或临时居留许可。与投资移民或"黄金签证"一样，这些计划对申请人的经济条件有着具体的要求，排除了不符合特定经济标准的申请者。

（一）自给自足的理想入境者

虽然申请这些签证计划的费用差异很大，涉及的文书工作程度也不尽相同，但绝大多数计划都有三项基本要求：其一，假定申请者经济上自给自足，并通过最低收入声明、工作证明或企业所有权证明来展现；其二，提供健康保险证明；其三，提供无犯罪记录。

这些要求让我们看到了理想的入境者类型。自给自足的概念在相对富裕且受欢迎的移民和其他类别的流动人口（例如劳工移民、寻求庇护者或难民）之间画出了一条清晰的界线。同时，签证费用和收入要求也进一步区分了这两类人群。在这种情况下，政府吸引新居民能带来哪些好处？与游客不同的是，持有特殊签证的人需要缴纳当地的增值税，他们不仅会参与旅游活动，还会在日常服务中消费，从而推动疫情后旅游业的复苏。在一段关于巴西签证的宣传视频中，移民专家评论道："数字游民将以多种方式为当地经济做出贡献：租赁公寓，使用当地服务，比如健身房、理发店以及公共和私人交通工具。因为他们的雇主必须在国外，所以这不会对当地劳动力市场构成威胁。数字游民签证不仅有利于个人，它还可以成为'留住人才'的工具。"

潜在的申请人包括远程学习的学生或与家人和宠物一起旅行的数字游民。从国家的角度来看，通常被称为"捆绑签证"的家庭可能比单个数字游民更受欢迎，因为他们有着更多的服务需求。安提瓜和巴布达、塞舌尔和多米尼克的网站都提供了私立学校的链接，安圭拉的官方网站上还有对家庭教育可能性的相关讨论。

（二）游客与移民之间的模糊界限

初步考察入境者的理想类型，使我们意识到在管理和沟通策略方面，游客和移民之间的界限愈发模糊。我们的筛查揭示了两类提供特殊签证计划的国家：一类是经济严重依赖或希望促进旅游业发展的国家，包括一些加勒比海岛国、克罗地亚和马耳他等欧盟国家，以及冰岛或格鲁吉亚；另一类是经济并不过度依赖旅游业，但愿意吸引具备技能的长期游客的国家，这些长期游客包括企业家和自由职业者等。与新自由主义企业之间的竞争一样，国家也在争夺居民消费者和／或提升国家竞争力。与此相对应，大多数属于第一种类型的国家通过国家旅游局或公私合营的旅游局来管理这些签证计划，而第二种类型的国家则由移民局负责管理相关事务。

由旅游局管理的计划通常都有一个热情、专业和导航清晰的网站，这些网站一般都配有白色人种的数字游民在热带海滩上使用笔记本电脑工作的典型形象，其营销语言也是极具代表性的旅游推广的"销售模式"，强调与休闲相关的价值，突出该国的优势：美丽的自然风光、安全、多样化的美食和住宿选择，以及完备的休闲运动基础设施。

这些计划都有各自独特的名称，例如阿鲁巴的"快乐工作、快乐度假"，格鲁吉亚的"来自格鲁吉亚的远程计划"或伯利兹的"在哪里度假就在哪里工作"，这些名称模糊了生活、工作和娱乐之间的界限，体现出一种享乐主义或对现实的逃避。对于"天堂"的描绘十分普遍，尤其是在那些传统上被宣传为 "3S" 目的地的国家和地区。*

另外，商业元素也不会缺席。无处不在的无线网络接入点被频繁强调，以迎合数字游民的座右铭："有无线网络的地方就是家。" 佛得角共和国还强调其 "靠近目标市场" 的便利时区，并全面展示了本国优质的共享工作和生活空间。毛里求斯采用了类似的宣传策略，提到了当地理想的时区，这有利于数字游民与欧洲、亚洲、非洲和中东的远程工作者展开协同合作。迪拜则突出了 "阿联酋安全而吸引人的商业环境"。东道国不只是把数字游民视为过客，还将他们视为潜在的投资者。例如，安圭拉的网站页面链接了注册企业的说明，而巴巴多斯的 "欢迎邮票" 网站宣传，一旦申请者决定在该国群岛创业，他们将享受极富竞争力的企业税收减免政策。

当管理主体是国家移民局时，如第二种类型国家所采取的方式，这些计划往往不会具体提到数字游民，而是针对更广泛的目标群体，比如冰岛的长期签证、葡萄牙的 D7 签证计划、哥斯达黎加的临时居留租户、捷克的自由职业者签证，以及匈牙利的白卡，等等。这些计划的网页通常只提供一页关于远程工作者的官方信息，并将其视作临时居民的另一个分类，几乎不会对生活便利设施展开详细的介绍。申请这些许可证的行政程序更具挑战性，因此，申请者需要根据具体情况向移民律师或其他中介寻求帮助。

（三）争夺低生活成本和税收优惠

许多国家通过提供低廉的生活成本、优惠的税收政策和负担得起的生活设施，吸引着数字游民群体的注意力，这似乎是对数字游

＊　"3S" 是指大海（sea）、阳光（sunshine）、沙滩（sand），这些都是数字游民旅居地的吸引力所在。——编者注

民进行地理套利的一种让步。伯利兹在其宣传资料中公开说明了这一点："与其他提供类似计划的国家相比，伯利兹的商业运营成本相对较低。你会发现我们的住宿、餐饮和一般生活价格都很实惠，而加入'在哪里度假就在哪里工作'计划的费用仅为 500 伯利兹元。"*

通过特殊签证，政府也在间接鼓励一种地理套利：作为自给自足的入境者，申请人从其他地方带来经济资源，他们的到来不会对当地就业市场构成威胁。虽然现有学术研究已经分析了这种针对个人的经济策略[①]，但我们研究的意义和价值在于揭示出这是一种治理策略，与全球经济自由化和放松管制的主流趋势相一致[②]，这同时表明，各国政府作为新自由主义主体，正在将经济理性应用于其流动性治理的实践中。越来越多的国家和地区通过免除个人所得税来吸引和争夺那些具有自由主义倾向的数字游民，税收减免也是我们研究中许多国家和地区（例如安提瓜和巴布达、巴巴多斯、哥斯达黎加、迪拜）提供给数字游民们的重要福利之一。

（四）捕获非本地化生产力的潜力：爱沙尼亚的案例

如上文巴西移民专家所述，数字游民签证通常与针对企业家和初创企业的"留住人才计划"相挂钩。在这方面，爱沙尼亚的案例堪称典范，它让我们认识到数字化如何作为一种工具，在挖掘非本地化生产力的潜力和探索国家建设新形式方面发挥出重要的作用。爱沙尼亚为了吸引数字游民，提出了两类相辅相成的计划：特殊签

---

① Claudia Bell, "We Feel Like the King and Queen," *Asian Journal of Social Science*, 2017, 45（3）, 271—293; Matthew Hayes, "'We Gained a Lot over What We Would Have Had': The Geographic Arbitrage of North American Lifestyle Migrants to Cuenca, Ecuador," *Journal of Ethnic and Migration Studies*, 2014, 40（12）, 1953—1971.

② Mayumi Ono, "Commoditization of Lifestyle Migration: Japanese Retirees in Malaysia," *Mobilities*, 2015, 10（4）, 609—627.

* 500 伯利兹元折合人民币约为 1800 元。——编者注

证和电子居留。虽然后者并不是专门为数字游民设计的，但我们从
中不难窥见在全球资本主义和新自由主义治理条件下，国家理念的
不断变化。

爱沙尼亚的电子居留计划于 2014 年启动，旨在通过提供创新
的远程企业管理数字服务，吸引企业和初创公司加入新的虚拟公民
行列，从而创造一个"虚拟国家"。然而，"虚拟国家"的概念挑战了
我们对移民和国家归属的传统认知，因为新的虚拟公民是根据他们
作为企业人才和资本等有价值的资产挑选出来的，而且不需要实际
移居到该国。这种"具身移民的替代选择"让国家能够捕获企业人
才，将他们的网络资本用于国家的经济发展，同时维系国家的文化
完整性。爱沙尼亚虽然欢迎数字企业家，但对其他形式的移民，特
别是在难民危机期间，并不那么开放。同样是为了打造国家品牌，
爱沙尼亚于 2020 年 8 月推出了针对远程工作者的数字游民签证计
划。其官方网站称，"长期以来，数字游民和远程工作者在边旅游边
工作的问题上一直存有模糊地区，他们往往在持旅游签证访问一个
国家时工作，从而规避了法律"。这段话明确指出，作为新自由主义
主体的数字游民可能处于法律的灰色地带。国家对此并没有袖手旁
观，而是迎合数字游民的需求，建立一个特殊的移民架构，将他们
纳入法律框架之内。

六、讨论

如上所述，"边境艺术"并不一定意味着数字游民对国家的积极
抵抗或拒绝。相反，它暗示了寻找创造性的、具有机会主义色彩的
适应方式，利用流动体制中的摩擦，最大限度地实现个人的生活方
式目标。这些策略揭示了将数字游民看作新自由主义主体的可能
性。我们的研究还发现，当国家制定法律法规以吸引旅居消费者或
技术型企业家时，它也成了实践"边境艺术"的新自由主义主体，构

建出新的理想化他者类型，并从中获得经济利益。在这个过程中，流动性治理的经济逻辑清晰地呈现出来。

在研究吸引日本退休人员移居马来西亚的特殊移民项目时，小野真弓（Mayumi Ono）指出，这种政策将特权移民视为非政治化的主体，即作为消费者或投资者，他们的流动被看作一个非意识形态的问题，仅仅是个人选择的反映。[①] 而对于数字游民来说，新自由主义意识形态往往掩盖了特殊签证计划中的筛选和排除机制——这通常是基于种族或阶级的。如果我们不以批判性的视角来审视这些政策，那么我们就无法认识到，数字游民在全球的自由流动以其他人受限的流动为基础，如那些持发展中国家护照或无法获得签证资格的人。[②]

数字游民与国家关系中的另一个摩擦点在于游客与移民之间界限的日渐模糊。将个人定位为游客或移民能获得不同类型的国家资源和国家认可。为了在国家眼中成为受欢迎人士，数字游民将自己定位于游客——他们会停留足够长的时间以增强国家竞争力或对经济做出贡献，但不会永久居留。即便如此，他们充满机会主义色彩的行为和规避策略打乱了传统的公民身份概念，这让人们不禁联想到学者们尝试理解的新型"灵活的""游牧的"或"后国家的"公民身份。[③] 基于"分歧性的流动性"概念，我们提出，数字游民行使的是一种"分歧性的公民权"，它一方面是国家公民身份赋予的流动权

---

① Mayumi Ono, "Commoditization of Lifestyle Migration: Japanese Retirees in Malaysia," *Mobilities*, 2015, 10（4）, 609—627.

② Ginette Verstraete, "Technological Frontiers and the Politics of Mobility in the European Union," *New Formations*, 2000, 43, 26—43.

③ Aihwa Ong, *Flexible Citizenship: The Cultural Logics of Transnationality*, Durham, NC: Duke University Press, 1999; May Joseph, *Nomadic Identities: The Performance of Citizenship*, Minneapolis, MN: University of Minnesota Press, 1999; John Urry, *Sociology Beyond Societies: Mobilities for the Twenty-first Century*, London: Routledge, 2000.

利，另一方面受到多重监管的限制。[①]

从国家的角度来看，我们所分析的流动体制也破坏了个人与国家之间的社会契约。在这里，国家不再追求传统的等价交换——公民纳税并效忠国家以换取社会保障和福利，并试图通过提供便利的生活设施而非丰厚的社会福利计划"广纳贤良"，吸引长期的、非政治化的消费者和专业人才。因此，在数字游民和基于国家的流动体制之间，出现了新的流动公民实践和范畴。

七、结语

在本文分析过程中，我们尝试使用"摩擦"这一隐喻来超越稳定—流动之间的二元对立关系。数字游民通过实践"边境艺术"来驾驭摩擦的流动体制，这种自我管理的反身性规避策略让他们得以在国家的影响下，实现自己的生活方式目标。边境监控、限时签证和其他官僚主义的障碍在流动体制中制造了摩擦，然而，这些摩擦究竟是催化剂还是障碍物，取决于数字游民能否将自己的生活方式愿望与国家利益相协调。

研究结果表明，尽管游民声称自己追求自由，但他们并不是简单地顺从或抵抗国家。正如"流动性治理"这一概念所揭示的，流动体制既是国家治理的一种艺术，也是数字游民生活的艺术。本文有助于流动体制的理论化，同时展示了流动体制如何嵌入并再现新自由主义意识形态、身份和实践。在此基础上，文章区分了"自足旅行者"和"贱斥旅行者"，并利用人力资源对地缘政治领土进行资本化。除了自上而下的控制外，流动体制也是个体和国家表演"边境艺术"的舞台。它们是摩擦的集合体，优势、不稳定性和权力差

---

① Kate Botterill, "Discordant Lifestyle Mobilities in East Asia: Privilege and Precarity of British Retirement in Thailand," *Population, Space and Place*, 2017, 23（5）, 1—11.

异相互作用,决定了哪些流动是有价值或有吸引力的,哪些则是被鄙弃或受阻的。

虽然本文关注的重点是数字游民和流动体制的相互形塑关系,但当地居民和地方也是这些正在上演的社会剧码中不可或缺的角色。尽管数字游牧主义是相对较新的现象,但这一充满活力的研究领域已经得到社会各界的广泛关注。有多少数字游民(或有意向成为数字游民的群体)实际通过这些相关计划来申请并获得签证?这些计划是否真正重塑了数字游民的全球地理分布情况,还是仅仅作为国家品牌推广的工具而存在?这些问题值得研究者进一步思考和讨论。

在持续全球流动的背景下概念化"元工作"：以数字游牧主义为例[*]

杰里米·阿罗尔斯　克劳汀·博诺

沙布尼兹·班卡拉利[**]

【导读】"元工作"指的是那些"使工作得以进行的工作"或"使工作顺利进行的工作"，它既是一种无形的工作，也是人们职业生活中的重要组成部分。然而，学界对于元工作的研究仍相对较少。如今，随着工作活动在全球范围内的流动，元工作已经不再局限于特定的工作场所，而是在家中、路上、咖啡馆或共享工作空间中进行。换言之，元工作无处不在、无时不在——这更突出了对元工作展开系统和深入学术研究的重要性和必要性。

本文采用定性研究方法，分析了一些活跃的数字游民论坛和脸书群组，以及个人博客上的在线内容，以此来探索数字游牧主义背后的元工作。本文围绕两个问题展开：其一，在持续全球流动的背

＊　本文译自 Jeremy Aroles, Claudine Bonneau and Shabneez Bhankaraully, "Conceptualising 'Meta-Work' in the Context of Continuous, Global Mobility: The Case of Digital Nomadism," *Work, Employment and Society*, 2022, 37(5): 1—18。

＊＊　杰里米·阿罗尔斯（Jeremy Aroles），英国约克大学（University of York）商业与社会学院高级讲师；克劳汀·博诺（Claudine Bonneau），加拿大魁北克大学蒙特利尔分校（Université du Québec à Montréal）管理学院教授；沙布尼兹·班卡拉利（Shabneez Bhankaraully），英国曼彻斯特都会大学（Manchester Metropolitan University）市场营销、国际商务与旅游系副教授。

景下，元工作的特点是什么？其二，元工作如何影响我们对于数字游牧和新工作实践的理解？

　　文章指出，资源调动工作、协调工作、转换工作和迁移工作构成了数字游民元工作的四个重要维度。其中，资源调动工作和迁移工作是元工作的两种主要形式，而协调工作和转换工作则更多地起到了辅助作用。首先是资源调动工作。它是指，在数字游民进入新环境时，为建立和维持他们工作所需的社会物质基础设施而进行的活动，例如，寻找合适的工作场所、建立临时的家庭基地等。这种类型的工作是最基本的元工作形式；其次是协调工作，它包括适应他人和环境、管理公用界面、确保设备的可用性，以及履行相应的承诺等；再次是转换工作。当数字游民跨越时区工作时，他们需要处理不同时空下的碎片化工作，这涉及大量转换活动。例如，数字游民必须根据客户或合作者的需求调整自己的日程安排；最后是迁移工作。它指的是数字游民融入异国他乡的生活所需的时间、精力和资源，其中，办理签证是最重要的任务。

　　不难看出，大多数职业都会涉及元工作，但在数字游牧主义的语境下，人们试图隐藏它，以营造出专业、流畅和轻松的形象。对数字游民来说，元工作不仅意味着额外的任务，还包括大量的准备工作（例如，对不同时间和空间的调动），以便在不同国家和地区之间更便捷地移动。元工作增加了数字游民在全球流动的复杂性，同时也加剧了他们社区内部已经很高的异质性。

　　更为重要的是，数字游牧生活中存在的结构性不平等，包括金融、基础设施、性别、国籍、专业背景等方面的不平等，也与元工作一同被掩盖了起来，变得越来越隐蔽。从这个意义上来看，本文挑战了主流社会对数字游民的描述。作者强调，光有"正确的心态"并不能有效地解决数字游民面临的现实困境和挑战，进一步说，数字游牧并不是一种迷人的生活方式，也不是人们只要追求轻松快乐的生活方式就能轻易实现的。数字游民所构筑的"新的工作世界"实际上强化了一种极端形式的资本主义。

一、引言

任何类型的工作都要执行一些隐性的、鲜少在工作的正式描述中得到承认的任务和活动，这些活动可以被概念化为"元工作"，它的定义就是"使工作得以进行的工作"[①] 或"使工作顺利进行的工作"。[②] 元工作关注的是工作活动的设置，而不是工作任务本身。[③]

回顾既有研究，文献中探讨了元工作的各种维度和表现形式，包括资源调动工作、协调工作、配置工作以及成为"灵工"的准备工作。虽然性质不同，但它们都表明，执行专业活动还需要许多无形的劳动。虽然社会学文献已经探究了无形工作的各个方面，对组织背景下的元工作给予了一些关注，但还没有把持续全球流动的背景纳入进来。眼下，灵活用工越来越受欢迎，因此有必要批判性地研究这些新的工作模式是如何建立和巩固的。

在新冠疫情暴发前的工作环境中，数字游民作为"弄潮儿"站在新的工作和全球流动世界的前沿，学术文献尚未对他们下过明确的共识性定义。数字游民的职业范围很广，包括社交媒体工作（产品植入、内容赞助、品牌代言等）、在线指导和培训、营销、数字创

① Marilyn Salzman and Leysia Palen, "The Tools We Live By: A Description of Personal Support Media in Work Life," *Computer Science Technical Reports*, 2004.

② Elihu Gerson, "Reach, Bracket, and the Limits of Rationalized Coordination: Some Challenges for CSCW," In *Resources, Co-evolution and Artifacts: Theory in CSCW*, edited by Mark Ackerman, Christine Halverson, Thomas Erickson and Wendy Kellogg, London: Springer, 2008, 193—220.

③ Gloria Mark, Victor Gonzalez and Justin Harris, "No Task Left Behind? Examining the Nature of Fragmented Work," In Proceedings of the SIGCHI Conference on Human Factors in Computing Systems, Portland, OR, April 2—7, New York: ACM, 2005, 321—330.

业、平面设计和软件开发。他们专业领域和就业状态的异质性催生了一种特殊的流动性，创造了一种休闲驱动的生活方式，使他们能够持续在全球范围内流动。数字游民可以被概念化为一种特定类型的、独立于地点的劳动者，他们"随处办公"。[①] 虽然"在家工作"为员工提供了时间上的灵活性，但"随处办公"使得时间和空间变得愈发灵活。对数字游民来说，追求时间和地点的独立性与全球持续流动相辅相成。而且，数字游民不仅是一种灵活和流动的工作安排，还是一种生活方式——"独特的、可识别的生活方式"。[②] 数字游民渴望逃离传统的工作结构，实现职业和个人自由。他们利用流动性，基于美学和休闲因素选择地点，而非因工作活动的需求来考虑旅居地。

本文试图探索数字游民需要执行的不同形式的元工作，为元工作的社会学研究做出贡献，同时强化我们对劳碌生活的理解。因此，我们将围绕以下两个研究问题展开：在持续全球流动的背景下，元工作的特点是什么？元工作如何影响我们对数字游牧和新工作实践的理解？本文采用定性方法分析内容，主要包括系统性地从各种在线资源中收集数据，尤其是两个数字游民最活跃的论坛和脸书群组。

文章探讨了数字游民专业活动背后元工作的四个主要维度，即资源调动工作、协调工作、转换工作和迁移工作。我们发现，元工作与流动性和保持专业形象的需求有着内在联系，这进一步维系了游牧生活方式的核心——顺畅性。认识元工作可以帮助我们理解数字游民和更广泛的新工作方式，丰富社会学文献，解释为什么某些

[①]　Prithwiraj Choudhury, Cirrus Foroughi and Barbara Larson, *Work-from-anywhere: The Productivity Effects of Geographic Flexibility*, Rochester, NY: Social Science Research Network, 2019.

[②]　Michael Sobel, *Lifestyle and Social Structure: Concepts, Definitions and Analyses*. New York: Academic Press, 1981: 28.

承诺最终会失败，导致人们产生幻灭感和觉醒意识。特别是，博客和媒体都把数字游民的生活"吹嘘"得华丽无比，这助长了这种生活方式及其运动的"迪士尼化"①，扭曲了该群体内部成员的现实和感受。因此，我们认为，数字游牧主义复制并扩大了现有的结构性不平等，这一点从游民们承担的元工作类型和数量上就能看出，元工作和新世界工作的其他形式并无太大不同。

二、将元工作概念化为一种无形的工作

（一）工作与不可见性

有学者认为，除了实践者自己以外，工作对所有人来说都是不可见的。② 一般来讲，无形的工作指的是不被感知和/或不被识别的工作。工作社会学、组织研究和计算机支持的协同工作等领域都对此有所涉猎，关注到了那些通常很隐蔽的、不可见或被掩盖的工作活动。"无形工作"的概念具有深远的理论化影响，帮助我们从经济或文化角度看待"没有价值"的活动（包括家务或志愿服务）。这类研究已经扩展到其他领域，包括有薪家政工作、情感劳动或"肮脏"工作。

在文献中，"无形工作"一词一般被用来指代以下工作：（1）缺乏法律保护和监管的工作；（2）在经济或文化上被贬低的工作；（3）被社会边缘化的工作；（4）无人在意的工作；以及最后（5）"隐形"的工作。但是，"无形"并不意味着这项工作无关紧要。一些任务因其"平凡性"很难得到社会正式的认可。在"元工作"的现实语境下，这类实践活动都被整合在一起了。

---

① Claudine Bonneau, Nada Endrissat and Viviane Sergi, "Social Media As a New Workspace: How Working Out Loud（Re）materializes Work," In *New Ways of Working: Organizations and Organizing in the Digital Age*, edited by Nathalie Mitev, Jeremy Aroles, Kathleen Stephenson and Julien Malaurent, Cham, Switzerland: Palgrave, 2021, 47—75.

② Bonnie Nardi and Yrjö Engeström, "A Web on the Wind: The Structure of Invisible Work," *Computer Supported Cooperative Work*, 1999, 8（1）: 1—8.

（二）定义元工作

元工作指的是"使工作得以进行的工作"或"使工作顺利进行的工作"。它包含了人们（有意或无意）"看不见"的各种活动。元工作活动可能是平凡的、单调乏味的，对他人不可见或被刻意掩盖，从业者身怀无人在意的技能，没有人把他们的困难当作困难。这些活动虽然在正式的工作话语之外，但在专业活动的顺畅运作中却起着至关重要的作用。[①]

工作社会学、组织研究和计算机支持的协同工作研究确定了元工作的三种类型：资源调动工作、配置工作和协调工作，这有助于我们理解元工作实践。资源调动工作包括为完成任务而进行的资源收集活动。配置工作通常在资源调动后进行，涵盖确保系统运行的活动。这两种类型的元工作需要确保完成任务或执行活动所需的各种资源到位。最后，协调工作是指管理多方协作所需的活动，包括非正式的协调实践，使不同类型的活动和个体能够有效地协同工作，例如，协调、整合、谈判和连接等。

（三）变动中的元工作

深化对元工作的理解，需要关注工作开展的新空间。如今，专业活动日益分散化和移动化，元工作不再局限于单一时空的工作场所，而是在家中、路上、咖啡馆或共享工作空间中进行。[②] 随着技术进步，传统的实体工作空间如今只是工作发生的众多场所之一。越

---

① Patricia Sachs, "Transforming Work: Collaboration, Learning, and Design," *Communications of the ACM,* 1995, 38（9）: 36—44.

② Luigina Ciolfi and Aparecido Fabiano Pinatti De Carvalho, "Work Practices, Nomadicity and the Mediational Role of Technology," *Computer Supported Cooperative Work*, 2014, 23（2）: 119—136.

来越多的工作活动完全或部分地在数字中介环境（技术平台、在线空间、移动设备基础设施等）中进行。因此，灵活的工作要依赖那些支持和维持数字技术使用的活动。最近，一种外源性冲击——新冠疫情大流行——进一步凸显了灵活工作的重要性。

"数字家政"一词指的是一些不可见的日常活动，就像传统家务一样。人们认为这些任务很"琐碎"，往往贬低它们的重要性，使它们变得看不见。[1]"不可见性"这个词可以帮助我们在数字媒介环境下更精细地概念化元工作，这些活动（1）可以与"真正"的工作区分开来，属于准备工作；（2）为"真正"的工作创造基础设施；（3）确保"真正"的工作可以随时随地进行；（4）确保"真正"的工作得到最佳的数字支持；（5）响应或预测问题，并且是"真正"的工作继续执行的关键。劳动者之间的距离也增加了这些活动的不可见性，分布式团队就是这样。因此，在分布式、移动和媒介化的环境中，元工作的可见性会被进一步降低，它的强度则会增加。

元工作也可能被故意隐藏起来，以塑造出专业且可靠的形象。例如，客户可能对调动资源来执行任务或提供服务的困难程度不感兴趣。当这些活动在国外进行时，时区不同，劳动者就必须付出额外的努力来消除与客户的距离感。对数字游民来说，元工作可能更需要专业精神，因为他们并没有什么明确的组织关系。因此，这些人不能依靠正式的基础设施来解决合法性问题。对于高度流动的个体，比如数字游民，元工作尚未被概念化。但他们所从事的元工作是高强度的，不仅工作方式具有创新性，而且生活方式是移动的，固定住所的概念已经不适用于这个新兴的社会群体了。

---

[1]　Rebecca Whiting and Gillian Symon, "Digi-housekeeping: The Invisible Work of Flexibility," *Work, Employment and Society*, 2020, 34（6）: 1079—1096.

三、研究方法

（一）研究重点

数字游牧主义是不断变化的工作世界的一部分，它的兴起和工作模式的多样化有着内在联系。数字游民是一种特定类型的独立工作者，他们自愿接受持续的全球流动。休闲（"边工作，边旅行"）和工作（"边旅行，边工作"）的交织将远程工作变成了一种生活方式。《数字游民》（*Digital Nomad*）一书预言道："随着人们能够利用遍布全球各地的所有公共信息源，有了通过视频链接与任何人交谈的能力，人类将有机会成为全球游民，如果他们愿意的话。"[①]

多年来，数字游牧主义一直在稳步普及，近期由于各种技术创新和发展，参与的人数呈现出指数级增长的态势。2019 年，美国约有 410 万独立工作者和 320 万传统行业劳动者称自己为数字游民。[②] 媒体现在经常讨论数字游牧主义，很多人认为这是一种替代性的、解放性的、迷人的和极具吸引力的生活方式，与日常单调的办公室工作迥然不同。虽然数字游牧在媒体上的流行度和知名度越来越高，俨然成了工作领域的一场"革命"，提供了自由、灵活性和劳逸平衡，但它仍然是社会学研究中的一个新兴研究主题。[③]

（二）数据收集

本研究采用了定性的内容分析方法，从论坛、博客、脸书帖子

[①]　Tsugio Makimoto and David Manners, *Digital Nomad*, New York: Wiley, 1997: 6.

[②]　State of Independence in America, "The Changing Nature of American Workforce," https://www.mbopartners.com/state-of-independence/.

[③]　Annika Müller, "The Digital Nomad: Buzzword or Research Category?" *Transnational Social Review*, 2016, 6（3）: 344—348.

和报纸文章等多种在线来源中汲取资料，所有这些资料都和数字游民社区直接相关。一些社交媒体研究依靠痕迹来开展分析[①]，受此影响，我们也收集和分析了用户在社交媒体平台上生成的数字痕迹。我们将用户生成的内容视为他们在线活动的痕迹（而不是将痕迹的定义局限于活动产生的元数据）。内容生产（例如，在脸书群组中发布问题）是一种活动，而内容本身就是这种活动的痕迹。在本文的案例中，我们专门考察了数字游民在社交媒体上生成的内容，认为这些内容既是在线活动的痕迹，也是他们元工作活动的痕迹。

在线资源已被广泛用作工作社会学中的认证数据收集平台，也适合用来研究数字游牧主义。因为，在工作面临转型的背景下，我们似乎有必要"实地"调查工作活动发生的新空间。对数字游民来说，相当一部分工作是在数字空间中完成的。社交媒体不仅是沟通工具或自我推广的工具，也是一个他们执行工作、展示工作过程的工作空间，是我们了解工作氛围和情感体验的场域。

数字游民在一个地方待的时间往往不会太长，无法融入当地的实践社区，也无法在这些社区中找人帮忙解决问题，而且因为工作性质的原因，他们也不能从组织提供的结构性便利中受益。因此，该群体更倾向于加入那些将世界各地游民聚合在一起的在线实践社区，从而在论坛和社交媒体上互动。[②] 对他们而言，这些社区很可能等同于传统工作场所中同事之间进行非正式交谈的咖啡休息区。这些区域通常是互通有无的绝佳场所。因此，数据是从"自然环境"

[①]　Guillaume Latzko-Toth, Claudine Bonneau and Mélanie Millette, "Small Data, Thick Data: Thickening Strategies for Trace-based Social Media Research," In *The SAGE Handbook of Social Media Research Methods*, edited by Anabel Quan-Haase and Luke Sloan, Thousand Oaks, CA: Sage, 2017, 199—214.

[②]　Jeff Hemsley, Ingrid Erickson, Mohammad Hossein Jarrahi and Amir Karami, "Digital Nomads, Coworking, and Other Expressions of Mobile Work on Twitter," *First Monday*, 2020, 25(3).

中提取出来的。

　　本研究始于 2017 年初，历时两年。除了一个脸书群组外，我们的研究完全围绕向公众开放的平台展开。数据收集过程包括两个主要阶段。第一阶段，我们使用了推特（当时尚未更名为 X）和脸书上的公共账户帖子，以便寻找与数字游民社区相关的其他在线资源，并借此了解社区内部正在进行的讨论。这一研究又补充了在线报纸文章，来探讨媒体如何描绘数字游牧主义，考察其与推特和脸书上内容的区别。这个准备阶段使我们对当前趋势和相关话题有了一个全面的了解。

　　第二阶段，我们关注了三大信息来源：两个主要论坛、个人博客，以及一个专门面向数字游民的特定脸书群组。为了匿名起见，我们隐去了这些论坛的名称。首先从个人博客开始探索，然后浏览论坛帖子，邀请成员自我介绍。我们分析了大约 650 份个人简介，其中 350 位自称是数字游民。接着，我们查阅了 40 多个论坛主题，相当于阅读了几百条帖子。此外，我们还研究了一个脸书群组，选择依据是它的受欢迎程度（超过 3 万名成员）和活跃度（平均每天产生 40 条新帖子），详细研究了和主题相关的 190 多条脸书帖子。

（三）数据分析

　　为了清晰地阐述研究中出现的主题和概念，我们通过归纳法系统地对数据进行分析和编码。具体来说，我们遵循了一个"三阶段过程"，包括生成一级代码、二级结构和最终的主题。通过整理研究笔记和收集来的数据，我们制定了一系列能够捕捉数据本质的一级代码。这些一级代码包括竞争、转换、社交媒体平台、形象、社区、吸引客户、组织能力、专业性、困难、不平等、隐性工作、承诺、挫折、孤独、成功与失败，以及合法性。它们是经过多次修订的博客文章和论坛帖子的分析结果，能够帮助我们筛选和组织数据。

接着，我们归纳出了一些二级结构，这需要与一级代码、已有数据和不同流派文献里的各种概念和讨论进行迭代对话。这些文献主要研究数字游牧主义和工作世界的广泛变化，以及元工作。这样，我们就能重新审视、调整和发展一级代码，在新出现的分析路径之间建立联系。在这个阶段，我们对元工作的不同维度进行分类，推进文章的主旨，概念化数字游牧主义背后元工作的不同面向，例如，职业化和合法性方面的问题。

最后，虽然文章本身并没有涉及任何敏感话题，但本文仍然努力保护研究对象的隐私。我们参考了各种最佳实践指南，收集和分析了公开可用的"私人"数据。全文使用化名，系统地"伪装"数据来进一步确保研究对象的匿名性；也就是说，"通过改变词序和/或使用同义词来微妙地改变文本，但保留意义，同时避免用搜索引擎追踪个人"。[1] 虽然本文分析了原始数据，得出研究结果，但文中的所有引文都改换了形式。

四、研究发现

数字游民在论坛和脸书群组中讨论的内容与他们在社交媒体简介、博客和网站上展示的内容存在矛盾。对比之下，我们可以发现元工作的存在和重要性。本文确定了元工作的四个维度。前两个（资源调动工作和协调工作）与既有的元工作概念相一致，而另外两个（转换工作和迁移工作）则是针对本研究案例的特定内容。对于数字游民来说，资源调动工作和迁移工作是元工作的两种主要形式，而协调工作和转换工作则更多起到辅助作用。下文对这四个维度展开讨论。

---

[1] Sarah Glozer, Robert Caruana and Sally Hibbert, "The Ever-ending Story: Discursive Legitimation in Social Media Dialogue," *Organization Studies*, 2019, 40（5）: 625—650.

（一）资源调动工作

第一种"元工作"类型是资源调动工作。这是"支持用户为实现其主要工作目标而必须进行的次要协调努力，潜藏着移动技术设计的许多挑战和机遇"。[①] 对数字游民而言，这是指在到达新环境时，与建立和维持他们工作所需的社会物质基础设施相关的活动。资源调动工作是最基本的元工作形式。幸运的是，这部分元工作是可以预测的，数字游民甚至可以在到达新地点之前提前完成。因此，这种类型的元工作通常意味着不同的时间性，这很少被承认。然而，人们离不开基础设施、技术和空间安排所提供的"社会物质脚手架"(sociomaterial scaffolding)[②] 来执行工作，这种组合在数字游民的日常工作中反复出现(因此更容易产生问题)。

除了找到合适的工作场所，数字游民还需要建立一个临时的家庭基地。许多人抱怨寻找价格合适的短期住宿十分困难，这些住宿能使他们一到新的目的地就开始活动。如果有需要抚养的子女随行，问题就变得更复杂了：

> 我马上就要带着我的孩子搬到国外去了，一开始我还没有居住权。所以，孩子上当地的托儿所就会很难，反正我也不想让他们去。我很想听听你们的经历！我是个单亲家长，所以没法和丈夫换班。

---

① Mark Perry and Jackie Brodie, "Virtually Connected, Practically Mobile," In *Mobile Virtual Work: A New Paradigm*, edited by J.H. Erik Andriessen and Matti Vartiainen, Berlin, Germany: Springer, 2006, 95—127.

② Wanda Orlikowski, "Material Knowing: The Scaffolding of Human Knowledgeability," *European Journal of Information Systems*, 2006, 15(5): 460—466.

　　可见，游民的职业活动不允许他们休息或长时间不在线。例如，社交媒体网络红人需要不断创作和发布新内容，"在线导师"不能消失太久，否则可能会失去现有客户或错过新客户，自由职业者需要保持良好的响应性以确保合同源源不断，等等。数字游民生活中的这一方面仍然是不可见的，需要始终表现出专业性，轻松地从一个地方移动到另一个地方。此外，虽然对于一部分人来说，在繁忙的咖啡店桌子上工作可能就足够了，但有的人需要更稳定或安静的环境。一位数字游民描述了在线的重要性和压力：

　　　　我住在哥斯达黎加，昨晚停电了……我吓坏了，因为今天早上我有个视频采访。我总是在 SIM 卡上留至少 20 美元，这样 Wi-Fi 断了的时候，我就可以把笔记本电脑连上。

　　调动资源是一项极其艰巨且费劲的任务，因为数字游民需要自备设备，并且在遇到困难情况时（例如，网络状况不佳、环境过于喧闹等），他们还需要有创造力去解决问题。尽管数字游民间存在差异，但在全球流动背景下，这仍然是一个重大挑战。事实上，在任何地方复制办公室都需要额外的工作，这在很大程度上取决于当地基础设施的特点，这些都得由数字游民自己承担。

（二）协调工作

　　第二种类型的"元工作"是协调工作。众多任务和个体之间必须努力耦合在一起。以往研究强调了协调工作在建立和维持合作方面的关键性作用，而且在应对意外约束引起的必要变化方面也发挥着不可替代的影响。协调工作包括适应其他人和事、管理公用界面、确保设备的可及性以及履行相应的承诺。

　　我把我的号码移到谷歌语音上，我还有一个美国 Skype 号码……当我知道我要出去，或者我需要有人在半夜叫醒我，我就给人家 Skype 号码，信息就会被转发到我的本地号码上。谷歌语音只能转接一个美国号码。

　　数字游民还需要做好与他人互动的准备。如前所述，这不仅包括正式的沟通，还包括在保持一定距离的同时，让自己的存在显现出来。这种元工作的复杂性取决于数字游民的旅行条件、是否与家庭成员同行，以及健康需求等诸多因素。

　　去年，我在慕尼黑做扫描时的经历一塌糊涂。因为我没有加入德国的医疗保险系统，医院就没有把我的情况作为紧急情况（尽管最后证明是紧急情况）来处理。从那一刻起，我开始和其他女性聊天，她们都提到在离家时，家庭保健计划总是很棘手。

　　因此，数字游民需要确保他们的行动对合作伙伴和客户保持透明，同时也要关注后者的动态。他们需要寻找其他方式来明确自己的行动，提供足够的信息，但避免过度干扰或产生过多的打断。他们同时也需要确保个人生活不会侵入工作空间。在实践中，这意味着数字游民必须以"过劳"的方式来保持业务运营；传统职业如此，新的工作世界也如此。数字游牧主义的核心是全球流动性，这进一步提升了问题的挑战性。反过来，一个虚假的轻松形象被捏造出来，这对已经在路上和跃跃欲试想加入的人都是不利的，工作任务仿佛易如反掌，不费吹灰之力。

（三）转换工作

　　第三种"元工作"类型是转换工作。跨越时区时，人们必须处理不同时空下的碎片化工作，这就需要执行转换活动。空间距离、时差和不同的时区产生了必须尽可能减少的基本不兼容性。例如，数字游民需要根据客户或合作者的需求调整自己的日程安排：

> 我花了两个月的时间环游欧洲和中亚，但我的客户都在太平洋时区，根据我所在的位置，时差为 7 小时到 14 小时不等。最后，我每天早上为一个客户工作，深夜为另一个客户忙碌，中间的时间自己安排。

当数字游民独立工作时，他们的联系人和客户会频繁地更换。因此，适应时空这件事需要在连续、可执行的基础上不断建立和重建，这就导致他们很难形成系统化的常规工作模式。他们的专业活动经常分散在几个重叠的项目或任务中，这增加了潜在的中断可能。数字游民需要持续协调"这里和那里"发生的事情，还得想出办法，在连续几轮工作之间创造一种不间断性。在这里，数字游民独特的全球流动性特点使得他们的工作变得日益复杂。灵活性（无论是时间、空间还是两者兼有）是有代价的，这对数字游民来说尤其明显。

（四）迁移工作

最后，第四种类型的元工作，即迁移工作，是最常被讨论的。它指的是数字游民在异国他乡生活所需的时间、精力和资源。办理签证是最为重要的工作之一：持有旅游签证的外国人通常没有工作权。但是，许多数字游民却"铤而走险"，他们觉得自己不是在当地工作。数字游民必须评估与非法身份相关的风险，隐藏他们工作的意图。此外，他们有时还需要前往邻国才能续签过期的签证。

当与国际客户合作时，数字游民需要找到一个平台来接收付款，币种往往也不同。他们需要开设一个全球性的银行账户，或者一个配备邮件扫描服务的邮箱，如果没有固定的家庭地址，这就变得非常困难了。税务活动也是一项复杂的任务。数字游民应该在哪个国家登记并缴税？一位数字游民总结了这些问题：

> 我拥有塞尔维亚公民身份。过去四年半我一直在国外。我在丹麦注册了两年个体户身份，地址登记的是朋友家。因为语言不通，税率很高，所以我想把它取消掉，但困难来了。由于我不打算回国，也不想在塞尔维亚缴税，所以我就不打算在塞尔维亚注册个体经营。我考虑过爱尔兰（我在那里住过两次，每次半年），但最大的问题还是地址。我还没有定居的计划，但如果没有地址，我就不能从事自由职业了。

如果数字游民打算在某个地方长期停留，或者打算与当地雇主或客户做生意，他们就需要获得工作签证或居留许可。由于所需的签证类型和有效期因申请情况而变化，而且无统一的规定和程序，这类元工作在每个目的地都需要重新进行。为了支付与医疗保健、设备失窃或民事责任相关的费用，他们还必须购买适当的保险。当碰到官僚主义或种族、国籍歧视时，迁移工作可能会变得更加困难：

> 我相信，作为越南公民，我碰到的最麻烦的事情就是和签证有关的官僚主义。太多国家仍然歧视我们，哪怕我完全有能力证明我不会躲在后面，成为他们最新的吸血鬼。

此外，护照的强弱并不是决定数字游民迁移难度的唯一标准。对很多人来说，决定去哪里和在什么条件下搬家的一个重要考量要素是安全性，而不同性别的数字游民对安全性又有着不一样的要求，因此安全问题颇具复杂性。一位数字游民在访谈中表示："安全（或能感觉到安全）可以明显区分一个地方对男女的不同吸引力。这是我选择下一个旅行目的地的主要诉求。"

五、分析与讨论

（一）数字游民的元工作：移动性、专业性和流畅性

社交媒体上那些完美而光彩夺目的描述不是事情的全部，"另一面"是什么？这是我们感兴趣的问题。个体所面临的元工作和困难就是一个方面。主流话语中的"快速致富"叙事通过各种名为"如何"的指南而流行起来，为数字游牧主义打造出了一种令人向往和明显很轻松的形象，这清楚地反映了"社交媒体生产的技术乌托邦主义修辞"。我们认为，围绕数字游牧主义的这种炒作掩盖了这种生活方式的实际情况，产生了一种关于这种生活方式及其体验的虚假形象和想象。

不出所料，这会使一些人感到沮丧、失望甚至是背叛，因为他们觉得自己被某种承诺所诱惑。就像任何资本主义制度一样，它会产生赢家和输家，赢家被媒体的镜光灯包围，给那些不太成功的人带来希望和憧憬，从而创造了一系列关于这种生活方式是多么容易实现的错误形象、想法和假设。

大多数职业都会遇到元工作，但在数字游牧主义的背景下，人们试图隐藏它，以营造专业、流畅和轻松的形象。只要浏览光鲜亮丽的个人博客或精心策划的社交媒体个人简介就知道了。[1] 对数字游民来说，元工作不仅指额外的工作，还包括大量的准备工作（调

---

① Claudine Bonneau and Jeremy Aroles, "Digital Nomads: A New Form of Leisure Class?" In *Experiencing the New World of Work*, edited by Jeremy Aroles, François-Xavier de Vaujany and Karen Dale, Cambridge, UK: Cambridge University Press, 2021, 157—177.

动不同的时间和空间），以便能够更方便地在不同地点和国家之间移动。数字游民有着独特的全球流动性，元工作增加了这种流动的复杂性，同时加剧了该群体社区内部已经很高的异质性。此外，数字游民不仅建立了扩展的工作界面，还在构建"扩展的生活界面"；他们的元工作不仅需要支持新的工作方式，还需要创造一种全新的生活方式。因此，数字游牧主义可以被描述为"疯狂的工作节奏，夹杂着不确定的时刻；对观众和广告商保持永久在线的压力；当个人生活被精心策划的数字形象所取代时，会产生难以消除的不安"。[①]

在主流叙事中，解放、轻松、光彩和独立的形象淡化了数字游牧主义的工作量。现在，探索数字化带来的社会、组织和个人等不同层面的问题已经成为学术研究的前沿领域。[②] 通过考察数字游民的元工作，不难发现他们需要独自默默地处理增加的"隐形"工作量，同时由于工作环境的结构限制，他们还必须对自我施加控制机制。我们通过深入挖掘与数字游牧主义相关的技术支持揭示出，虽然传统工作领域的许多结构性不平等现象依然存在，但却被专业性的要求掩盖。

（二）探索元工作与结构性不平等之间的关系

数字游民通常被描述为一种令人向往且不费吹灰之力的轻松形象。然而，这不仅掩盖了它背后的元工作，更对与之相关的、不确定性的困难避而不谈。在"自己动手精神"的承诺背后，"只要足够

---

① Brooke Duffy, (*Not*) *Getting Paid to Do What You Love: Gender, Social Media, and Aspirational Work*, New Haven, CT: Yale University Press, 2017: 189.

② Hannah Trittin-Ulbrich, Andreas Georg Scherer, Iain Munro and Glen Whelan, "Exploring the Dark and Unexpected Sides of Digitalization: Toward a Critical Agenda," *Organization*, 2021, 28（1）: 8—25.

想，任何人都可以做到"的言论被数字游牧群体深深内化了。

有人认为，流动性和地点独立性只取决于个人意愿和努力，这个说法尤其成问题。虽然技术驱动的工业主义激发出一种更加包容的自主创业观念[①]，但我们的研究清楚表明，数字游牧的进入门槛仍然特别高。在企业界工作赚到的积蓄，可以让有抱负的人承担得起风险，以数字游民的身份重新开始，而那些白手起家的人则会发现自己危如累卵，形格势禁，步履维艰。这并不奇怪，但却被数字游牧主义的光鲜描绘所精心掩盖。此外，被复制的不平等不仅仅是金融不平等，更隐蔽的基础设施不平等显然也并未消失。例如，民族国家决定谁有权在国家领土内移动。正如我们在"研究发现"部分所指出的，某些国家的护照比其他护照更强大。例如，非西方人士获取工作（甚至旅行）签证更困难和耗时，这反过来又在数字游民内部造成源自国籍和专业背景的不平等。这种两极分化意味着一些人能够轻松顺畅地流动，而另一些人则基本上被"固定"在原地，无法移动。

除了财务和法律约束之外，面对困扰职场和整个社会的更根本性的不平等问题，数字游民也力不从心。如上所述，女性数字游民倾向于选择更为安全并对妇女友好的环境，这限制了她们接受数字游牧生活方式的可能性。在这个问题上，除非女性能够承认并接受男性的创业话语，否则她们往往会处于不利地位。[②] 同样地，少数族裔也可能遭受歧视和更多困难。此外，患有慢性疾病的个体可能

[①] Brooke Erin Duffy and Urszula Pruchniewska, "Gender and Self-enterprise in the Social Media Age: A Digital Double Bind," *Information, Communication & Society*, 2017, 20 (6): 843—859.

[②] Helene Ahl and Susan Marlow, "Exploring the Dynamics of Gender, Feminism and Entrepreneurship: Advancing Debate to Escape a Dead End?" *Organization*, 2012, 19(5): 543—562.

也无法享受这种生活方式，他们需要某些基础设施和保险来维持基本生活。因此，数字游牧主义背后的赋权叙事似乎只是在重复创业环境中已经存在的基础设施不平等问题，而它的包容性和社区导向的立场似乎并未发挥根本性的作用。

六、结论

本文探讨了四种类型的元工作，它们是数字游民专业精神和维持生活方式的基础。数字游民面临着持续的压力，既要头顶着"未来工作"的光环，又要把自己的职业形象"迪士尼化"来证明可信度。在"技术对未来工作的影响"这一议题上，数字游牧中的元工作构成了一个理想化的研究领域，可以用来探讨当代职业成功的责任"转移"。在这个更宽泛的责任转移框架内，我们的研究表明，即使是最有前途的工作形式，或是不断变化的技术环境中的"理想"工作，也是"不稳定的"和波动的。新冠疫情大流行凸显了元工作概念的重要性，同时也揭示了个人所经历的不平等现象。

在数字游牧主义的主流叙事中，有一种解放和不墨守成规的意识形态美学基础，人们认为这是对主流理想和强制命令的一种反应，甚至在某些情况下是对当代资本主义的批判。但是，数字游牧主义既模仿又呼应了任何商业活动中遇到的动态权力关系，在某种程度上，它本身就是对市场需求的回应和资本主义的直接延伸。如果说它具有某种无法忽视的魅力，那么其所依赖的词汇与当代资本主义的话术不谋而合——这一点毋庸置疑。同样的价值观在今天的经济话语中广为流传，这说明"新的工作世界"可能只是在重复现有的基础设施不平等，进一步强化了一种极端形式的资本主义。

下篇

身份认同、工作-休闲平衡与社区建设

数字游民生活方式的商品化和浪漫化： 网络叙事与职业身份工作的塑造 *

克劳汀·博诺　杰里米·阿罗尔斯
克莱尔·埃斯塔尼亚西 **

【导读】　数字游民生活方式的推广者（digital nomad lifestyle promoters, DNLPs）是数字游民的重要组成部分。本文聚焦这一群体网络叙事中一组极为关键的概念，即商品化和浪漫化。

　　首先，DNLPs 的生活方式是高度商品化的。他们在社交媒体和新闻报道中高度可见，且极度依赖这种可见性来维持自己的生活方式，其中最主要的做法是在社交媒体上展示自己的生活和成功经历，用来吸引大量有意成为数字游民的人群以及新手。这些人成为 DNLPs 的支持者和信誉基础，助力他们不断提升个人品牌的知名度。

　　在这个过程中，一方面，DNLPs 把自己作为数字游民的丰富经验转化为经过验证的、有用的方法和资源，这样做不仅为其他数字游民设定了实际的行动目标，还赋能那些缺乏经验者，从而赢得社

*　本文译自 Claudine Bonneau, Aroles Jeremy and Claire Estagnasié, "Romanticisation and Monetisation of the Digital Nomad Lifestyle: The Role Played by Online Narratives in Shaping Professional Identity Work," *Organization*, 2023, 30（1）: 65—88。

**　克劳汀·博诺，加拿大魁北克大学蒙特利尔分校管理学院教授；杰里米·阿罗尔斯，英国约克大学商业与社会学院高级讲师；克莱尔·埃斯塔尼亚西（Claire Estagnasié），加拿大魁北克大学蒙特利尔分校传播与数字化实验室博士研究生。

群的认可；另一方面，DNLPs 在数字游民社区中销售与自己生活方式相关的产品和服务，满足不同数字游民多元化的物质和专业需求，并将其接入特定的社交网络之中。DNLPs 还可以与品牌方建立产品植入和广告等合作关系，这也构成了他们重要的收入来源。

这种商品化和浪漫化紧密联系在一起。DNLPs 的日常工作包括运用文字、照片、视频等多媒体形式，生动和直观地展示数字游民生活方式的魅力，激发人们无限的想象。无论是 DNLPs 分享的精彩旅行内容，还是他们的生活理念和愿景，都构筑出一个美好的、"粉色的"乌托邦世界——这对于渴望摆脱"朝九晚五"、平庸工作以及希望少工作、多赚钱、享受生活的人来说，具有极强的诱惑力。这也是数字游民社群接受和认可 DNLPs 网络叙事，并愿意为这种生活方式付费的根本原因。然而，这种浪漫化也引发了一系列问题：其一，它导致了大量误导性信息的存在；其二，它只提升了少数 DNLPs 的网络可见度，而大部分 DNLPs 的经历却被忽视了；其三，它掩盖了数字游民生活中那些"不太美好"的体验，如孤独感、合作困难等。

在此基础上，三位作者描述和分析了 DNLPs 的职业活动、商业化的产品和服务，以及主导叙事，并提炼出四种典型的叙事模式：激励者、教导者、社区管理者和影响者。他们深刻地洞察到，一方面，网络叙事是 DNLPs 职业正当性的源泉；另一方面，它在 DNLPs 同侪（包括其他数字游民和地点独立工作者）身份工作的建构过程中发挥着不可替代的作用。这一类型学的构建是本文最主要的理论贡献之一。

文章进一步揭示出，DNLPs 的网络叙事和其他数字游民对生活方式的感知和理解之间存在着显著的差异，这在一定程度上质疑和挑战了上述四种经典的叙事模式。其他数字游民尝试采用解读、去认同和情境化三种不同的策略，抵制身份工作的浪漫化过程，有意识地"避开"某些特定的身份设定，"拥抱"那些具有积极价值的身份设定。

　　三位作者在文章的结尾部分强调，DNLPs 的网络叙事在正当性的基础上隐含了一种巧妙的控制手段。这种控制方式与传统的组织控制不同，它受商品化逻辑的驱动。在这个过程中，DNLPs 只有将他们的生活方式浪漫化，才能确保经济利益的最大化。换言之，商品化和浪漫化与控制紧密交织。这些发现使得本文对 DNLPs 网络叙事的批判更具深刻性和反思性，同时启发读者进一步思考：作为零工经济中的新型社会群体，当数字游民被赋予更多时间和空间自由时，如何理解这类工作的灵活性？更为重要的是，数字游民生活方式所展现的商品化和浪漫化相互交织的线索，反映了新经济形态中劳动者与资本、新媒体技术、话语及其背后意识形态之间怎样的关系和变化？

一、引言

　　通过主流文化进行传播的特定职业话语内含着关于工作者、工作性质、工作场所和组织的重要信息，尽管它们对职业发展和社会现实的描述可能并不完全准确和全面。① 有时，个体在"面对这些话语压力时并非完全消极被动"②，甚至可能会发展出抵抗的策略或行动，但他们的主体性仍然受到这些话语的限制和塑造，并面对着它们带来的众多挑战。③

---

① Kaela Jubas and Patricia Knutson, "Seeing and Be(Liev)ing: How Nursing and Medical Students Understand Representations of Their Professions," *Studies in the Education of Adults*, 2012, 44(1): 85—100; Alf Rehn, "Pop(Culture)Goes the Organization: On Highbrow, Lowbrow and Hybrids in Studying Popular Culture within Organization Studies," *Organization*, 2008, 15(5): 765—783.

② Tony Watson, "Managing Identity: Identity Work, Personal Predicaments and Structural Circumstances," *Organization*, 2008, 15(1): 121—143.

③ Marcos Barros, "Digitally Crafting a Resistant Professional Identity: The Case of Brazilian 'Dirty' Bloggers," *Organization*, 2018, 25(6): 755—783.

　　有些职业具有很强的浪漫主义色彩。例如,在电视剧《洛杉矶法律》(*L. A. Law*)中,律师被塑造成"有趣的人物,他们过着光鲜的生活,处理着一个又一个引人深思的人性问题"。[①] 相似地,无论是在小说、电影还是电视剧中,大学教授被描绘为四十多岁的白人男性,他们过着无所畏惧的生活,向痴迷的听众讲授课程,并通过惊人的发现来改变世界。这种媒介形象不仅是极致的刻板印象,而且也并不符合从业者的实际状况。[②]

　　本文聚焦新型职业环境中身份工作的建构过程。在此,劳动者的身份认同不再来自传统的组织、行业协会、文凭或职业等。"身份工作"这个概念,涵盖了个体为建构一种连贯、独特且具有积极价值的自我认知而展开的系列活动。[③] 当前,尽管与新技术相关的职业在不断涌现,但人们对于这些职业的理解和接纳程度仍然相对有限,比如那些被过度炒作的互联网驱动的"生活方式职业",具体包括博客作者、油管视频制作者和照片墙(Instagram)使用者。他们依赖一套固定的"神话体系",这些神话体系使人们对乐趣、真实性和创造自由充满向往。[④] 本文关注的就是这样一个被美化和理想化的职业群体——数字游民。

　　数字游民是指那些选择极端移动工作形式的专业群体,他们

---

　　① Lawrence Meir Friedman, "Law, Lawyers, and Popular Culture," *The Yale Law Journal*, 1989, 98(8): 1579—1606.

　　② Paul Armstrong, "Learning about Work Through Popular Culture: The Case of Office Work," In *Divergence and Convergence in Education and Work*, edited by Vibe Aarkrog and Christian Helms Jørgensen, Bern, Switzerland: Peter Lang, 2008, 379—402.

　　③ Mats Alvesson, Karen Lee Ashcraft and Robyn Thomas, "Identity Matters: Reflections on the Construction of Identity Scholarship in Organization Studies," *Organization*, 2008, 15(1): 5—28.

　　④ Brooke Erin Duffy and Elizabeth Wissinger, "Mythologies of Creative Work in the Social Media Age: Fun, Free, and 'Just Being Me'," *International Journal of Communication*, 2017, 11, 4652—4671.

可以同时兼顾自己的旅行爱好和远程工作。① 近几年，该群体在社交媒体和新闻报道中获得了大量关注，拥有较高的可见度。一般来说，他们拿着发达国家或地区的收入，在成本较低的发展中国家或地区生活，践行着地理套利原则。② 这个新型社会群体的特殊性和独特性在于，他们还从事着一系列"销售梦想生活方式"的经济活动。冲在前面的创业者们往往是数字游民生活方式的推广者（digital nomad lifestyle promoters，DNLPs），而大部分的追随者主要是那些还没能将自己生活方式商品化的人群。在此背景下，本文以这两大群体为研究对象，试图回答以下两个主要研究问题：其一，DNLPs 的网络叙事如何引导其他数字游民（包括有意成为数字游民或从事地点独立工作的群体）进行身份工作？ 其二，社交媒体在生活方式职业的身份工作构建中扮演了怎样的角色？

二、网络身份与数字游牧主义

（一）身份工作

在管理与组织研究中，身份的概念一直受到学者们的广泛关注。③ 相关文献围绕个体如何通过身份工作来构建自我认知而展

---

① Caleece Nash, Mohammad Hossein Jarrahi and Will Sutherland, "Nomadic Work and Location Independence: The Role of Space in Shaping the Work of Digital Nomads," *Human Behavior and Emerging Technologies*, 2021, 3（1）: 271—282.

② Mike Elgan, "The Digital Nomad's Guide to Working From Anywhere on Earth," *Fast Company*, March 7, 2017.

③ Andrew Brown, "Identities in Organization Studies," *Organization Studies*, 2019, 40（1）: 7—22; Robyn Thomas, "Critical Management Studies on Identity: Mapping the Terrain," In *The Oxford Handbook of Critical Management Studies*, edited by Mats Alvesson, Todd Bridgman and Hugh Christopher Willmott, Oxford, UK: Oxford University Press, 2009, 166—186; Mats Alvesson, Karen Lee Ashcraft and Robyn Thomas, "Identity Matters: Reflections on the Construction of Identity Scholarship in Organization Studies," *Organization*, 2008, 15（1）: 5—28.

开①，尤其是个体在追求连贯、独特的自我认知过程中所付出的积极
努力。②

　　有学者提出，身份工作是一个自反性过程，涉及行动者持续理
解和展示自我。它包括一连串相互关联的活动，人们通过这些活动
来创建、整合、修改、适应、宣扬、协商或拒绝各种可能的身份。③
此外，不少学者认为，身份工作与个体如何通过叙事和对话的方式
来复杂地表达自我密切相关。④ 在此，叙事、话语和讲故事深刻改
变着人们的实践、信念和行动。⑤ 有学者强调，某些特定的术语和
话语技巧在事件形成和行动组织中发挥着关键性作用⑥，同时也是

---

　　①　Nic Beech, "On the Nature of Dialogic Identity Work," *Organization*, 2008,
15(1): 51—74; Stefan Sveningsson and Mats Alvesson, "Managing Managerial Identities:
Organizational Fragmentation, Discourse and Identity Struggle," *Human Relations*, 2003, 56
(10): 1163—1193.

　　②　Mats Alvesson and Hugh Willmott, "Identity Regulation as Organizational Control:
Producing the Appropriate Individual," *Journal of Management Studies*, 2002, 39(5): 619—
644.

　　③　Avina Mendonca, Premilla D'Cruz and Ernesto Noronha, "Identity Work at the
Intersection of Dirty Work, Caste, and Precarity: How Indian Cleaners Negotiate Stigma,"
Organization, 2022, 31(1): 3—26.

　　④　Andrew Brown, "Identity Work and Organizational Identification," *International
Journal of Management Reviews*, 2017, 19(3): 296—317.

　　⑤　Antonio Blanco-Gracia, "Assange vs Zuckerberg: Symbolic Construction of
Contemporary Cultural Heroes," *Organization Studies*, 2020, 41(1): 31—51; David Boje,
Storytelling Organizational Practices: Managing in the Quantum Age, New York: Routledge,
2014; Yiannis Gabriel, *Storytelling in Organizations: Facts, Fictions, and Fantasies*, Oxford,
UK: Oxford University Press, 2000; Teea Palo, Katy Mason and Philip Roscoe, "Performing
a Myth to Make a Market: The Construction of the 'Magical World' of Santa," *Organization
Studies*, 2020, 41(1): 53—75.

　　⑥　Laure Cabantous, Jean-Pascal Gond and Alex Wright, "The Performativity of
Strategy: Taking Stock and Moving Ahead," *Long Range Planning*, 2018, 51(3): 407—416;
Martin Kornberger and Stewart Clegg, "Strategy as Performative Practice: The Case of Sydney
2030," *Strategic Organization*, 2011, 9(2): 136—162.

塑造职业群体身份认同的强大资源。①

　　需要注意的是，个人不再被动接受这些话语，而是可以积极和批判性地解释它们。② 因此，抵抗是身份工作的一种可能形式。当人们在面对和思考自己身份时逐渐感受到其中的矛盾和张力，那么由此引发的反思可能会打破和改变他们已有的理解和认知，这时抵抗就可能会发生了。③ 举例来说，那些被贴上从事"肮脏工作"标签的劳动者将自己的工作重新定义为向公众提供基本服务，或试图把自己的工作"去污名化"，由此改变社会对他们工作的看法。④ 这种抵抗可能以"去认同"的方式呈现，即反对由群体或组织强加的职业身份，而后主动定义自己的身份。这种抵抗的下一步可能就是创建一个新的群体身份。⑤

① Bill Doolin, "Enterprise Discourse, Professional Identity and the Organizational Control of Hospital Clinicians," *Organization Studies*, 2002, 23（3）: 369—390; Timothy Kuhn, "A 'Demented Work Ethic' and a 'Lifestyle Discourse': Discourse, Identity, and Workplace Time Commitments," *Organization Studies*, 2006, 27（9）: 1339—1358.

② Mats Alvesson and Hugh Willmott, "Identity Regulation as Organizational Control: Producing the Appropriate Individual," *Journal of Management Studies*, 2002, 39（5）: 619—644.

③ Robyn Thomas, "Critical Management Studies on Identity: Mapping the Terrain," In *The Oxford Handbook of Critical Management Studies*, edited by Mats Alvesson, Todd Bridgman and Hugh Christopher Willmott, Oxford, UK: Oxford University Press, 2009, 166—186.

④ Avina Mendonca, Premilla D'Cruz and Ernesto Noronha, "Identity Work at the Intersection of Dirty Work, Caste, and Precarity: How Indian Cleaners Negotiate Stigma," *Organization*, 2022, 31（1）: 3—26.

⑤ Jana Costas and Peter Fleming, "Beyond Dis-identification: A Discursive Approach to Self-Alienation in Contemporary Organizations," *Human Relations*, 2009, 62（3）: 353—378; Pascal Dey and Simon Teasdale, "Social Enterprise and Dis/Identification: The Politics of Identity Work in the English Third Sector," *Administrative Theory & Praxis*, 2013, 35（2）: 248—270; Kimberly Elsbach and Chitra Banu Bhattacharya, "Defining Who You Are by What You're Not: Organizational Disidentification and the National Rifle Association," *Organization Science*, 2001, 12（4）: 393—413.

　　虽然从事管理与组织研究的学者们已经从多个维度对身份展开了系统性研究，但 "在主流的管理学研究中，组织层面仍然是最受关注的领域"。① 不同类型的能动主体正逐步参与身份工作的构建过程。有学者提出，人们对 "自己是谁" 和 "自我是什么" 的认识，都是由他们所处的话语环境所决定的。这在数字游民群体中表现得尤为明显，因为他们从事的新兴职业领域缺乏制定实践和职业规范的组织和机构。在数字游牧主义日渐兴起的语境下，本文旨在进一步考察和分析网络叙事和身份工作之间的勾连关系。

（二）网络叙事的构建

　　人们在网络平台中通过自我叙事来定义 "我是谁"。② 社交媒体在人们的日常生活实践中不断模糊工作和非工作之间的边界③，于是越来越多的个体要么将自己的网络身份分割为多个不同的部分，以分别保持职业身份和私人身份的相对独立性④，要么创建一个能适应不同角色的统一形象，从而 "在网络上呈现一个整体的自我"。⑤ 无论选择哪种方式，社交媒体都提供了一种超越面对面交流

　　① Mats Alvesson, Karen Lee Ashcraft and Robyn Thomas, "Identity Matters: Reflections on the Construction of Identity Scholarship in Organization Studies," *Organization*, 2008, 15（1）: 5—28.

　　② Rob Cover, *Digital Identities: Creating and Communicating the Online Self*, London: Academic Press, 2015.

　　③ Ariane Ollier-Malaterre, Nancy Rothbard and Justin Berg, "When Worlds Collide in Cyberspace: How Boundary Work in Online Social Networks Impacts Professional Relationships," *Academy of Management Review*, 2013, 38（4）: 645—669.

　　④ Lucas Amaral Lauriano and Thiago Coacci, "Losing Control: The Uncertain Management of Concealable Stigmas When Work and Social Media Collide," *Academy of Management Journal*, 2021, 66（1）: 222—247.

　　⑤ Christian Fieseler, Miriam Meckel and Giulia Ranzini, "Professional Personae: How Organizational Identification Shapes Online Identity in the Workplace," *Journal of Computer-Mediated Communication*, 2015, 20（2）: 153—170.

的、策略性的、自我的展现方式，使用户更好地隐藏他们不想呈现的部分，并传达出他们希望被看到或听到的信息。[①] 从这个意义上来说，社交媒体的出现使集体性的、可见的新型身份工作成为可能。这些变化表明，社交媒体不仅是信息传播的渠道或展示个人生活的舞台[②]，而且是一种新型的工作环境[②]，在此环境中，个体的"职业自我"通过不同的机制得以真实存在和展现。[③]

此外，研究表明，社交媒体为个体提供了新的印象管理手段，允许他们展现出"理想的自我"[④]，避免与带有污名的刻板印象相关联，并维护积极的自我形象。[⑤] 有鉴于此，本文以数字游民为案例，深入探究网络空间中身份工作塑造这一特殊现象。

三、数字游民生活方式：职业身份和个人身份的线上融合

（一）数字游牧主义概述

四十年前，阿尔文·托夫勒（Alvin Toffler）便预言，随着个人

[①] Joseph Walther, "Selective Self-presentation in Computer-mediated Communication: Hyperpersonal Dimensions of Technology, Language, and Cognition," *Computers in Human Behavior*, 2007, 23（5）：2538—2557.

[②] Claudine Bonneau, Nada Endrissat and Viviane Sergi, "Social Media as a New Workspace: How Working Out Loud（Re）materializes Work," In *New Ways of Working: Organizations and Organizing in the Digital Age*, edited by Nathalie Mitev, Jeremy Aroles, Kathleen Stephenson and Julien Malaurent, London: Palgrave Macmillan, 2021, 47—75.

[③] Ulrich Bröckling, *The Entrepreneurial Self*, London: Sage, 2016.

[④] Jenny Sundén and Malin Sveningsson, *Gender and Sexuality in Online Game Cultures: Passionate Play*, New York: Routledge, 2012; Judy Wajcman, "Feminist Theories of Technology," *Cambridge Journal of Economics*, 2010, 34（1）：143—152; Shanyang Zhao, Sherri Grasmuck and Jason Martin, "Identity Construction on Facebook: Digital Empowerment in Anchored Relationships," *Computers in Human Behavior*, 2008, 24（5）：1816—1836.

[⑤] Nicole Ellison, Rebecca Heino and Jennifer Gibbs, "Managing Impressions Online: Self-presentation Processes in the Online Dating Environment," *Journal of Computer-Mediated Communication*, 2006, 11（2）：415—441.

计算机的发展，属于"知识工作者"范畴的专业人士将实现远程工作。如今，高速无线互联网、移动通信以及协作工具的日益普及催生出新的工作形式，它们在工作地点、时间和方式上具有极大的灵活性。[①]

当前，学界尚未对数字游牧主义形成整体性定义，主要是因为：其一，不同学科都是从各自独特的视角对数字游牧主义展开研究的，因此都有其特定的关注点和理论预设[②]；其二，数字游民社区内部在究竟什么东西构成了该种身份的关键因素（如旅行频率、停留时间、专业条件等）上还没有达成共识。[③] 反过来说，这也意味着在该社区内部，我们能遇到各种不同类型的数字游民，他们中的很大一部分可能与其他类型的远程或地点独立工作者是重叠的。

对数字游民来说，一方面，他们渴望摆脱传统工作的束缚，依据个人审美和休闲需求来选择旅居地；另一方面，无论是职业选择还是个人生活安排，他们必须确保自己能够负担得起旅行生活中的开支，甚至，他们要接受一种无休止的流动生活。正因如此，"固定的家"这一概念被重新定义了。他们可能会变卖所有财产或采取一

---

① Jeremy Aroles, Nathalie Mitev and François-Xavier de Vaujany, "Mapping Themes in the Study of New Work Practices," *New Technology Work and Employment*, 2019, 34（3）: 285—299.

② Annika Müller, "The Digital Nomad: Buzzword or Research Category?" *Transnational Social Review*, 2016, 6（3）: 344—348; Will Sutherland and Mohammad Hossein Jarrahi, "The Gig Economy and Information Infrastructure: The Case of the Digital Nomad Community," *Proceedings of the ACM on Human-Computer Interaction*, 2017, 1: 1—24; Beverly Yuen Thompson, "Digital Nomads: Employment in the Online Gig Economy," *Glocalism,* 2018, 1: 1—26.

③ Jeremy Aroles, Edward Granter and François-Xavier de Vaujany, "Becoming Mainstream: The Professionalisation and Corporatisation of Digital Nomadism," *New Technology Work and Employment*, 2020, 35（1）: 114—129.

种极简的旅行方式（例如，只保留那些能在旅行中携带的物品）。通过这种方式，数字游民将工作融入了"生活方式的流动性"中，私人生活也由此成为他们工作中不可替代的部分，反之亦然。①

（二）数字游牧主义和身份

在管理与组织研究领域，一些文献将身份概念置于建构主义和过程性的研究视角中，认为个体在工作场所内外拥有多重、混合、碎片化、不稳定和竞争性的身份。② 例如，在传统组织中，人们需要承担多种企业身份，这些身份可能与他们在生活中其他部分所扮演的身份是矛盾的，甚至是冲突的。然而，对数字游民来说，这些不同的身份被融合为一种"生活方式身份"，使职业生活和个人生活的界限愈发模糊。实际上，向游牧生活方式的转变不仅涉及一种新的工作模式，还包括接纳一种新的生活选择。

在这个过程中，数字游民的主观意愿是一个重要的考量因素。③ 早期的研究已经深入探讨了 DNLPs 网上自我展示的常见主题。④ 首先，数字游民通过识别出一次"决定性"事件来触发自我转变的叙事。面对沉重的财务压力，加之高昂的生活成本和单调乏味的工作模式，他们似乎只有通过彻底改变生活方式才能改变上述现状。其次，数字游民的叙事体现出"年轻一代"对平衡工作和生活的特

---

① Scott Allen Cohen, Tara Duncan and Maria Thulemark, "Lifestyle Mobilities: The Crossroads of Travel, Leisure and Migration," *Mobilities*, 2015, 10（1）: 155—172.

② Andrew Brown, "Identity Work and Organizational Identification," *International Journal of Management Reviews*, 2017, 19（3）: 296—317.

③ Jeff Hemsley, Ingrid Erickson, Mohammad Hossein Jarrahi and Amir Karami, "Digital Nomads, Coworking, and Other Expressions of Mobile Work on Twitter," *First Monday*, 2020, 25（3）.

④ Claudine Bonneau and Jeremy Aroles, "Digital Nomads: A New Form of Leisure Class?" In *Experiencing the New World of Work*, edited by Jeremy Aroles, François-Xavier de Vaujany and Karen Dale, Cambridge, UK: Cambridge University Press, 2021, 157—178.

有追求（这种追求源于旅行带来的刺激、冒险和内在挑战）。这不仅是他们选择数字游牧生活的原因，也是他们与老一代或传统工作者区分开来的标志。最后，数字游民倡导一种"自己动手"的精神，以此鼓励他人——只要敢于冒险，都可能成功。本文一方面探讨了在线讲故事在 DNLPs 生活方式正当化过程中的积极意义；另一方面，分析了他们的叙事特征如何被归类为可识别的原型，以及这些原型在其他数字游民身份工作中的影响和作用，以期进一步扩展和深化本研究。

四、研究方法

（一）第一阶段：在线研究

本研究的第一步是确定 DNLPs 叙事的主要原型。在缺乏其他身份认同来源的情况下，这些原型构成了我们以职业视角来理解数字游民的关键路径。数字游民之所以为人所知，主要是因为他们在社交媒体和新闻报道中高度可见，而且他们极度依赖这种可见性来维持自己的生活方式。

此阶段的研究对象是在社交媒体上寻求公众关注和进行声誉管理的数字游民。我们的研究始于探索面向数字游民的热门在线论坛、群组和博客，并在大众媒体中进行系统检索，寻找与数字游民社区相关的新闻报道。这一阶段的研究从 2018 年 11 月开始，到 2019 年 5 月结束。其间，我们在社交媒体上确定了 60 位满足 DNLPs 定义的个体，他们通过兜售与自己生活方式相关的产品和服务，展示自己作为数字游民的成功经历，实现了生活方式的商品化。研究对象使用的社交媒体和相关新闻报道构成了数字游民"在线可见生态系统"，同时也是本研究收集的数据来源。具体数据来源及其所提供的数字游民人数，参见表 8.1。

表 8.1　本研究在线数据来源及其提供的数字游民人数

在线可见性生态系统	数字游民的人数
脸书	32
推特	28
博客	54
照片墙	59
油管	20
领英	9
新闻报道	22

我们的目标是构建一种类型学，提炼出 DNLPs 的主要叙事原型。原型作为一种概念化的工具，有助于重新整合各种看似不相关叙事中的相似特征。在本研究中，我们通过以下特征进行不同的分类：主要信息（例如数字游民在公开场合向谁表达）、语气（例如教学性的）、常用的术语（例如"活出你的梦想"）、审美特征（例如他们在如天堂般的风景中自拍）、叙事中提到的元素（例如他们自己的成功故事），以及他们赚钱的方式（例如提供服务）。通过捕捉 60 位 DNLPs 的核心特征，我们构建了本研究的数据语料库，进而识别出主流叙事并将其具体化为四种原型。

（二）第二阶段：半结构式访谈

在第二阶段，本研究将阐述 DNLPs 的网络叙事在同侪（其他数字游民和地点独立工作者）身份工作中发挥着什么样的影响，特别是那些收入并不依赖游民身份的工作者。从 2019 年 5 月至 2020 年 9 月，我们在加拿大蒙特利尔市进行了 17 次半结构式深度访谈，目标对象是当地的数字游民和地点独立工作者。每场访谈大约持续 90 分钟，主要探讨他们如何塑造自我身份。访谈的问题包括：你如何定义数字游民？这种定义是否存在多样性？你认为自己是数字游民吗？在你看来，哪些因素塑造了这种身份？在面对数字游牧主义的话语时，你如何对自己进行定位？访谈以法语进行，一部分访谈在蒙特利尔的公共场所（线下）进行，另一些访谈则由于新冠疫情的影响在线上进行（主要使用视频会议软件 Zoom）。

五、研究发现：作为身份工作基础的网络叙事

（一）刻画 DNLPs 形象的网络叙事：四种原型

上文已经提到，DNLPs 主要通过网络叙事来构建和展示自己的职业正当性。经过深入研究，我们提炼出四种典型的 DNLPs 叙事模式。下文将从职业活动、商业化的产品和服务，以及主导叙事三个维度来全面和系统展现这四种原型，并在表 8.2 中进行总结。

1. 激励者

这类 DNLPs 的主要目标是鼓励他人成为数字游民。他们通过书籍、播客、公开演讲和会议等形式，将自身的成功经验、秘诀、技巧、策略、工具、方法和建议商品化。他们以一种"我是如何做到的"核心叙事，传递职场建议和生活贴士，让人们相信数字游民不仅是一种可持续的生活方式，而且是任何普通人都能做到的。这些激励者通常是全球旅居者，他们可能已经游历了三十多个国家，积累了相当丰富的旅行经验。同时，他们乐于分享各种充满异国情调的照片，以增加其生活方式的可见性。

作为数字游民，激励者成功的途径主要有两条：其一，他们取得的经济成就。例如，激励者可能是"连续创业者"，他们创建了多家盈利的在线企业，并通过直销业务获得了"被动收入"。他们的叙事围绕"少工作、多赚钱、早退休享受生活"的理念展开；其二，极简主义的生活方式，即在出售大部分物质财产之后，他们能以一种低成本的生活方式维持自己的旅行生活。激励者的核心话语是他们

自身的成功故事，辅以鼓励性的话语，如"我能做到，你为何不能"，从而构建出激励者的叙事模式。

2. 教导者

这类 DNLPs 通过辅导会议、在线课程、培训项目、指导课程和"操作手册"，助力其他数字游民实现自己的目标。教导者依赖一种极具吸引力的叙事方式——"你如何才能做到"。通过这种方式，他们能将自身丰富的数字游民经验转化为一种经过验证的、有用的方法和资源，并通过设定行动目标，赋能那些缺乏经验的数字游民。

教导者会联系有意成为数字游民的人群和新手，鼓励他们以新的视角重新审视自己的工作和生活方式。更具体地说，他们提供指导，传授在线赚钱和长期旅行两不误的经验。就像其他职业一样，教导者试图凭借他们多年的经验，强调如何学习数字游牧主义，以及教授他人践行这种生活方式。虽然在某种程度上，教导者和激励者的逻辑有相似之处，但激励者会通过自己的经验来编织他们的叙事，而教导者却努力与受众建立直接联系。总体来说，教导者的网络叙事以赋能和自我发现为核心，希望说服那些有意成为数字游民的人——只要用知识武装自己，并付诸行动，就能实现心中的愿望。

3. 社区管理者

这类 DNLPs 专注于满足数字游民社区的多元化需求。他们依据自身经验，针对那些有意加入者的物质和专业需求，精准定位商业活动。社区管理者会组织各种量身定制的活动，包括数字游民会议、邮轮之旅、营地生活、特色节日和峰会等。这些活动将志趣相投的、愿意自我投资的人聚集在一起，社区管理者也为参与者提供了进入特定社交圈（尤其是成功人士社交圈）的机会。

一些社区管理者认为自己是"独特体验"的"看门人"。也就是说，受限于严格的筛选机制，并不是所有数字游民都有机会获得独特体验，反之，这也确保了参与者符合预设条件。例如，一位数字游民就将他发起的"美食游牧"体验的参与者限定为 10 位"寻求冒险的美食家"。社区管理者将这些多样化的活动、社交网络和活动举办地，视作数字游民旅居生活中不可分割的重要部分，并以此促进数字游民专业化的发展。

4. 影响者

这类 DNLPs 主要通过产品植入、联合营销、赞助帖等方式获得收入。通过展示自己成功的数字游民经历，他们积累了品牌代言所需的受众和信誉，并不断提高个人品牌的知名度。影响者往往会在博客和社交媒体账户上投入大量的时间和精力，精心策划自己的游牧生活，以吸引读者和粉丝的关注和参与。这不仅是出于分享精彩的旅游内容，也是为了传达他们的生活理念。

与前述的原型不同，影响者的收入主要来自广告商，而非其他游民或有意成为游民的人群。他们通常会围绕一个独特的利基市场来构建自己的叙事，例如，"素食主义者和强环保意识的游民""居住在房车中的家庭游民"或者"豪华旅行的游民"。我们发现，视觉元素在数字游牧主义审美中起着不可替代的作用，大大推动了数字游民生活方式的浪漫化进程。影响者通过文字、照片和视频等多媒体形式，生动和直观地展示了数字游民生活方式的魅力。有趣的是，从经济可持续性的角度来看，这种类型的 DNLPs 可能是最不稳定的，但在说服其他人接受数字游民生活方式上效果却最好。这可能是因为它营造出一种游牧生活方式很轻松的假象和期待，淡化了实际所需的付出和努力。

值得注意的是，这种类型学只是理想化的分类方式，而实际情况是，不同类别之间可能会出现交叉和重叠。例如，DNLPs 可能同时提供课程服务和植入产品来赚钱，因此，他们可能既是教导者，又是影响者。类型学的目的在于揭示复杂现象的本质，进一步深化我们对关键问题的讨论。

表 8.2 DNLPs 四种典型的叙事模式

叙事模式	职业活动	商品化的产品和服务	主导叙事
激励者	激励他人成为数字游民，分享成功秘诀	书籍、播客、公开演讲、会议	"我是如何做到的"
教导者	指导他人成为数字游民，展示如何达成目标并维持这种生活方式	辅导会议、在线课程、培训项目、指导课程、"操作手册"	"你如何才能做到"
社区管理者	组织活动，并提供社交网络接入	研修、露营、邮轮之旅、会员资格、独家体验	"我们如何能一起做到"
影响者	分享精心策划的游民生活，利用在线可见度进行变现	产品植入、联盟营销、赞助帖	"成功的游民生活方式是什么"

（二）"其他数字游民"的职业身份：网络叙事和生活方式正当性的交汇

访谈发现，其他数字游民对这种生活方式的感知和理解与 DNLPs 的网络叙事之间存在着显著的差异。不少人通过否定"数字游民"的标签来塑造自己的主体身份，主要有三方面的原因：其一，无法或不愿全盘接受预设的生活方式；其二，预设价值观与其个人价值观之间存在冲突；其三，担心损害自己的专业性和信誉度。

1. 生活方式

虽然 DNLPs 和其他数字游民都追求同样的目标——在任何他们想要去的地方边工作，边旅行，实现行动自由，但并不是所有人都能无条件地接受数字游民生活方式，包括放弃永久的居所或过上所谓的"房车生活"。

对我来说，数字游民是那些没有固定住所的人。他们从一

家旅馆搬到另一家，或者从一辆房车换到另一辆（笑）。但我并不真的认同这种方式。（奥德丽）

一位受访者明确将自己与那些参加数字游民大会的人区分开来。在他的观念里，这些人更像是背包客，而他更愿意将自己定位为"数字企业家"：

我从数字游民大会那里得到的反馈是，"那里有很多嬉皮士和素食主义者，他们有些迷失，他们在这些活动中找寻自己，但对于正在发生的事情却缺乏深入理解"……对我来说，背包客和数字游民之间有很大的区别……你可能是一个游民，但你并不是数字游民，因为你并没有远程工作，也没有在线收入。（安迪）

尽管有些受访者渴望拥有"地理灵活性"，但对大多数人来说，"持续的流动性"却是难以实现的，也并非他们理想的生活方式。玛丽-皮耶自诩为一名地点独立工作者，从 2016 年开始，她就没有了固定的工作地点。

我和我的丈夫决定卖掉我们的大部分财产，我们的生活只需要四个行李箱。每当我们想要改变生活环境时，我们就会搬家，有时我们会在一个地方住上两年，有时可能只有三个月。（玛丽-皮耶）

但也有不同的情况，包括珍妮、安迪和弗雷德里克在内的访谈对象已经在国外旅居了几个月，不过他们并不打算放弃他们的固定住所。

我不想回来时一无所有，我告诉自己："我去旅行，然后我上车，我甚至不知道当我回家时要去哪里。"我真正在乎的是……我知道我有一个家，我需要回去工作。（弗雷德里克）

2. 价值观

部分受访者质疑数字游牧主义的多样性，认为"数字游民"标签传递了西方中心主义和男性主导的观念。一些女性受访者列举了男性对本地女性的傲慢和无礼行为。例如，凯瑟琳在回忆清迈的经历时说道：

我在清迈时常去咖啡馆工作，白天我会买一些咖啡和纸杯蛋糕。有时，会有一群男人，大概六个人，他们会坐在我旁边。他们只买一点咖啡，然后在那里连续待上八个小时。他们在Skype上和客户聊天，吹嘘自己有一个不懂英语、无法理解他们说什么的泰国女友，夸耀自己如何利用这个国家和这里的女人。这就是我不再去清迈的原因……我想去探索，想融入新文化，想去感受它，但我不是来看别人展示或生活在西方至上主义幻想中的，我对此感到非常不舒服。（凯瑟琳）

此外，与传统旅游相仿，数字游民的生活方式再现了游客和当地居民之间一直存在的失衡关系，并可能对当地社区产生不利的影响。另一位曾到访清迈的游民惊讶于数字游民社区对当地居民的驱逐和对他们生存空间的挤占。

清迈已经被游民完全占据，这令人感到不安。突然间，30%的人口变成了游民，而非当地居民。另一个困扰我的问题是，在这个游牧社区中，竟然看不到泰国人。我们身处泰国，

那泰国的游民又在哪里呢?(比安卡)

数字游民和其他专业人士一样通过选择地点来塑造自己的身份,身份与空间和地点的关系十分紧密。地理位置对于数字游民生活方式的影响颇大。例如,社区管理者会在不同的地点组织会议、研修以及其他活动。如果相关活动准入门槛过高,那么就会限制数字游民接触到不同的游民类型,这也是为什么一些经常参加社区活动的游民开始思考这种生活方式的伦理后果。当他们发现自己越来越无法认同这些活动和社区所代表的价值观时,也就慢慢与之保持距离。

3. 专业性

数字游民需要展现出他们是值得信赖的专业人士。然而,对于DNLPs而言,以休闲为导向的叙事会严重损害他们的信誉,使其难以正当化自己的地位,也无法向客户、雇主和公众证明自身的工作价值。

我的实际生活与你在互联网和媒体上看到的完全不同。我不穿人字拖和短裤,每天的工作时间也远远超过3小时。我不希望人们这样看我:"她很有趣,她在海滩上工作,同时还想和我们签一份大合同……"我认为这样的观念会影响我的信誉。(比安卡)

安迪认为自己是一位严谨、专注且坚定的企业家,和那些玩世不恭的数字游民完全不同。

在数字游民社区中,有很多人都"渴望成为企业家",你知道吗?他们正在考虑这个问题,但却从未真正做好迈出下一步

的准备，也不愿意为了实现某个目标而持续付出。（安迪）

在我们与凯瑟琳的对话中，她直接表达了对"快速致富"叙事的不满：

> 我并不喜欢"数字游民"这个标签……这个标签让我第一时间想到那些在脸书上制作和发布视频的人。他们会这样说："哦，你也想过我这样的梦想生活，在海滩上工作吗？只要你花500美元参加这个简单的课程，你就能学会如何过上我现在的生活！"但我觉得自己和他们没有任何共同之处。（凯瑟琳）

比安卡也对网络叙事表达了强烈的不满，这些叙事将数字游民生活描绘得过于轻松：

> 有很多数字游民在网上晒出让人羡慕的生活照片："从明天开始，你就可以自由自在，尽情享受在沙滩上的乐趣。"不！那可是40多度的高温！……我觉得这并不容易，因为它需要大量的适应和改变。它需要一个非常有组织的系统……可是，有很多数字游民却让别人觉得他们赚钱如此轻松。这真的让我非常生气！（比安卡）

在本研究中，受访者纷纷指出，社交媒体和新闻报道中有关数字游牧主义的叙事存在大量误导性信息。这些公开的文本只提升了DNLPs中少数赢家的可见度，而他们中大部分人的经历却被忽视了。

> 是的，媒体和博客正是利用这一点，他们希望我们将他

们的生活理想化。当他们得到"点赞"时，这就成了他们生活的方式，也是他们存在的理由。我个人并不追求这个……因为分享"一切都是美好的，一切都是浪漫的"并不是生活的意义，也不是创业的真谛。我想说的是，我有美好的日子，我会得到好的合同……但又有谁知道在这背后是一次又一次的拒绝呢? ……这才是我们需要分享的。(弗雷德里克)

尽管这些被"浪漫化"的数字游民叙事和图像积极塑造并推广了美好的体验，但也不可避免地"遮蔽"了这种生活的另一面，如孤独感和合作困难等。

在媒体上，他们只展示事物美好的一面，却从不谈论数字游民可能面临的挑战。在我们与数字游民的对话中，经常出现对孤独等话题的讨论。(比安卡)

说到数字游民生活方式面临的挑战，新冠疫情同样构成一大困扰，因为许多国家和地区采取了旅行限制措施。不过，对大多数人来说，被迫在家工作也可能进一步凸显和验证了灵活工作的重要性和实际价值。不难发现，新冠疫情发生以来，许多雇主已经接受了"随时随地办公"的新常态。这场疫情促成了一场强制但成功的远程工作社会实验，越来越多的员工不愿再回到办公室。

我希望更多的公司能对远程工作和自由职业保持开放的态度。因为在过去，从2016年到2018年，当我向很多公司投递简历时，他们总是回答说:"哦，这是一个全职岗位，我们不需要远程工作者。"这让我感到恼火，因为我相信，远程工作是未来的趋势。(萨米)

（三）网络空间中数字游民的身份塑造与展示

正如我们在访谈中所强调的，DNLPs 的四种典型叙事模式受到了质疑和挑战。其他数字游民试图通过与典型的形象保持距离来抵制身份浪漫化的过程，本文尝试分析解读、去认同和情境化三种不同的策略。

1. 解读

通过 DNLPs 将其生活方式商业化的行为，所有原型变得清晰可见。这种在线讲故事的过程，不仅建构和实体化了数字游民这个职业群体的形象，而且也将数字游民正当化，并强化了他们在特定语境中的身份特征。鉴于数字游民不能依赖既定的机构或职业来塑造自己的身份，因此，他们试图将自己与网络和媒体中常见的信息（即我们所描述的原型）联系起来，以此来认知自我。

这些原型是社交媒体中普遍叙事的具象化和人格化产物。相关叙事在社交媒体中是高度可见的，甚至无所不在，使它们不可避免地被其他游民挪用到自己的身份工作中，而后者往往会结合自己的经验对这些叙事进行评估、解释和反思。因此，社交媒体成为一个比较的空间，其他数字游民也逐渐意识到，这些叙事与他们自己对"我是谁"和"我想成为谁"的理解是不同的。

2. 去认同

上述认知差距导致人们必须在更深层次上重构自己的身份，因为个体需要处理与原型之间的偏差，或是调和自身所面临的矛盾。身份工作问题对于数字游民来说尤为突出，这可能是因为他们需要在面对他人的质疑和挑战时维护自己的专业声誉。有 DNLPs 指出，数字游民的"标签"暗含着损害其声誉的假设和行为。因此，他们会将自己的经历同在网络上呈现的内容进行比较，并拒绝接受与自身情况不相符的内容。

于是，DNLPs往往会通过强调"自己不是什么"来强化自我认同。他们采用去认同的策略，在话语中有意识地"避开"某些特定的身份设定（例如，"我不是背包客"），而"拥抱"那些具有积极价值的身份设定（例如，"我是一名企业家"）。不少受访者清醒地认识到，DNLPs的身份往往与热门聚居地绑定得过紧。他们会刻意远离某些热门地区（如清迈）来实现去认同的过程。DNLPs表示，身份工作绝非只在访谈时发生，这是一个持续不断的过程。因为DNLPs需要在日常生活中做出特定选择，并通过他们的生活方式向重要的客户、雇主、家人以及朋友展示或证明自己。

3. 情境化

受访者表示，突出广泛的个人和职业身份也是身份工作的一部分，比如他们希望以有意义的方式融入当地文化，或在各种场合发挥自己的专业知识，这些都超出了"数字游民"这个标签所涵盖的内容。他们更愿意用自身的专业知识或生活中的非工作元素来定义自我，抑或是生活中遇到的各种困难和挑战，而这些恰恰是在网络原型中被掩盖的部分。把注意力转向数字游民群体多元化的自我认知视角和融入地方文化的实践，有助于我们进一步深入对数字游牧主义的理解。虽然这种从具有误导性的身份描述转变为展示真实自我的做法尚未引起广泛关注，但是对于那些已经看穿数字游民表面光鲜的人来说，这种转变提供了一种有价值的参照。

六、讨论：原型在身份工作中的作用

（一）原型作为一种控制形式

原型的作用极为重要，能帮助我们更好地理解数字游民线上、线下职业身份的构建和社交媒体的形塑作用，数字游民的网络叙事亦是如此，这主要是因为他们无法像其他劳动者那样依赖传统的身份认同来进行自我认知。① 本研究的第一部分强调，DNLPs 的叙事被具像化和人格化为可识别的原型，这些原型不仅塑造了公众对数字游民生活方式的认知，而且为有意加入者和新手提供了有效的模仿手段和诸多帮助。同时，它们向其他游民展示了成功数字游民的典型特质。不过，在竞争性话语缺失的情况下，这种网络叙事传达的形象也可能"构成一种隐性的身份束缚"。② 因此，DNLPs 的网络叙事不仅是作者正当性的来源，还是一种隐性的控制方式。

这种控制方式与组织控制截然不同，它并非由企业高层管理团队设定的目标来驱动，而是商业目标的"衍生产品"。③ 考虑到 DNLPs 的目标是商品化自己的生活方式，因此，将生活或旅程的特定部分浪漫化是他们获取经济利益的重要方式。事实上，这种控制的本质其实就是制定一条理想化的捷径，鼓励他人尝试模仿这种生活方式，然后从中捞取利益。

正如贝弗利·尤恩·汤普森（Beverly Yuen Thompson）所指出的，这些商业活动几乎演变为一种金字塔式的销售策略，兜售梦想给下一批有志于此的人，从而为塔尖阶层的生活方式提供收入。④ 有学者敏锐地洞察到，一方面，DNLPs 创造的是一种预期的身份，这种身份可被其他数字游民模仿和实践；另一方面，他们可能会陷

---

① Andrew Brown, "Identity Work and Organizational Identification," *International Journal of Management Reviews*, 2017, 19（3）: 296—317.

② Mats Alvesson, Karen Lee Ashcraft and Robyn Thomas, "Identity Matters: Reflections on the Construction of Identity Scholarship in Organization Studies," *Organization*, 2008, 15（1）: 5—28.

③ Steve McKenna, Lucia Garcia-Lorenzo and Todd Bridgman, "Managing, Managerial Control and Managerial Identity in the Post-bureaucratic World," *The Journal of Management Development*, 2010, 29（2）: 128—136.

④ Beverly Yuen Thompson, "The Digital Nomad Lifestyle: （Remote）Work/Leisure Balance, Privilege, and Constructed Community," *International Journal of the Sociology of Leisure*, 2019, 2（1—2）: 27—42.

入自己精心构建的身份中，因此必须在网络上不断地（重新）塑造和展示这种身份。[①] 需要强调的是，DNLPs 网络叙事的原型其实已经沦为一种身份监管的新工具，不过，这并不意味着它们在塑造身份方面始终是有效的。就像其他形式的监控和管理一样，网络原型可能会加剧犬儒主义，引发异议，甚至是抵抗。[②] 从本质上而言，这些原型构建的是一种网络身份参照，我们的受访者往往会通过强调"它不是什么"来与之保持距离。[③]

概言之，图 8.1 是社交媒体形塑数字游民身份工作过程的示意图。社交媒体不但让 DNLPs 的线上活动成为可能，还进一步放大了这些活动的影响力。他们的网络行为（即讲述故事、网络展示、媒体账户管理以及商业化活动）构成了四种叙事原型，描绘出一种浪漫化的数字游民生活方式，在强调某些特质（如理想主义、舒适、享乐主义的生活方式）的同时，淡化了其他特征（如生活的多样性、消极面向、挑战等）。在缺乏其他身份认同来源的情况下，这些网络叙事原型成为塑造其他数字游民身份工作的重要力量。然而，其他数字游民也从生活方式、价值观、专业性三个角度出发，对这种生活方式的浪漫化持怀疑态度，他们还采用解读、去认同和情境化三种不同的策略，对自身的身份工作展开全面和深入的反思。具体来说，首先，他们基于自身经验对网络叙事原型进行解读；其次，他们通过话语（例如，"我是一名企业家"）或行动（例如，避免去清迈这样的数字游民聚居地）来与上述原型保持距离，强化具有积极价值

---

① José van Dijck, "'You Have One Identity': Performing the Self on Facebook and LinkedIn," *Media Culture & Society*, 2013, 35(2): 199—215.

② Mats Alvesson and Hugh Willmott, "Identity Regulation as Organizational Control: Producing the Appropriate Individual," *Journal of Management Studies*, 2002, 39(5): 619—644.

③ Brigid Carroll and Lester Levy, "Defaulting to Management: Leadership Defined by What It Is Not," *Organization*, 2008, 15(1): 75—96.

的身份设定，实现去认同的过程。最后，他们将自身的个体经验置于特定语境中，关注个人和职业身份的其他面向，以此"超越"传统数字游民的认同和实践。从这个层面上来说，社交媒体演变为一种可供比较的空间，后来者逐渐意识到，DNLPs对数字游牧主义的理想化描绘与他们自身的认知和期望之间存在严重的失配。

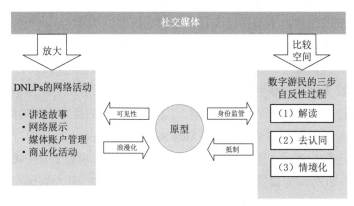

图 8.1　社交媒体形塑数字游民身份工作过程的示意图

（二）社交媒体：生活方式、身份监管和抵制工具

有学者提出，明确的组织架构和透明的职业意识形态并不是职业身份形成的关键性因素。[1] 在越来越多职业中，从业者要做好身份工作，还必须积极运用网络叙事，它既是塑造身份的重要材料，也是在组织内外实施身份监管的新方法。[2] 尽管社交媒体提供了比电视

---

[1]　Ana Alacovska and Dan Kärreman, "Tormented Selves: The Social Imaginary of the Tortured Artist and the Identity Work of Creative Workers," *Organization Studies*, 2022, 44（6）: 961—985.

[2]　Mats Alvesson and Hugh Willmott, "Identity Regulation as Organizational Control: Producing the Appropriate Individual," *Journal of Management Studies*, 2002, 39（5）: 619—644.

和电影更广泛、更多元化的职业身份展示平台[①]，但由于可见性、频率和强度等方面的差异，一些身份的展示仍以特定方式占据主导地位。

DNLPs 的目标是将生活方式商品化，为此，他们一方面需要把自己的积极经验传递给更多的受众；另一方面，他们也决定了如何在社交媒体上集中展现、复制和正当化一整套商业话术。今天，社交媒体已经成为个体展示生活方式和身份认知的主要舞台，我们的研究试图超越数字游民这个具体案例的框限。实际上，我们关于数字游民身份工作及其监管的讨论可以为研究其他生活方式和相关从业者提供参考，这些职业普遍受到社交媒体浪漫化的影响，例如社交媒体网红、博主、油管视频创作者等。消费主义文化创造了一种期待，即为了保持生活的乐趣，工作必须为人们提供不同的体验。诚如亚历克斯·罗森布拉特（Alex Rosenblat）所言，这种期待不仅适用于数字游民，还与更宏大的迷思密切相关，也就是"互联网为千禧一代劳动力提供了无限的就业机会"。[②] 当然，社交媒体在职业浪漫化进程中发挥的深远影响已经远远溢出数字游民领域，开始形塑和改变人们对更广泛的零工经济活动的认知。虽然新晋数字游民在反复接触网络叙事及其四种典型叙事模式的过程中，逐渐形成了一套关于"什么是重要的和值得追求的东西"的判断标准，但是，个体不仅仅是信息的被动接受者，也是零工经济中的行动者，他们会充分利用社交媒体来作为抵抗的催化剂。[③]

---

① Mark Riley and Bethany Robertson, "Exploring Farmers' Social Media Use and the (Re)presentation of Farming Lives," *Journal of Rural Studies*, 2021, 87 (4): 99—111.

② Alex Rosenblat, *Uberland: How Algorithms Are Rewriting the Rules of Work*, Oakland, CA: University of California Press, 2018.

③ Mohammad Amir Anwar and Mark Graham, "Hidden Transcripts of the Gig Economy: Labour Agency and the New Art of Resistance Among African Gig Workers," *Environment and Planning A*, 2020, 52 (7): 1269—1291; Sarah Kaine and Emmanuel Josserand, "The Organisation and Experience of Work in the Gig Economy," *Industrial Relations Journal*, 2019, 61 (4): 479—501.

七、结论

近年来，组织灵活化的浪潮加速了时间和空间的自由化，越来越多的专业人员尝试利用不断优化的组织结构、机制和政策来增加未来工作的灵活性。在此背景下，数字游民成为一个引人关注的案例，是学者深入研究灵活就业、职业身份认同以及工作和生活方式等重要问题的切入点。本研究提炼了 DNLPs 网络叙事的四种经典原型，包括激励者、引导者、社区管理者和影响者，以及它们在帮助其他数字游民完成自己身份工作的过程中所扮演的角色。一方面，这些原型构成了监控和管理数字游民的重要力量；另一方面，数字游民发展出各种抵制性策略，特别是通过解读、去认同和情境化来反对生活方式的浪漫化。在这个过程中，社交媒体演变为数字游民身份监管和抵制的核心空间。基于此，本文希冀为批判性探索"新工作世界"话语及其政治经济意涵提供一个研究起点，帮助我们更深入地理解网络环境中动态的权力关系，从而进一步揭示出数字游民与资本、新媒体技术、话语以及背后意识形态之间复杂多元的关系。

9 数字游牧主义：新形式的有闲阶级 *

克劳汀·博诺　杰里米·阿罗尔斯 **

【导读】　数字游牧主义作为一种移动的生活方式，日益受到企业远程工作者、自由职业者和数字企业家的欢迎。它使人们摆脱了对固定居住地的依赖，将工作和持续的旅行有机地结合在一起。本文以凡勃伦在《有闲阶级论》(The Theory of the Leisure Class) 一书中提出的差异化、效仿、可见性和制度化四个关键维度为切入点，基于数字游民的社交媒体平台以及各类新闻媒体对数字游民的报道，系统地探究和阐述了与数字游民相关的商业话语及其发展过程。

首先是差异化。与凡勃伦所讨论的有闲阶级不同，职业并不是数字游民与其他人区分的主要依据。实际上，数字游民的主流话语已经指明了他们与企业员工以及上一代人这两类群体的区别；其次是效仿。知名数字游民的成功故事是一种有效的效仿手段，这些故事满足了他们合理化自我身份的需求，同时也让其他的数字游民（以及那些向往这种生活方式的人）了解到，在数字游民的生活安排和计划中，成功离不开必要的声誉条件。数字游民的生活方式是任

* 本文译自 Claudine Bonneau and Jeremy Aroles, "Digital Nomads: A New Form of Leisure Class?" In *Experiencing the New World of Work*, edited by Jeremy Aroles, François-Xavier de Vaujany and Karen Dale, Cambridge, UK: Cambridge University Press, 2021, 157—177。

** 克劳汀·博诺，加拿大魁北克大学蒙特利尔分校管理学院教授；杰里米·阿罗尔斯，英国约克大学商业与社会学院高级讲师。

何普通人都可以实现的；再次是可见性。为了赢得尊重，知名数字游民必须让他人看到自己的自由和成功。在他们看来，休闲不仅是公开展示他们积累财富的方式，更是在社交媒体上展示他们生活方式的重要途径；最后是制度化。与有闲阶级相似，数字游民精英长期奉行数字游牧主义，从而在数字游民社区中获得了"社会确认"。这些规范性网络、首选地点、特殊活动和社区营建被视为数字游民成长过程中的"必要环节"。相关活动的组织者和参与者分享的策略（例如，如何在网上赚钱和维持长期旅行）为渴望成为数字游民的人们提供了行为示范，从而推动了数字游牧主义的制度化。更重要的是，这也是他们努力将自身经验商品化和货币化的过程，以维系他们的生活方式。因此，数字游民的崛起并不意味着新的"有闲阶级"的出现，因为与19世纪有闲阶级生活的社会经济环境相比，数字游牧主义兴起的经济环境已经发生了翻天覆地的变化。由此可见，数字游牧不仅是一种新技术驱动的工作形式，也是一种经济活动和社会文化现象。

需要强调的是，像凡勃伦这样的经典理论家的观点可以作为研究当代问题（包括数字游民议题）的理论基础。凡勃伦认为，对经济现象的分析和阐释离不开对文化结构和社会价值观的理解。他关注有闲阶级，区分了各种不同形式的工作，并将其置于更广泛的分析框架中。从这个角度来看，凡勃伦的著作对于探索现代工作、经济社会学以及工作与休闲现象的各个方面都具有重要的意义。

最后，关于数字游民生活方式的主流话语有助于塑造一个新的未来工作的模式：有抱负的数字游民将数字游民生活方式视为自己的理想，并努力去实现这一理想。然而，除了本文介绍的主流话语之外，相关研究者可以关注数字游民在努力与主流叙事所形塑的形象保持距离时所面临的挑战。例如，数字游民在多大程度上认同这些主流叙事？他们自己的数字游牧体验与这些故事有哪些差异？他们是否认为这些叙事对他们的生活方式进行了污名化，严重损害了游民的形象？这些问题仍有待进一步讨论，并将持续深化本文所引发的思考。

一、引言

数字游牧主义是一种移动的生活方式。人们通过这种方式可以免受固定居住地的束缚，做到上班和周游世界两不误。当前，它受到越来越多企业远程工作者、自由职业者和数字企业家的青睐。这种工作方式的特殊之处在于，它同时也是一种"独特且可识别的生活模式"[①]，包含了共享的日常行为模式。[②] 数字游民经常更换旅行目的地，例如，他们4月份在泰国清迈的咖啡厅里远程工作，5月份就有可能出现在荷兰阿姆斯特丹的共享工作空间内。各种商业话语塑造和传播了成功的数字游民形象，这些话语主要围绕着解放性的生活方式、表面上的轻松形象，以及友好的精神风貌等展开。本文旨在通过研究一些知名数字游民的社交媒体平台，以及各类新闻媒体对数字游民的报道来探讨和阐述这种商业话语及其发展过程。

本文首先考察了60位在社交媒体上比较受瞩目的数字游民，他们在自己的社交媒体账号、博客和网站上明确表明了自己数字游民的身份。社交媒体对他们的工作至关重要，在某些情况下甚至构成了他们商业活动模式的基础。事实上，不少个体通过运营博客和社交媒体账号，分享自己的经验，向有意成为数字游民的人群提供建议，与品牌方建立产品植入和广告等合作关系，或通过提供与游民相关的产品和服务（例如，书籍、播客、指导、培训、会议、团建

---

① Michael Sobel, *Lifestyle and Social Structure: Concepts, Definitions and Analyses*, New York: Academic Press, 1991.

② Scott Cohen, Tara Duncan and Maria Thulemark, "Lifestyle Mobilities: The Crossroads of Travel, Leisure and Migration," *Mobilities*, 2013, 10(1): 155—172.

活动等）来获得收入。因此，数字游民在利用社交媒体建构自己职业身份和声誉的同时，还是这种生活方式的积极"推广者"。[①]

更重要的是，这些数字游民与其他企业家（利用社交媒体展示自我形象的个体）的区别在于对生活经验的商品化和货币化。讲故事是他们的一项专业技能，他们在叙述中传达承诺，将自己商业主张的目的、价值和独特性包裹其中，故事讲得好坏，决定了他们能"卖"出去什么，以及卖给谁。为此，他们不仅要说服他人相信这种生活方式的价值，还要传达自己作为经验丰富的数字游民的合法性。一方面，数字游民在社交媒体上公开展示自己的成功故事，另一方面，大众媒体和专业媒体对他们进行广泛的报道，这些都加速了数字游牧主义成为"主流的商业话语"。有学者提出，这种话语未必反映了所有数字游民的实际生活经验，因为大部分人面对的是一个充满挑战的世界——工作愈发不稳定且社会福利越来越少。[②] 不过，对于极力渴望摆脱朝九晚五的平庸工作，以及希望少工作、多赚钱、享受生活的人来说，这些话语仍然具有很强的吸引力。

通过揭示这些数字游民成功故事背后的修辞，我们发现，休闲和享乐的自由是支撑他们叙事的核心支柱。事实上，数字游民往往会优先考虑休闲，而不是就业地点。除了低廉的生活成本之外，他们选择目的地的依据还包括当地举办的旅游活动（例如，观光、自主探索目的地或当地文化）、自我发展的活动（例如，艺术、运动、瑜伽、冥想）和娱乐活动（例如，派对、饮酒）。因此，他们认为，数

[①]　Viviane Sergi and Claudine Bonneau, "Making Mundane Work Visible on Social Media: A CCO Investigation of Working Out Loud on Twitter," *Communication Research and Practice*, 2016, 2（3）: 378—406.

[②]　Beverly Yuen Thompson, "The Digital Nomad Lifestyle: （Remote）Work/Leisure Balance, Privilege, and Constructed Community," *International Journal of the Sociology of Leisure*, 2019, 2（1—2）: 27—42.

字游牧是一种获得自由的方式，能够帮助人们摆脱休闲时间较少的传统工作结构。数字游民因强调休闲的重要性与美国社会学家和经济学家索尔斯坦·凡勃伦（Thorstein Veblen）在 1899 年提出的"有闲阶级"相似。凡勃伦指出，每个社会都有一个或多个精英阶层，精英的社会属性保持不变，不断变化的只是他们的历史特征。在他的第一本也是最有名的著作《有闲阶级论》（*The Theory of the Leisure Class*）中，凡勃伦分析了美国社会精英阶层和资本主义社会的权力结构。他敏锐地洞察到，一个由商界人士组成的有闲阶级垄断并积累了绝大多数普通人创造的财富。事实上，在凡勃伦所处的时代，美国社会的经济权力正在从手工业者转移到生产资料所有者和其他金融家手中，金融资产优于其他形式的资产。在凡勃伦看来，"闲暇"一词并不意味着懒散或静息，而是指"时间的非生产性消费"。[1] 隶属于有闲阶级意味着一个人不需要工作，至少不需要从事常规型或体力型劳动，而且有空闲时间可以支配。

　　大多数数字游民都是具有优势的西方人。他们得益于所持有的"强势"护照，以及西方世界的高收入与发展中国家较低的生活成本之间的显著差距，使他们能够轻松地在各国和地区间工作与旅行。这种特权再现了游客与当地人之间传统的不平等。[2] 不过，数字游牧主义的核心权力结构与 19 世纪末那些有利于商人或贵族的权力结构是不同的。虽然数字游民的主流话语与轻松的生活相关，但这样的生活方式是需要靠努力赚钱来维系的。因此在这里，我们并不是要比较新旧两类"有闲阶级"在行为模式上的差异。相反，我们感兴趣的是如何用凡勃伦的分析视角来研究数字游牧主义，将它作

---

[1]　Thorstein Veblen, *The Theory of the Leisure Class*. Oxford, UK: Oxford University Press, 2009: 33.

[2]　Thorstein Veblen, *The Theory of the Leisure Class*. Oxford, UK: Oxford University Press, 2009.

为一种新型的工作和生活方式。① 我们将探讨这样一个问题：数字游民在多大程度上可以算作凡勃伦笔下的新"有闲阶级"？在当今工作世界中，数字游民正在构成"成功的新面孔"，借助凡勃伦的著作，我们可以更深入地阐释数字游牧主义背后的主流商业话语。

　　本文的结构如下：首先，我们简要回顾了有关数字游牧主义的文献，以确定休闲在这种生活方式中的地位和作用。其次，我们解释了为什么凡勃伦的著作对于分析当代社会问题仍具有现实意义。接下来，我们将详细叙述《有闲阶级论》中的主要内容，包括凡勃伦对特定阶级的观点，确定其分析结构中的四个关键维度，即差异化、效仿、可见性和制度化，并以此为理论框架，对数字游民展开全面分析，进而丰富我们对这个群体的认知和理解。我们认为，数字游民的崛起并不意味着新"有闲阶级"的出现，因为与19世纪有闲阶级生活的社会经济环境相比，数字游牧主义兴起的经济环境已经发生了翻天覆地的变化。不过，在本文的最后，我们依然讨论了来自凡勃伦的启示将如何助力学者们深入探究数字游牧主义，同时激发他们不断探索新的工作世界中未被充分探讨的内容与主题。

二、数字游牧主义：休闲生活方式的承诺

　　2007年，蒂姆·费里斯（Tim Ferris）提出了"地理套利"的行为策略，即为了在远程工作的同时享受"第一世界国家的收入和发展中国家的生活成本"，越来越多的人迁移到生活成本较低的国家。十年后，清迈被誉为"世界数字游民之都"，数字游民大量涌入该地，践行着费里斯提出的地理套利策略。这本书和一系列类似的努力在普及数字游民生活方式方面发挥了不可替代的作用。重要的

---

① Doug Brown, "Thorstein Veblen in the Twenty-first Century," *Journal of Economic Issues*, 1999, 33（4）: 1035—1037; Chris Rojek, "Leisure and the Rich Today: Veblen's Thesis after a Century," *Leisure Studies*, 2000, 19（1）: 1—15.

是，虽然"数字游民"一词早在二十多年前就已经出现，但直到最近几年，数字游民这个群体才在大众媒体和社交媒体上有了更高的曝光度。在技术创新的推动下，他们最近经历了指数级的增长，2018年，美国大约有480万数字游民，数字游牧主义来到了关于未来工作和新工作方式讨论的中心。①

　　近年来，全球各国涌现出共享经济、合作创业、工作灵活化和大量技术创新，"工作实践生态"发生了转变，数字游牧主义恰好嵌入这种变迁之中。它覆盖了各种不同职业的人士，包括远程自由职业者、数字企业家、可以在任何地方工作的公司员工，以及从事各类活动的个体。②通常情况下，数字游民从事的工作有计算机编程、营销活动、各种形式的在线咨询和教学、写作和翻译、平面设计、客户服务等。数字技术为他们提供了工作地点、时间和方式的灵活性。此外，数字游民还可以利用它们来创造新的自主创业机会。例如，Upwork、TaskRabbit 和 Remote OK 等"按需"自由职业工作平台为独立工作者提供了在任何地方都能找到在线工作的机会。显然，这也造成了工作临时化、稳定性丧失（或者不稳定性）、前景和福利匮乏以及劳动保护减少等相关问题。③

　　虽然在家或在共享空间（如共享办公空间）工作已经越来越普

---

①　MBO Partners, *Digital Nomadism: A Rising Trend*, https://s29814.pcdn.co/wp-content/uploads/2019/02/StateofIndependence-ResearchBrief-DigitalNomads.pdf, 2018.

②　Jeremy Aroles, Nathalie Mitev and François-Xavier de Vaujany, "Mapping Themes in the Study of New Work Practices," *New Technology, Work and Employment*, 2019, 34（3）: 285—299.

③　Birgitta Bergvall-Kåreborn and Debra Howcroft, "Amazon Mechanical Turk and the Commodification of Labour," *New Technology, Work and Employment*, 2014, 29（3）: 213—223; Callum Cant. *Riding for Deliveroo: Resistance in the New Economy*, Cambridge, UK: Polity Press, 2019; Johanna Moisander, Claudia Groß and Kirsi Eräranta, "Mechanisms of Biopower and Neoliberal Governmentality in Precarious Work: Mobilizing the Dependent Self-Employed as Independent Business Owners," *Human Relations*, 2017, 71（3）: 375—398.

遍，但数字游民的特殊之处在于，它是一种形式上比较极端的远程工作。① 更准确地说，对于数字游民而言，这种充满流动性和远程性的状态是自愿且持续的，而不是偶然的或实用主义的。移动工作者通常是为了工作而出差，而数字游民选择工作地点则是基于审美和休闲的考量。② 由于他们开展商业活动的模式就是以讲故事为主，因此异国情调的环境和体验很重要。但与其他类型的工作者相比，数字游民劳逸之间（或个人生活与职业生活）的联系更为紧密。游客是在特定的节假日旅行，而数字游民则是边旅行，边工作，将休闲和职业承诺有机地融合在一起。为了能够持续旅行下去，数字游民的职业和个人安排都必须为他们提供必需的资源和灵活性。一些人甚至连一个固定居住地也没有，过上了具有极简主义色彩的漂泊生活。

数字游牧主义的另一个特点是时间独立，即可以自主选择工作时间和工作时长。例如，数字游民经常选择连续几天长时间工作，这样就可以在后面几天内休息。他们试图将工作融入整个"生活方式流动性"之中，其中私人生活成为工作不可分割的部分，同时工作也是生活的一部分。总之，"成功的"数字游民不仅实现了地点独立，也实现了专业、技术和时间独立。③ 劳与逸的交织，加上人们对数字游牧主义的迷恋导致了这种生活方式被描绘成一种令人向往的活法，也使数字游民初步形成了一个新的社会群体。

---

①　Ricarda Bouncken and Andreas Reuschl, "Coworking-spaces: How a Phenomenon of the Sharing Economy Builds a Novel Trend for the Workplace and for Entrepreneurship," *Review of Managerial Science*, 2018, 12（1）: 317—334; Clay Spinuzzi, "Working Alone Together: Coworking as Emergent Collaborative Activity," *Journal of Business and Technical Communication*, 2012, 26（4）: 399—441.

②　Annika Müller, "The Digital Nomad: Buzzword or Research Category?" *Transnational Social Review*, 2016, 6（3）: 344—348.

③　Julian Prester, Dubravka Cecez-Kecmanovic and Daniel Schlagwein, "Becoming a Digital Nomad: Identity Emergence in the Flow of Practice," International Conference on Information Systems, Munich, Germany, 2019, 1—9.

三、凡勃伦的研究方法和主要观点

1899 年, 凡勃伦撰写了一本开创性的著作, 描述了 19 世纪末美国社会的新兴阶级。他有力而精准地描述了那个时代的权力结构, 这些论述至今仍能给读者不少启示。玛莎·班塔（Martha Banta）在介绍牛津世界经典文库再版的《有闲阶级论》时, 这样评价道: 凡勃伦重塑了 "作为物质生活文化史的经济学"。[①] 凡勃伦认为,（他那个时代的）经济学研究将市场与社会分离。为了批判 "有闲绅士", 凡勃伦不仅研究了他们的商业活动及其制度背景, 还关注了这些人的社交习惯和日常行为。凡勃伦所描述的有闲阶级是由保守者组成的, 他们的惰性直接阻碍了社会发展和变革。他强调, 今天的社会关系将构成明天的制度, 并将一直延续下去, 直到新的环境迫使人们改变这些社会关系。因此, 在他分析社会演变时, 往往将 "通常不被归入经济范畴的" 社会生活特征纳入考量。[②]

凡勃伦的方法带有持续的怀疑精神, 使他能够对 "提出新问题的新证据" 保持警惕, 而与他同时代的学者对这些问题的研究还不够。[③] 凡勃伦的科学研究方法包括使用 "日常生活中直接观察到的或众所周知的数据, 而不是那些间接的、深奥的数据"。[④] 他经常以人物或角色（如金融家、工匠等）作为研究对象。由于这种方法在当时并不常见, 他被指责是在进行说明, 而不是在证明。但他犀利

---

① Thorstein Veblen, *The Theory of the Leisure Class*. Oxford, UK: Oxford University Press, 2009: x.

② Thorstein Veblen, *The Theory of the Leisure Class*. Oxford, UK: Oxford University Press, 2009: 1.

③ Thorstein Veblen, *The Theory of the Leisure Class*. Oxford, UK: Oxford University Press, 2009: 15.

④ Thorstein Veblen, *The Theory of the Leisure Class*. Oxford, UK: Oxford University Press, 2009: 3.

的笔锋和高超的论证策略，很好地帮助他实现了三个主要目标，即描述特定社会的总体结构，确定其产生的社会关系和行为，以及展示它们对消费的影响。与其他学者一样[①]，我们认为，想要理解当代社会经济现象的经济和文化基础，凡勃伦用来分析有闲阶级的原则和方法仍具有重要的现实意义。更具体地说，他提出的四个核心关键维度可以为我们分析与工作相关的实践提供十分有价值的参考。它们是差异化、效仿、可见性和制度化。

（一）差异化

凡勃伦认为，一些人脱离了生产性工作，开始从事古老的荣誉活动（如祭祀活动、政府活动、战争和体育活动），于是有闲阶级崛起了。在生产性工作中，"社区中的贫困成员习惯性地付出他们的努力"。[②] 于是，职业性质构成了有闲阶级区别于一般劳动者的标志。对于有闲绅士来说，从事生产性工作（即工业工作）会降低他们的社会地位。因此，有闲阶级的成员试图从工业工作中解脱出来，因为这种解脱展现了他们优越的经济地位。凡勃伦还针对性地讨论了这些精英休闲行为的不同类型，指出其与传统文化和大众文化中的休闲行为类型形成了鲜明对比。在凡勃伦所处的时代，上层阶级的休闲活动建立在审美文化的基础上，获得这种文化是一种荣誉。本质上，举办奢华庆祝活动和精致娱乐活动的目的都是为了跻身经济精英，从而具有与众不同的优势。

[①]　Wendy Hillman, "Veblen and the Theory of the Backpacker Leisure Class: Status Seeking and Emulation in the Australian Contemporary Tourist Economy," *Tourism Review International*, 2009, 13: 157—171; David Scott. "What Would Veblen Say?" *Leisure Sciences*, 2010, 32（3）: 288—294.

[②]　Thorstein Veblen, *The Theory of the Leisure Class*, Oxford, UK: Oxford University Press, 2009: 218.

（二）效仿

凡勃伦理论的核心是将消费概念化为一种追求地位的形式，19世纪末的有闲绅士将自己与他人进行比较，力求在获取财富方面超越他人，并在各种社会认可的活动中展示自己。因此，有闲阶级成员的行为动机是希望比同类人更富裕，在各种社会活动中表现得更好。凡勃伦书中第二章"金钱竞赛"（pecuniary emulation）深入探讨了渴望模仿他人地位的后果。效仿产生的需求不会得到完全满足，因为这些需求是以他人的财富和荣誉来进行衡量的。因此，努力的目的就是为了获得与他人相比较的优势。这些努力离不开各种应该遵守的信誉准则的指导，例如，没有工业用途的东西被认为是最美好的；没有实际用途的家畜或没有直接效用的昂贵物品都服务于消费的效仿性目的。有闲阶级想成为他人参照的榜样，就必须让他人看到他们的行为、财富和权力。

（三）可见性

休闲（即非生产性时间消费）是富裕家庭经济剩余价值的体现。然而，休闲并不总在公共场合发生，也不总会留下物质痕迹。因此，必须找到其他方法来展现休闲。凡勃伦所描绘的"有闲阶级"能显现良好的举止、礼仪习惯和审美能力，这些都是他们财富的显著标志。*他们也为了好看而消费贵重物品，把钱花在贵重的礼物、昂贵的技艺、娱乐和其他价值不菲的物品上，以此作为他们财富的证据。**"他成为诸多领域的鉴赏家：价值不等的精美食物、男性饮料

---

*　凡勃伦称此为"显性休闲"（conspicuous leisure）。——编者注
**　凡勃伦称此为"显性消费"（conspicuous consumption）。——编者注

与装饰品、得体的服装与建筑、武器、竞赛、舞蹈以及麻醉品。"[1] 这种通过可见性消费进行的竞争激发了无休止的需求，因此成为经济生活本身最强大的驱动力。学习如何过上显著的休闲生活也会对消费产生深远的影响。

（四）制度化

培养有闲阶级特有的思维习惯和审美能力需要时间和实践，这些学习和努力以及其中涉及的教学活动，是确保他们过渡到下一个"文化阶段"所必需的。[2] 随着时间的推移，有闲阶级中很大一部分人在一代人或更长的时间里一直免于工作，并在阶级内部获得了"社会确认"。这个"上层阶级""规模庞大，足以在品位问题上形成并维持自己的观点"，并规定自己的生活方式和价值标准。[3] 这些标准构成了"新的出发点，以便在同一方向上取得进一步发展"，遵守这些标准不仅发生在有闲阶级内部，且"对所有居于其下的阶级，有着法规的力量"，穷人也想效仿富人，复制他们的消费行为。[4]

尽管主流数字游牧主义的价值观和理想与 19 世纪的有闲阶级大相径庭，但仍有许多方面可以从上述四个关键维度出发来展开研究。下文将简要介绍本文的研究方法。

四、研究方法

本文采用了质性研究的内容分析法，并利用几类在线资料作

[1]　Thorstein Veblen, *The Theory of the Leisure Class*, Oxford, UK: Oxford University Press, 2009: 53.

[2]　Thorstein Veblen, *The Theory of the Leisure Class*, Oxford, UK: Oxford University Press, 2009: 30.

[3]　Thorstein Veblen, *The Theory of the Leisure Class*, Oxford, UK: Oxford University Press, 2009: 91.

[4]　Thorstein Veblen, *The Theory of the Leisure Class*, Oxford, UK: Oxford University Press, 2009: 63, 71.

为数据来源，数据收集分为两个阶段。首先，我们调研了流行的数字游民论坛和相关群体，并系统地搜索了大众媒体的相关报道，从而确定了60位知名度较高的数字游民。他们都符合以下标准：（1）自我认定为"数字游民"；（2）以某种方式将数字游民身份货币化；（3）在互联网上公开分享自己的经历。因此，我们重点关注那些在社交媒体上受人关注，以及那些经常出现在媒体报道中的数字游民（并非单纯收入高和资格老）；其次，我们仔细研究了这些被选中者的"可见性生态系统"，即他们公开的社交媒体账号（包括推特、脸书、油管和博客）。我们记录了他们的性别、年龄、职业、游牧年数、教育程度、职业经历、生活方式、旅行频率和持续时间、他们的自我介绍等。此外，我们还收集了每位数字游民发布的照片，从而反映出社交媒体上日益强势的视觉文化。[1] 在这种文化中，图像与文字或语言一样，都是人类交流不可或缺的组成部分。[2]

　　数据分析包括两个主要阶段。首先，我们以开放和归纳的方式对收集到的数据进行了人工主题编码。[3] 这些主题不仅涉及数字游民的职业历程，还包括他们的自我叙事和发布的图片所具有的美学意涵。因此，我们在分析的过程中，同时考虑了帖子的文本和视觉元素，使用描述、标签和评论的方式对相关图片进行语境化处理。[4] 通过第一轮编码，我们制定了一系列一级编码，这些编码紧紧抓住

[1]　Martin Hand, *Ubiquitous Photography*, Cambridge, UK: Polity Press, 2012.

[2]　Daniel Miller and Jolynna Sinanan, *Visualising Facebook: A Comparative Perspective*. London: UCL Press, 2017.

[3]　Matthew Miles, Michael Huberman and Johnny Saldaña, *Qualitative Data Analysis: A Methods Sourcebook*. London: Sage, 2019.

[4]　Guillaume Latzko-Toth, Claudine Bonneau and Melanie Millette, "Small Data, Thick Data: Thickening Strategies for Trace-based Social Media Research," In *The SAGE Handbook of Social Media Research Methods*, edited by Anabel Quan-Haase and Luke Sloan, London: Sage, 2017, 199—214.

数据的本质，包括：数字游民可以通过哪些活动（教学、会议、影响力、社区建设等）将其经验专业化和货币化；数字游民话语所传达的价值观和美学（自由、自主性、健康、冒险、意义、自我发展、工作与生活平衡等），以及故事情节的组成部分（"年轻一代特有的"的愿景、拒绝妥协、"自己动手"的精神等）。然后，我们从凡勃伦所论述的四个维度出发，进行了第二轮编码。这一过程使我们能够在新出现的不同分析路径之间建立联系，以更好地理解数字游民的特殊性，描绘数字游民的"信誉准则"，并详细说明他们如何以特定的方式规范自己的生活。

五、关于数字游牧主义主流话语的阐释

（一）差异化

与凡勃伦谈论的有闲阶级相反，职业不是数字游民与其他人进行区分的根本依据。事实上，数字游民的主流话语已经指明了他们与两类群体的区别：一类是企业员工，另一类是上一代人。数字游民希望摆脱"没有灵魂的'朝九晚五'的上班生活"，在他们看来，这种生活并不光彩。在"一年只有 10 天假期"的格子间里从事固定工作不但不值得，而且还会极大地限制他们的自由度和自主性。在传统的工作环境中，员工为他人工作和谋求自我发展是相互矛盾的。因此，数字游民把自己当作不走寻常路的数字工作者，他们绝不妥协，而且拒绝接受被强加的选择：

> 我们这些选择逃避"朝九晚五"现实的艺术家决定挑战现状，因为这种工作方式不适合我们。在我们的天性中，有一种反对平庸的特质，反对为了别人的目标而拼命工作。我们有自己的目标。我们每天早上醒来，都想创造最美好的生活，因为

我们的人生只有一次，且是短暂的。

这种差异化在数字游牧主义的主流叙事中体现得较为明显，尤其是关于解放性的、不墨守成规的意识形态和美学基础的讨论。对数字游民而言，问题的关键不在于"工作"，而在于"做毫无意义的工作"。因此，他们并不拒绝工作本身，而是试图和传统就业划清界限。他们在论述中经常提到与创业价值观相关的品质，比如打破常规、反对权威、追求完全自主、自给自足等。

此外，数字游民还向往技术、地理和时间上的独立，这些要素构成了他们自由追求休闲活动和自我发展的重要保障。在讲述相关经历时，他们提出了一种不同的方式来实现工作和休闲之间的互动。其内在动机就是寻找平衡，过上更充实和有意义的生活。他们认为，数字游民的生活方式积极回应了在商界占主导地位的理想和规范：

> 在公司工作几年后，我意识到我无法忍受公司的一切，尤其是不得不参加那些永无休止的、让人精神崩溃的会议以及参与到别人无聊的项目之中。

这种叙事方式导致局内人和局外人的出现。前者是指热衷于"实现梦想"的数字游民，后者主要包括"受困于安逸、安于平庸"的企业员工。因此，休闲被视为一种充分享受生活的方式。除了和其他类型的劳动者格格不入，数字游民还将自己和上一代人区别开来。他们抛弃了老一辈的思维习惯，认为自己的生活方式与父辈们相比是一种进步。事实上，成为数字游民意味着接受一种新的工作和生活方式。数字游民的故事传达了一种"年轻一代特有的"工作与生活的平衡观，加上旅行带来的兴奋、冒险和固有的挑战推波助澜，数字游民普遍认为生活幸福才是人生最重要的事情：

> 我们这一代人已经厌倦了被当作单维度的人而对待——我们被要求"朝九晚五"、一周五天、一年 365 天都出现在办公室里……无法实现劳逸结合。为了生活而生活，于是生活只剩下工作。

（二）效仿

凡勃伦指出，比较的习惯会引导人们（重新）调整和分配自己的精力，以实现他们的理想。对于数字游民来说，价值并不来自拥有或占有，而是来自个人的、以自我为中心的成就感和幸福感。这些特征源于他们的行为、偏好和目标。与这一理想相关的道德、身体和审美价值的表现构成了可以进行比较的"生活标准"。[①] 数字游民的成功故事，满足了他们合理化身份的需求，同时也让其他游民展开有效的效仿。因此，在数字游民的生活安排和计划中，成功离不开必要的声誉条件。温蒂·希尔曼（Wendy Hillman）在对背包客亚文化（与数字游民有许多相似之处）的研究中指出，数字游民不得不面对顺应潮流与追求独立之间的张力。与背包客一样，数字游民可能自认为他们已经摆脱了邯郸学步的过程，但许多人"看起来几乎完全是其他人的克隆"。[②]

数字游民的目标是在网上工作的同时，维持旅行生活。与其他工作者不同，他们更注重所获得的自由度、地点独立性、灵活性和

---

① Thorstein Veblen, *The Theory of the Leisure Class*, Oxford; UK: Oxford University Press, 2009: 63.

② Wendy Hillman, "Veblen and the Theory of the Backpacker Leisure Class: Status Seeking and Emulation in the Australian Contemporary Tourist Economy," *Tourism Review International*, 2009, 13: 157—171.

健康程度。正如凡勃伦所解释的，指导我们努力的标准永远不是普通的生活方式，而是"我们无法企及的理想"。① 同样，数字游民的生活方式似乎并不过于超前或遥不可及，而是任何普通人都能够实现的。知名数字游民的商业话语强化了这一观点，并围绕着赋权和自我发现而展开：

> 任何人只要足够渴望，就能够过上自由的生活，他们只需要"过来人"的指导和支持。

第一批成功人士想要激励他人也成为游民，于是他们告诉人们，想要获得成功，就要效仿他们，就需要采取什么样的行动，并让人们相信，这不仅是一种可持续的生活方式，而且对任何人来说，这种生活方式都是不难实现的。

> 跟随我的旅程，你将深受启发。我热衷于帮助人们学习如何成为数字游民……总会有办法实现的，给我发一封电子邮件和一个理由，我会为你提供解决方案。

（三）可见性

休闲是数字游民"维持现代生活的动力"，因此他们的休闲活动并不仅仅是为了展示财富。② 然而，为了赢得他人的尊重，知名数字游民必须让他人看到自己的自由和成功。在他们看来，休闲与其

---

① Thorstein Veblen, *The Theory of the Leisure Class*, Oxford, UK: Oxford University Press, 2009: 71.

② Tony Blackshaw, "The Two Rival Concepts of Devotional Leisure: Towards an Understanding of Twenty-first Century Human Creativity and the Possibility of Freedom," *International Journal of the Sociology of Leisure*, 2018, 1(1): 75—97.

说是公开展示他们积累的财富，还不如说是在社交媒体上展示他们生活方式的重要途径。

> 这就是我们梦寐以求的事情，而且我们真的做到了！从一个国家到另一个国家，我们过着奢华的生活。在我们决定工作的日子里，每天只工作几个小时，而且一边工作，一边在泳池边喝鸡尾酒。

数字游民不断消费新产品和服务，这是表明他们生活方式具有连接性和超级流动性的"标志"。不过，休闲活动作为其生活方式的重要组成部分，更能证明他们所获得的自由程度。他们通过在社交媒体上留痕来传播自己的成功，包括讲述自己的个人和职业故事，分享他们成为数字游民的原因，如何改变生活以实现这一目标，以及如何取得成功。李·汉弗莱斯（Lee Humphreys）认为，这些"媒体记录"实践为数字游民的存在和行动提供了重要的证据和解释。[1] 数字游民的成功叙事是证明他们成就不可或缺的材料（例如，分享详细的月收入报告）。观察者除了在社交媒体上"跟踪"他们的生活方式，没有其他办法评判他们作为数字游民的声誉和合法性。

数字游民在社交媒体上记录访问过的众多地方，这不仅表示"我曾来过这里"，而且还清楚地表明旅行是长期或永久的，与他们"正常"的生活紧密交织在一起。他们通过拍摄工作环境的照片，以此证明他们真正实现了工作地点的自由。总之，这些照片和相关的故事有助于某种数字游民美学的普及，这对于传达自由、健康和冒

---

[1]　Lee Humphreys, *The Qualified Self: Social Media and the Accounting of Everyday Life*, Cambridge, MA: MIT Press, 2018: 12.

险等相关价值观是必不可少的。这些图片主要呈现的是那些令人向往的部分，不仅在很大程度上浪漫化，还从象征性的角度引导蠢蠢欲动的数字游民对这种生活方式产生无限的憧憬。

　　我将和你分享我的经历，以及我从这些经历中学习到的东西，希望能够帮助你更好地了解下一步需要朝哪些方向来努力。

（四）制度化

　　尽管数字游牧主义被描绘成主流工作形式的一种替代性选择，但它已日趋制度化，部分原因是一些知名的数字游民持续开展商业活动，并意识到他们能够通过关注新手的物质和职业需求，将自己的经验货币化。① 这些数字游民精英依托辅导课程、在线咨询、培训项目和"如何做"指南，帮助他人实现自己的目标。从他们的教育立场出发，数字游牧主义可以像其他职业一样被学习和传授。

　　我们想与你分享我们所收集到的一切，我们已经帮助数百人实现了自由的生活方式……我们还提供在线课程，帮助人们在世界任何地方都能轻松、成功地发展在线业务，并从中营利。

　　成功的先驱们以书籍、播客、油管频道和公开演讲的方式，将自己作为数字游民的丰富经验转化为实用的方法和资源，并将其商品化和货币化。他们还组织各种针对数字游民社区的活动（包括会

――――――――――

　　① Jeremy Aroles; Nathalie Mitev and François-Xavier de Vaujany, "Becoming Mainstream: The Professionalization and Corporatization of Digital Nomadism," *New Technology, Work and Employment*, 2020, 35（1）: 114―129.

议、研讨会、游轮、露营、团建活动、节日和峰会等），例如 DNX，它是第一个全球数字游民大会，每年举办，使用英语、西班牙语和德语。DNX 的创始人是一对信奉素食主义的夫妇，他们逃离了杜塞尔多夫和柏林的商界，成为游民企业家。这对夫妇从自己过去的游民经历中汲取经验，建议和鼓励他人像自己一样成为数字游民。

其他知名的数字游民也提供了进入某些成功人士社交网络的机会，并积极营建社区，旨在与志同道合的人一同改变生活。例如，有访谈者表示：

> 我们正在打造一个开放而富有创造力的社区。在这里，大家可以以一种非结构化的方式投入自己的生活。我们希望改变人们的时空观和生活方式。

有些人自称是独特体验的"把关人"。他们举办的活动并不对任何感兴趣的人开放，而是对参与者进行全面筛选，以确保他们符合预先设定的标准或特征。例如，一名游民组织了一场仅由十位"冒险美食家"参加的美食体验活动。还有一些组织者在活动描述中明确限定了目标对象。

> 我们的团建活动是为非传统意义上的不合群者、毕业后的背包客和充满激情的猎奇者准备的。对于那些特别想加速挖掘自身潜力的人来说，这里就是一个家。

这些活动的举办地点都极具吸引力，因此价格不菲。例如，大型数字游民年会的不同访问套餐从每人 197 欧元到 997 欧元不等。这些活动使用的语言和价格也决定了预期参与群体，旨在为他们制造一个舒适的"气泡"。在此,西方特权阶层可以花钱与相同身份的人聚在一起,在发展中国家营造出"西方社会"的环境条件。① 正如以下描述"度假工作"全包式套餐的引文所示:愿意投资和购买这种精心策划的生活方式的人士将获得一揽子解决方案。

> 与我们一起旅行是沉浸在新文化中的最佳方式。我们同时又不会忽视对您事业、生意或个人项目的关注。当您和我们一起旅行时,您就能过上一种令人向往的生活。

虽然数字游民精英所推崇的价值观和理念与凡勃伦所描述的有闲阶级大相径庭,但二者在文化方面却有一些相似之处。与有闲阶级类似,这些成功人士长期以来一直奉行数字游牧主义,从而在数字游民部落中获得了"社会确认"。这些规范性网络、首选地点、特殊活动和社区营建被认为是数字游民成长过程中的"必要环节"。② 相关活动组织者和参与者分享的策略(例如,如何在网上赚钱和维持长期旅行),为渴望成为数字游民的人们提供了行为示范模式,从而促成了数字游牧主义的制度化。

六、讨论和结论

数字游牧不仅是一种新技术驱动的工作形式,也是一种经济活动和社会文化现象。围绕数字游牧主义的主流话语与当代资本主义

---

① Beverly Yuen Thompson, "The Digital Nomad Lifestyle: (Remote) Work/Leisure Balance, Privilege, and Constructed Community," *International Journal of the Sociology of Leisure*, 2019, 2(1—2): 27—42.

② Jeremy Aroles, Nathalie Mitev and François-Xavier de Vaujany, "Becoming Mainstream: The Professionalization and Corporatization of Digital Nomadism," *New Technology, Work and Employment*, 2020, 35(1): 114—129.

发生的深刻变化密切相关，包括无处不在的企业文化。^① 同时，这些主流话语制造了关于"华丽夺目的千禧劳动力"的神话，互联网为他们提供了无限的机会。^②

本文是对当今数字游牧效仿和显著休闲实践初步观察的成果。虽然凡勃伦承认所有社会经济阶层都有效仿行为，但他指出，值得尊敬的态度和行为可能会随着时间的推移而改变。数字游民自尊的基础并不像凡勃伦所描述的金钱文化那样，以财富的拥有和积累为核心。事实上，他们中的大部分并不是身处高位的旅行者，因此，能为自己安排"物超所值"的旅行，就足以让他们感到很自豪。^③ 与企业员工和上一代人相比，他们的声誉建立在自食其力的品格和对自己生活的控制力上。知名数字游民必须拿出实实在在的证据，证明他们摆脱了"朝九晚五"的工作形式。他们通过公开展示自己的移动生活方式，将自己与传统劳动者区隔开来，且认为后者的生活是不可取的。他们的"荣誉勋章"充分体现在目的地列表、充满美感的图片和在线日记上。他们用在不同国家之间的持续流动经历来打动他人，并证明自己游民身份的合法性。在社交媒体上公开展示这些信息的同时，数字游民还传播了特定的生活标准，促成了特定地点、事件和社群的流行和普及。

本文指出，像凡勃伦这样的经典理论可以作为研究当代对象（包括数字游民）的问题源泉。凡勃伦认为，对经济现象的分析和阐

---

① Paul Du Gay, *Consumption and Identity at Work*, London: Sage, 1996; Steven Vallas and Emily Cummins, "Personal Branding and Identity Norms in the Popular Business Press: Enterprise Culture in an Age of Precarity," *Organization Studies*, 2015, 36（3）: 293—319.

② Alex Rosenblat, *Uberland: How Algorithms Are Rewriting the Rules of Work*, Oakland, CA: University of California Press, 2018.

③ Wendy Hillman, "Veblen and the Theory of the Backpacker Leisure Class: Status Seeking and Emulation in the Australian Contemporary Tourist Economy," *Tourism Review International*, 2009, 13: 157—171.

释离不开对文化结构和社会价值观的理解。他关注有闲阶级，区分不同形式的工作，并将其置于更广泛的分析框架之中。从这个意义上来说，凡勃伦的著作对于探索现代工作、经济社会学和工作-休闲现象的各个方面都具有重要的意义。

进一步来说，凡勃伦揭示了构成有闲阶级品位标准的经济基础，并就它对个体消费行为的影响展开了充分的论述。我们在分析数字游牧主义的表现形式时发现，目前存在一整套经济活动，其基础就是一部分数字游民想要通过"兜售梦寐以求的工作/生活方式"，展示他们对其他人的主导地位。精心策划的"不像是工作的工作"形象使他们能够将自己的生活方式构建为一种商品，只需"从他们那里购买"即可完成效仿。这种商品和服务满足了追随者对"荣誉要素"的需求，但同时也是维系卖家自身梦想的关键。[①] 凡勃伦认为，效仿的标准是不断变化的，即使是声誉良好的商品和服务也会随着新标准的出现而受到挑战。[②] 事实上，想要在社区中保持令人羡慕的地位，大部分数字游民都必须是"永动机"。因此，效仿理想工作和生活方式产生了其他驱动经济生活的影响。相关研究者可以进一步探讨新工作世界的理念是如何随着时间的推移而发生变化的，并从尚未接触到这个世界的个体中创造出无尽的需求。

关于数字游民生活方式的主流话语有助于创造一个新的未来工作的象征：有抱负的数字游民将数字游民生活计划作为自己的理想，且努力实现这一理想。然而，实现持续流动是一项不小的挑战。即使是最坚定的数字游民，在某些时候也会意识到，他们对休闲驱动型生活方式的追求意味着不得不在旅行中工作。有些人可能会改

---

① Thorstein Veblen, *The Theory of the Leisure Class*, Oxford, UK: Oxford University Press, 2009: 104.

② David Scott, "What Would Veblen Say?" *Leisure Sciences*, 2010, 32（3）: 288—294.

变旅行的速度，甚至在遇到更多困难（如资源匮乏）或产生更稳定生活的需求后（如有了孩子），决定选择回归"传统"的生活方式。此外，日益增长的环保意识可能导致人们对数字游民这种生活方式的可持续性产生更多、更直接的质疑，特别是考虑到与航空旅行相关的碳排放问题。这里就引发了一个疑问，即数字游牧主义是否只是一个过渡性的"休闲"阶段，而不是一种具有可持续性的生活方式？未来研究可以采用纵向和过程研究的方法，探讨数字游民工作这种极端远程/移动工作形式的每一个具体阶段。

除了本文介绍的主流话语之外，我们还必须警醒地注意到，部分数字游民对这些话语持反对意见，并试图呈现这种生活方式更加细致入微的面向。他们通过分享自己的困难，警示其他人将来可能会遇到的骗局和陷阱。他们还揭示出越来越多的年轻人被巨额学生贷款债务、没有本地工作机会和高昂的租金压得喘不过气来，这也是他们选择地理套利成为数字游民的现实动因。

然而，这些叙事将数字游牧主义描绘为一种赋权和充实的生活，但却被乐观的主流叙事所掩盖，使其遮蔽了没有福利、不稳定就业的声音。在此背景下，研究"实践中"的数字游民变得更加重要，是因为能够探索在叙述和构建数字游民的"主流叙事"中没有考虑或报道的内容。相关研究者可以回应数字游民在面对主流叙事时所面临的挑战。例如，数字游民在多大程度上认同这些主流叙事？他们自己的数字游牧体验与这些故事存在哪些不同？他们是否认为这些叙事是对他们生活方式的污名化，极大地损害了游民的形象？这些问题还有待讨论，并将进一步推进本文所引发的思考。

自由陷阱：数字游民和管理工作-休闲边界的纪律实践[*]

戴夫·库克^{**}

【导读】 大多数数字游民追求一种普遍的自由、自主和自决。这主要体现在两个方面：一是"超移动自由"，即能够频繁地改变自身的地理位置；二是工作和休闲的融合。然而，在实践中，这一群体的工作和生活不一定是自由、自主和自决的，反而需要高度的纪律约束，包括外部纪律和自我纪律。也就是说，数字游民的旅居生活充满了自由与纪律的张力。本文对16名数字游民进行了为期4年的跟踪调查，在此基础上，深刻揭示出这种自由-纪律悖论及其对数字游民工作和生活的深远影响。

数字游民是经常变更工作和居住地的群体，他们在新的环境中重新开始生活，这离不开大量辛勤的劳动和不懈的努力。此外，这个过程还需要他们在一段时间内培养出高度自律的习惯。数字游民首先需要找到或创造一个可以支持他们进行基本工作实践的空间，并利用当地的资源和基础设施来进行工作。这就意味着，他们必须组织起来，以便更好地管理和应对各种干扰。这也解释了为什么数

---

* 本文译自 Dave Cook, "The Freedom Trap: Digital Nomads and the Use of Disciplining Practices to Manage Work/Leisure Boundaries," *Information Technology & Tourism*, 2020, 22（3）：355—390。

** 戴夫·库克，英国伦敦大学学院人类学系博士研究生。

字游民需要比其他依赖特定地点的劳动者更加自律，他们甚至要比以往的自我更加自律。此外，他们还需要把自我纪律的实践与外部规定的纪律相结合，后者是工作空间、基础设施、设备、时间规则、应用程序和流程的产物，由它们所规定。

数字游民们需要一种外部强加的纪律，因此他们不再讨厌截止日期，反而将它视为一种有益的纪律因素。他们中的大多数人最初会拒绝官僚主义、截止日期、微观管理、监督、固定的工作时间以及其他形式的外部强加的时间限制，但截止日期却摇身一变，华丽地转身为一种积极的、有组织的和发挥激励作用的力量。只需要经历几个月的旅行，人们的态度就会发生改变。

概言之，数字游民追求的自由，实际上是依靠高效的时间利用所建立起来的特定类型的自由，即一种"有纪律的自由"。如果他们想要在工作和生活之间找到平衡，或者在日常生活中体验自我决定的控制和自由感，那就必须接受各种形式的纪律。这样看起来，他们只有通过努力和辛勤的工作，才能获得自由。这与数字游牧主义的公众形象形成了鲜明的对比，特别是那种坐在沙滩上，手持笔记本电脑工作的形象仿佛就是一场"镜花水月"。可以看出，数字游民可能最初追求的是一种能成功地将工作、休闲和旅行融合在一起的自由，但最终，这种自由依然受到纪律的控制和约束，导致工作和旅行的分离。

本文进一步强调，持续的自我约束可能让个人产生难以承受的额外负担。新自由主义的大背景可能会诱导数字游民将自己想象为对自己负责的英雄，从而认为工作场所的权益、养老金或医疗保健并非必需。事实上，想要维持这种个人责任制，就需要从一个地方迁移到另一个地方，而这对数字游民来说，既不合理，也不现实。

有趣的是，本文探讨的许多纪律实践也反映了当代西方工作场所中劳动者的日常经历与真实体验。"加速社会"的到来，使生产力和纪律的压力急剧增加，由此导致的结果是，速度、便利性、灵活性和超高生产率不仅成为新的社会规范，而且自由职业、远程工作和灵活的工作方式也将成为常态。因此，可能在不久的将来，数字游民身上看似极端的做法将变得越来越普遍。然而，这个群体与西方的工作制度形成了一种又爱又恨的关系。他们可能最初宣称自己正在逃离"传统办公室"或"朝九晚五"的工作模式，但最终却在日常生活中再次受到这些结构的支配，并对它们进行重塑和再生产。与其追问他们在逃避什么，不如试问他们带走了什么，甚至是他们创造了什么？在当今全球化和互联的世界中，无论你是在办公室还是在共享工作空间工作，是雇员还是自由职业者，所有员工都必须有责任感、上进心，既要灵活又要守纪律。这些压力展示了一种现象，无论你为谁工作，无论你身处何地，目前似乎都无法逃避这些压力。

一、引言

新闻和学术资源一般把数字游民刻画成年轻的、重事业的专业人士，他们拒绝接受传统办公室工作的外在强加结构（比如"朝九晚五"、微观管理和日常通勤），看重自主性、灵活性，热衷于在自己喜欢的地方工作和旅行。[1] 生活成本低于全球北方城市的旅游景点往往成为数字游民活动的中心，特别是泰国清迈、印度尼西亚巴厘岛，以及最近火爆起来的哥伦比亚麦德林城，这些地方特别受博主们的欢迎。[2] NomadList（nomadlist.com）等在线资源对世界上更多

---

[1] Anna Hart, "Living and Working in Paradise: The Rise of the 'Digital Nomad'," *The Telegraph.* https://www.telegraph.co.uk/news/features/11597145/Living-and-working-in-paradise-the-rise-ofthe-digital-nomad.html, 2015.

[2] Rosie Spinks, "Meet the 'Digital Nomads' Who Travel the World in Search of Fast Wi-Fi," *The Guardian.* https://www.theguardian.com/cities/2015/jun/16/digital-nomads-travel-world-search-fastwi-fi, 2015.

的城市和地点进行了排名,甚至可以根据网速、生活质量和生活成本进行筛选和排序。

商务人士因工作而短暂旅行,而数字游民则试图通过边工作、边旅行来获得自由。① 于是工作、休闲和自由等广义概念之间的界限成为一个有趣的问题。本研究表明,数字游民试图打破这些工作、休闲的界限,追求自由的同时,会面临不可预见的挑战。"数字游民"并不是这个新兴群体的唯一主体类别。这个词可能既饱含希望又带有贬义,有时还会遭到批评,"地点独立"和"远程工作者"等术语则更为中性。

由于这些争议,要搞清楚数字游牧主义到底是什么,不如先分析它不是什么。本研究邀请自诩为数字游民的人、外籍人士和当地人口(例如在清迈居住的当地人)参与讨论。首先,数字游民拒绝了"游客"的标签;其次,生活在数字游牧热点地区的西方外籍人士将自己与数字游民区分开来,在他们看来,数字游民是短暂停留的人;再次,泰国当地人大多不知道"数字游民"是什么,他们只是简单地使用"farang"一词,大致翻译为"西方人"或"外国人";最后,大多数数字游民主观地认为自己是频繁移动和专注于工作的人。

(一)自由-纪律悖论

不谈定义,本文展示了来自泰国共享工作空间的经验材料,里面的数字游民有三个共同特征:所有人都自称数字游民,他们都在工作的同时旅行,没有人在他们所访问的国家或地区永久定居。他们每个人都日益关注纪律和自律实践,这一点在对数字游民下定义的时候经常被忽视。本文探讨了这种关注的本质,它可能意味着什

---

① Annika Müller, "The Digital Nomad: Buzzword or Research Category?" *Transnational Social Review*, 2016, 6(3): 344—348.

么，以及为什么这些实践只有随着时间的推移才会显现出来。对许多数字游民来说，他们体验自由的方式往往与最初想象的截然不同。本文探讨了自由与纪律之间的张力，即数字游民普遍遇到的自由-纪律悖论。

（二）自由与数字游民的想象

数字游民很少一开始就担心自己会精疲力竭，他们深受想象、可能性和技术乌托邦主义话语的影响。牧本次雄（Tsugio Makimoto）和大卫·曼纳斯（David Manners）对能够实现这种生活方式的技术做出了非常有先见之明的判断。[①] 他们的预判比技术和通信基础设施的普及还要早十年，那时候还没有数字游民。数字游牧主义如何起源的讨论很稀缺，而且很主观[②]，数字游民的公众形象因此非常理想化。到 21 世纪 10 年代中期，媒体呈现的主导性乌托邦叙事为：快乐的千禧一代周游世界，在遥远的海滩上用笔记本电脑工作。

媒体经常报道，数字游牧主义背后的主要动机是渴望逃离当代工作场所强制性的、纪律森严的结构，数字游民研究也强调了这一观点。数字游民群体渴望获得一种普遍的自由、自主和自决的感觉。

对于数字游民来说，"真正的自由"通常有两种形式。第一个框架是"超移动自由"：准确地说，是频繁改变位置的能力。因此，根据频繁旅行赋予数字游民文化资本的假设，学者伊娜·赖兴伯格（Ina Reichenberger）提出了三个流动性不断上升的数字游牧主义：第一等级是指那些能够通过数字技术成为流动工作者的人，但主要是静态的；第二等级指的是有家为基地，但偶尔去外地出差的人；

---

①　Tsugio Makimoto and David Manners, *Digital Nomad*, New York: Wiley, 1997.

②　Daniel Schlagwein, "The History of Digital Nomadism," *International Workshop on the Changing Nature of Work*, San Francisco, CA, 2018.

第三等级则是那些经常旅行和工作，无家可"回"的人。赖兴伯格进一步指出，她的样本集中在"第二等级或第三等级的数字游民"，因为她正在研究"旅行和工作的关系"。^① 赖兴伯格的分类是很有帮助的。例如，极简主义，甚至是带着随身行李在机场滑行的能力，都是自由和流动性概念混合的例子。第二种框架认为，当工作和休闲之间的界限融合时，自由就实现了，并且自由需要从整体上来体验，无论是在工作还是在休闲。

这些"想象"中的自由铺天盖地，以至于成了公认的"常识"。因此，这些描绘非同小可，已经牢固地根植在数字游牧的文化中了。想象是一种社会实践，也是塑造文化和现代性的积极力量，关于它的研究可以追溯到40多年前。虽然数字游民的想象很重要，文章、博客、书籍、社交媒体和会议也滋养了数字游民文化，但它们只讲述了故事的一部分。

（三）数字游牧与纪律在日常生活中的重要性

人们意识到自由是数字游牧主义体验的核心，但目前还没有任何研究探讨数字游民如何在日常生活中实践这些被珍视的自由、自主和自决概念。本文将探索理想转化为日常实践的这一过程，进而来弥补这一不足。

研究发现，在实践中，数字游牧不一定是自主和自由的，而是一种需要高水平纪律约束的生活方式。本研究考察了数字游民如何随着时间的推移实践和体验这些不同类型的纪律，并在此基础上，强调了纵向民族志研究（longitudinal ethnographic research）在调查长期旅行和生活方式变化时的重要性，这些变化随着时间的

---

① Ina Reichenberger, "Digital Nomads: A Quest for Holistic Freedom in Work and Leisure," *Annals of Leisure Research*, 2017, 21（3）: 364—380.

推移而发生并逐渐被人们适应。例如，在最初的访谈中，踌躇满志的数字游民很少提到自律，直到四年后，这个词才逐渐出现在人们口中。

以下关于数字游牧主义的研究提到了纪律和生产力。安妮卡·穆勒（Annika Müller）认为，尽管数字游民对旅行很着迷，但他们更看重工作而不是休闲。她指出："劳动生产率是数字游民生活方式的一个重要特征。"[①] 赖兴伯格在描述职业自由时也间接提到了自我约束的必要性，她认为职业自由的能力是"以自我约束的方式选择和组织工作任务，因为人们追求一种更灵活和个性化的活法，用来摆脱外部强加的制度（例如，特定的工作时间、有限的闲暇时间、地理依赖性）。"[②]

凯莉斯·纳什（Caleece Nash）等学者进行了类似的分析，他们认为，自由是"常规例行公事"和外部强加的公司纪律形式的对立面。对于数字游民来说，生产力"是一个关键问题"，在时间使用上严守纪律和加强控制，与他们"平衡旅行和职业生产力"密切相关。[③] 不过，纪律实践是怎么日积月累而形成的，又是如何变得根深蒂固的，尚需研究。

（四）定义数字游民的纪律

本研究使用了两种主要的纪律定义：外部纪律和自我纪律。第

[①]　Annika Müller, "The Digital Nomad: Buzzword or Research Category?" *Transnational Social Review*, 2016, 6（3）：344—348.

[②]　Ina Reichenberger, "Digital Nomads: A Quest for Holistic Freedom in Work and Leisure," *Annals of Leisure Research*, 2017, 21（3）：364—380.

[③]　Caleece Nash, Mohammad Hossein Jarrahi, Will Sutherland and Gabriela Phillips, "Digital Nomads Beyond the Buzzword: Defining Digital Nomadic Work and Use of Digital Technologies," *International Conference on Information*. Cham, Switzerland: Springer International Publishing, 2018, 207—217.

一种定义是外部纪律，它包括设定项目截止日期和规定工作时间，可以进一步分为两个子类。第一类是一种自愿加入、协商甚至受到欢迎的外部纪律。例如，数字游民可能发现截止日期很有帮助，因为它提供了一种激励目标，这属于"自愿参与"。第二类在一些典型的"朝九晚五"的公司文化中可能更常见。迟到或错过截止日期会被正式警告，这种类型的纪律一般是"强制实施"的。

第二种定义是自我纪律。数字游民习惯性地将自我纪律概念化为个人自主和自由的表达。例如，本研究发现，数字游民经常使用"自己承担""责任在我"或"全靠自己"等表述。此外，自律通常用来直接反对外在强加的纪律。这种积极的自律定位也许可以解释为什么数字游民经常担心自己不够自律，以及为什么这种担忧常常成为数字游民博客的中心话题。在此，需要进一步追问的是：数字游民的自我纪律从哪里来？它能够完全由自己来决定吗？

（五）数字游民、纪律与新自由主义自我

自我纪律概念也与新自由主义的论述高度相关，特别是有学者认为，纪律和个人责任的负担正在（也应该）从机构或国家转移到个人身上。戴维·哈维（David Harvey）写道，在新自由主义下，个人责任制取代了以前雇主或国家的社会保护（养老金、医疗保健、工伤保护）。[1] 有些学者表达了类似的观点，他们把数字游牧描述成零工经济中一种灵活的不稳定工作形式。贝弗利·尤恩·汤普森（Beverly Yuen Thompson）也强调，数字游牧更像是对新自由主义影响的调适，而不是对该体系的挑战。[2]

---

[1] David Harvey, *A Brief History of Neoliberalism*, New York: Oxford University Press, 2007.

[2] Beverly Yuen Thompson, "The Digital Nomad Lifestyle: (Remote) Work/Leisure Balance, Privilege, and Constructed Community," *International Journal of the Sociology of Leisure*, 2019, 2 (1—2): 27—42.

　　数字游民心领神会地接受这种个人责任的理念,在努力成为"成功的数字游民"的同时,他们拥抱了一种非常特殊的创业自由观念———一切对个人负责。这种个人文化意味着企业家及其后备军必须"负责"发生在他们身上的一切。这种企业家精神的文化背景就是无条件重视个人责任,于是数字游民的身份也要求他们把自己视为独立的移动企业。[①]

（六）纪律与工作-休闲界限的管理

　　本研究发现,数字游民实施纪律实践是为了将工作和休闲分开,而不是将它们融合在一起。其他人类学家的研究也指出,在早期数字技术被采用后,工作和家庭的区别还是很明显的,并影响着时间的管理和消耗方式。正如斯特法娜·布罗德本特(Stefana Broadbent)所述,"工作场所和家庭之间的分离,源于工业资本主义的组织模式,注意力、时间和生产力之间依然存在很强的相关性"。[②] 随着工作继续脱离特定的时间和地点,工作与生活边界的管理将变得越来越重要,并演变成一种数字劳动,其强度和频率都在上升。因此,有人用"排毒"来形容短期远离连接技术的重要性。这种断连需要工作、计划和新的沟通形式。本文的研究结果表明,数字游民利用大量的创造力、时间、精力、工作和纪律来维持表面上的工作-生活平衡。他们似乎拒绝传统的办公室和强制性的劳动条件,但其他官僚主义和劳动形式也会迅速出现。梅丽莎·马兹曼尼安(Melissa Mazmanian)就将当代劳动者视为"工人-智能手机"

---

　　① Ulrich Bröckling, *The Entrepreneurial Self: Fabricating a New Type of Subject*, Los Angeles, CA: Sage, 2016.

　　② Stefana Broadbent, "Approaches to Personal Communication," In *Digital Anthropology*, edited by Daniel Miller and Heather Horst, London: Bloomsbury, 2012, 127—156.

混合体。她还探讨了数字游民在口袋和背包中携带的混合式、嵌入式的，有时具有强制性的时间管理技术。①

此外，社会学家朱迪·沃克曼（Judy Wajcman）同样研究了硅谷对当代时间观念的影响。她认为，从智能手机到日历应用程序，硅谷技术的设计和工程本身就"可能正在重塑我们的时间观念"，敦促用户追求永无止境的生产力、计划和自律。②在这种情况下，工作-生活平衡的任务变得越来越繁重、富有挑战和复杂。这种关于生产力和纪律的话语也被数字游民默认和接受了，只需要观察他们如何使用日历应用程序就能看出来。

智能手机和日历是一种内置了"可供性"的数字技术。如果硅谷是一种制度性的权力形式，那么这些日历、智能手机及其提供的功能就是将硅谷价值观渗透到个人的"每一根纤维"。进一步来说，不仅数字设备和应用程序参与了将价值观从机构转移到个人的过程，更将整个技术和知识生态系统都介入。

在这里，我们可以看到工作、休闲和旅行之间的界限，以及个人和机构之间的界限同样受到挑战，有时甚至完全被颠覆。数字游民是这些话语的中心，他们被旅游景点所吸引，然后试图留在那里工作。最初的乌托邦叙述是，他们正在消解这些传统的界限。本文评估了这些将工作和休闲融合在一起的尝试。

二、研究方法

本研究对 16 名数字游民进行了为期 4 年的跟踪调查，并提供了纵向视角。已有的大多数研究都是文献综述、在线内容分析和半

① Melissa Mazmanian, "Worker/Smartphone Hybrids: The Daily Enactments of Late Capitalism," *Management Communication Quarterly*, 2018, 33（1）: 124—132.

② July Wajcman, "The Digital Architecture of Time Management," *Science, Technology, and Human Values*, 2018, 44（2）: 315—337.

结构化深度访谈的结合。但只靠论坛分析和访谈是有局限性的。比如，受访者通常会兴奋地谈论他们获得了一种普遍的自由感或旅行的浪漫，但他们从不讨论如何管理日常事务和贯彻自律。汤普森采用了更身临其境的研究方法，将参与式观察与深度访谈相结合。她在会议和研修中穿插采访和参与式观察，揭示了数字游牧生活中一些不那么浪漫和不稳定的面向；不过，她的研究的时间跨度只有一个月。[①] 纪律实践的重要性通常会在几个月甚至几年的时间里显现出来，如果研究时间太短，它就会被忽视。

本研究需要时间的流逝来实现情境化，防止浪漫化和理想化的描述遮蔽实际情况，并揭示出共同特征背后的细微差别。随着时间的流逝和人们位置的变化，数字游民的观点和主体性也会发生改变。[②] 本文采用了纵向民族志和参与式观察，来揭示数字游民纪律实践与工作-休闲边界管理是如何在几年内出现和演变的。民族志研究的目的是减少像访谈和调查这样的人为接触，笔者通过观察数字游民的日常生活来收集数据，而不是靠诱导性提问。因此，自然地观察日常实践可以帮助笔者理解不同类型的纪律实践，观察时段可以横跨几天、几周、几个月甚至几年。

2015 年 12 月至 2019 年 8 月，笔者对 16 名数字游民进行了实地调查。数据收集方法包括 4 年内至少每人进行 3 次以上的非结构化访谈。参与式观察在泰国的 4 个共享工作空间中进行。受访者大多数都符合典型千禧一代的刻板印象——35 岁以下，受过良好的教育。此外，笔者还采访了知名的游民、博主和共享工作空间的工作人员。

本研究受访的数字移民使用笔记本电脑和智能手机，依赖信息

---

　① Beverly Yuen Thompson, "Digital Nomads: Employment in the Online Gig Economy," *Glocalism*, 2018, 1: 1—26.

　② Katharina Manderscheid, "Criticising the Solitary Mobile Subject: Researching Relational Mobilities and Reflecting on Mobile Methods," *Mobilities*, 2014, 9（2）: 188—219.

与通信技术（ICTs）和负担得起的航空旅行。所有人都来自所谓的"强护照国家"，持有非居民旅游签证旅行。因此，他们能够毫不费力地跨越国界。他们将数字设备、技能和ICTs相结合，开展日常工作，并跨越时区与客户、员工和同事等进行沟通。数字技术被用于工作，它们主要帮助数字游民通过软件应用和手机程序安排工作，并且提高他们的注意力和生产力。此外，数字游民群体还存在非数字化的项目管理流程或自助实践。本文探讨了这些空间、基础设施、技术、流程和时间是如何形成和施加纪律的，并提出了以下问题：为什么这些实践对数字游民如此重要？

三、研究发现

（一）流动性既是解决方案，也是问题

流动性本身为不同类型的纪律实践设定了背景和需求。游牧工作者必须经常变更工作地点和生活空间，然后在一个新地方重头来过，这都需要劳动和努力。整个过程需要个人在一段时间内养成高度自律的习惯，尽管一开始可能很兴奋，那只是因为新奇感掩盖了一切。

所有人都表示，地点的变化会打乱他们的日常生活。每当搬一次家，日常安排就被打乱，他们则需要一些策略来重新建立正常的日常生活。有的人可以在1—2天内在新的地方开始日常作息，但大多数人至少需要3天的时间找到满意的睡觉、吃饭和购物场所，挑选咖啡馆和共享工作空间。这些实践证明了"创造空间"理论，该理论提出："数字游民得先找到或创造出一个支持基本工作实践的空间，并利用当地资源和基础设施开展工作。"[①] 这表明，流动工

---

① Will Sutherland and Mohammad Hossein Jarrahi, "The Gig Economy and Information Infrastructure: The Case of the Digital Nomad Community," *Proceedings of the ACM on Human-computer Interaction*, 2017, 1: 1—24.

作者必须组织起来，以改善和管理干扰。这也解释了为什么数字游民必须比其他依赖地点的劳动者更讲纪律，而且必须比以前的自己更有纪律。此外，他们还必须将内部产生的自我纪律实践与外部纪律形式进行混合，后者由工作空间、基础设施、设备、时间规则、应用程序和流程规定并产生。

（二）设备选择和纪律

纪律实践在日常生活的各个方面都很明显，包括挑选工作任务中要使用的设备。所有受访者都拥有并使用笔记本电脑和智能手机，但在共享工作空间中，用于工作的主要设备是笔记本电脑。

选择笔记本电脑来完成工作任务并不奇怪，因为它屏幕更大，专为工作任务而设计。有趣的是，数字游民根据工作和非工作的状态来选择设备。在共享工作空间中尤其如此。手机通常与社交、休闲、家庭、朋友和分心有关。研究发现，在共享工作空间内使用手机进行语音通话并不常见，也是禁忌。要打电话，你就得离开主要工作区域。本研究中的共享工作空间都有私人房间用于语音通话或VoIP（互联网协议语音）。

笔记本电脑（用于专注的工作任务）和智能手机（分散注意力，和工作关系不大）之间的区别也不是新鲜事了。即使是和工作有关的语音通话，在共享工作空间里也不被允许，笔记本电脑就成了一种与安静、纪律、工作有关的设备，而智能手机则可能具有破坏性、噪音大、与工作无关的特点。

（三）共同工作和生活的空间——外部调节性纪律空间

笔记本电脑并不是一种单独的约束策略，而是需要结合共享工作空间才能发挥作用，人们用它来划分工作和导致分心的非工作任务。有受访者表示：

有时候，收拾好我的笔记本电脑、键盘、电脑支架、鼠标、鼠标垫，从我的爱彼迎公寓出发，走 15 分钟到共享工作空间，然后再把它们摆出来，好像有点傻！但整天在爱彼迎公寓里干活也感觉糟糕透顶，好像被困住一样。虽然把设备带去共享空间可能要花费额外时间，但那里有舒服的椅子、合适的书桌，我可以在那里忙活一天，和其他正在工作的人同处一室也挺好的。（受访者 9，2019 年）

大多数人使用共享工作空间是为了培养与当地日照时间同步的工作习惯，但许多人都不太成功。有时是因为高负荷的长时间工作，没有时间社交，但主要原因在于大多数受访者需要跨时区工作。共享工作空间对数字游民的约束作用既是象征性的，也是实际的。它们结合了室内布局和使人集中注意力的技术，以此提醒人们，有组织的工作习惯是有益的。

几名受访者透露，虽然他们很高兴能够逃离以前的工作，但他们怀念一些有纪律的日常事务。人类学家分析，对于规则和官僚主义，人们可能同时憎恨和喜欢。[①] 虽然数字游民试图创造个性化的工作常规，但 "传统办公室" 或 "朝九晚五" 还是有难以摆脱的强大吸引力和制度性力量。每天去共享工作空间可以起到最基本的约束作用。一名受访者说："当我进去的时候，我并不总是在工作，但它让我感觉更脚踏实地，有时是'假装成功，直到真正成功'，但我用了几年的时间才想通了这一点。"（受访者 1，2019 年）这种工作实践看似结合了自我强加的常规与外部基础设施（例如共享工作空间）

---

① David Graeber, *The Utopia of Rules: On Technology, Stupidity and the Secret Joys of Bureaucracy*, London: Melville House, 2016.

的辅助，挣扎着拒绝了"朝九晚五"的规则，但工作常规其实没有那么容易摆脱结构的制约。

（四）纪律、时区与形成日常节奏的战斗

数字游民往往需要在不同的时区工作，因此无法形成规律的工作模式。一名经营应用程序业务的受访者经常在凌晨 4 点通过 Skype 与悉尼的开发人员保持沟通，当出现糟糕的问题时，他就得在黎明时分进行 2 个小时的 Skype 通话，以至于整个星期都处于混乱状态，他就没有办法去共享工作空间了。

对于数字游民来说，无法管理的工作需求会迅速打乱常规生活节奏。本研究中超过一半的数字游民正在与欧洲人往来，具体地点和时间取决于泰国当地时间，中间有 5—7 个小时的时差。与欧洲的 Skype 通话通常需要在泰国时间晚上 8 点到 10 点进行。一名平面设计师不得不经常在晚上 10 点与纽约的客户通话，他说："这打断了我的夜晚，破坏了我的社交生活。"有受访者解释了时区如何影响她选择工作场所："有时我觉得我的公寓更像是一间办公室，而不是共享工作空间。很高兴能去海滩，但有时很难感觉自己完全下班了。"（受访者 8，2019 年）这些时区焦虑在其他数字游民研究中也有所提及。

不工作时，一些数字游民留在共享工作空间忙活，另一些数字游民有时则会在自己的住处工作。因此，住宿选择需要有利于非工作时间的任务，能提供隐私和安静的环境，营造出社区的感觉，并排除可能分散注意力的人群。几名受访者表示，住宿选择对于树立纪律感以及区分工作和度假也相当关键。一名网店店主叙述道：

我住在一个有漂亮平房和泳池的小客栈里。待几天还不错，但我要经常加班，而且听到带着孩子的家庭在泳池边尖叫，

太吵了。我不是在度假，所以我从一个旅游胜地搬到了共享生活空间。那里的其他人都在工作，也知道我也在工作。（受访者9，2016年）

这是2016年的采访。当时共同居住的概念还很新颖，并迅速被数字游民所采用，共享工作空间也开始提供这种选择。到2017年，6名受访者尝试了共同居住服务，他们觉得该服务主要的优点是"以社区为导向""与其他数字游民在一起"或能够筛选出不合适的人和"屏蔽所有跟旅游有关的东西"。无论数字游民是否使用共享生活空间，跨时区工作要求住处必须能够为睡觉、身体护理、工作和休闲提供合适的地方。

（五）纪律与休闲时间：休闲悖论

数字游民会对游客或背包客等休闲导向的术语提出强烈的基于身份的反对，但他们又不得不在旅游空间中创建工作场所。于是出现了三个问题。第一，为什么要在旅游景点工作？第二，他们的休闲活动是什么？第三，他们如何找到休闲的时间和空间？第一个问题有简单的答案，当数字游民兴起时，在"天堂"工作的乌托邦理想和完成工作的日常现实就可以合二为一了。第二个问题是，一旦在热带旅游景点工作的新鲜感很快过去后，他们就只想和朋友一起出去玩，看看奈飞（Netflix）平台或去电影院。第三个问题凸显了焦虑是如何随着时间的推移而增加的。一名翻译行业的从业者表示：

有时候很难阻止工作渗透到日常生活的方方面面。我出来之前，总是需要努力工作，以确保我不会每天晚上都耗在回复工作邮件上。现在我是数字游民了，就必须更加努力挤出休息时间。（受访者8，2019年）

在寻找休闲时间时，数字游民需要对工作和休闲时间（和空间）进行高度纪律化的区分。再次强调，跨越时区的工作会侵蚀工休的边界，数字游民必须自律地留出空闲时间，他们才可以看电视剧、保持规律的晚餐或社交活动。几个单身游民说，当他们独自度过夜晚，睡眠空间也被用于工作时，实现劳逸平衡就变得特别困难。

那些依赖地点的远程工作者和办公室工作者很难将工作拒之门外。因此，如果办公室工作者受到亲朋好友存在（和需求）的约束，为创造空闲时间而艰难挣扎，那对于数字游民来说，这项任务只会更加艰巨。工作和休闲之间的这种悖论关系表明，数字游民花费越来越多的时间和精力将工作和休闲分开，而且通常需要外部力量的协助才能成功。

（六）社会互动与社区的外部调节性纪律

一些共享工作空间意识到了数字游民的孤独感，会提供集体电影或电子游戏之夜。另一种常见的活动是集体午餐，其目的是"鼓励成员远离屏幕并彼此互动"。这种类型的社区午餐取得了不同程度的成功，一位社区经理告诉笔者："人们在这里工作。我们试图让他们创造工作与生活的平衡，但当人们独自工作时，他们会忘记停止工作。"（社区经理，2016 年）

人们普遍认为，独自旅行时人很难在工作和休闲之间划清界限，而两个人一起旅行时则更容易做到。即使是情侣之间的社交互动，也可以对数字游民产生调节和纪律作用。[①] 研究中有两对已婚

---

① Michael Rosen, "You Asked for It: Christmas at the Bosses' Expense," *Journal of Management Studies*, 1988, 25（5）: 463—480.

夫妇,他们都成功地将工作和休闲时间划分得很清楚。有趣的是,
这两对夫妇使用共享工作空间的频率都低于大多数单身数字游民。
他们主要在租来的公寓或爱彼迎提供的公寓里工作,需要自律地离
开住所,外出吃饭、散步和锻炼。这两对夫妇解释说,他们主要利
用共享工作空间来调节工作周,避免变得过于孤立,但这种空间过
于安静和受限。他们解释道:"我们同时在工作,所以我们会自然地
讨论起工作任务。我们彼此很了解,因此知道对方什么时候需要集
中精力。但在共享工作空间里大声说话很难。"(受访者 15 和受访者
16,2018 年)

　　他们根据对彼此的了解来调节一天的生活,确保休息时间和用
餐时间,并相互激励和约束。如果他们认为对方已经久坐或工作太
长时间而没有休息,或者到了下班时间,他们也会凭直觉进行干预。
这个例子说明,家庭是一个自我调节的社区,在这个社区中,严格
的、可预测的常规事件(比如用餐安排)会随着时间的推移而发生。
"一天的秩序"是调节家庭社会节奏的"时间基础设施"。[①]可见,一
种无意识嵌入日常生活中的社会性、节奏性纪律,也是数字游民的
实用策略。

　　那么,作为独立工作者的单身游民是如何维持二分的纪律性划
分呢?他们痴迷于监控自己的工作任务,无法抽出时间来休息和放
松。一些共享工作和生活空间鼓励成员参加社交活动。不少受访者
表示,当初他们选择数字游牧生活方式时并没有预见到劳逸平衡的
挑战。很多游民要么停止工作和旅行,要么调整旅行的频率,减少
搬家的次数。三个原因造成了旅行模式的变化——自律问题、日常
生活被打乱以及为了建立有意义的社会关系而需要在一个地方待更

---

① Mary Douglas, "The Idea of a Home: A Kind of Space," *Social Research*, 1991,
58(1):300—301.

长时间。这再次表明，当纪律负担被分担、分配和外部化时，人们通常会感到轻松。

（七）外部强加的纪律：截止日期越来越受欢迎

人们选择成为数字游民的一个主要动机通常是逃避毫无意义的官僚主义。戴维·格雷伯（David Graeber）提出，人们为了拒绝毫无意义的规则，从而认为他们做的都是"荒谬的工作"。[1] 然而，这种拒绝往往只是一时的。事实上，"规章制度……对我们许多人来说有一种隐蔽的吸引力"。如前所述，截止日期经常是有益的和激励性的纪律因素。大多数受访者最初拒绝官僚主义、最后期限、微观管理、监督、固定工作时间和其他形式的外部强加的时间限制，但最后期限往往被重新定义为积极的、有组织的和激励的力量。这种态度的软化往往在旅途之后的几个月才出现。

相比之下，企业家和创业人士更擅长自我约束。在 16 名受访者中，只有不到一半的数字游民按照客户或外部强加的截止日期工作，而超过一半的人为自己设定截止日期，并采用精心设计的自我管理技巧。

正如前文关于新自由主义文化的讨论，自我指导和获得自由往往需要将责任从外部机构（雇主）转移到个体身上，这会产生额外的责任和劳动。在本研究中，似乎大多数受访者都已接受自己是其生活中大部分责任的承担者。[2] 这种"个人责任制"还没有引起广泛的讨论，就被默认和接受了。这样一来，自律也顺理成章地成为

---

[1] David Graeber, *Bullshit Jobs: A Theory*, London: Allen Lane, 2018.

[2] David Cook, "Digital Nomads: What It's Really Like to Work While Travelling the World," *The Conversation*, https://theconversation.com/digital-nomads-what-its-really-like-to-work-while-travelling-the-world-99345, 2018.

数字游牧文化的基础。似乎只有依靠内部和外部结合的纪律实践，数字游民才能获得一丝自由。

（八）纪律流程与时间管理策略

在个人责任制的背景下，纪律实践多种多样，其中包括各种项目管理技术，如 Agile、Sprints4 和时间盒（timeboxing）。[①] 所有这些技术都融合了目标设定和时间管理活动。其中，最简单、最受欢迎的自我纪律实践就是时间盒。在最简单的形式中，时间盒分配了固定时间段，活动按计划进行。这段时间内，干扰被悬置，以便数字游民集中精力工作。

自称是企业家或公司老板的受访者最有可能养成这些精心设计的自我纪律习惯。研究中，有一名公司老板使用了一种类似的系统，名叫"爆米花"（popcorn）。他解释说："我有三颗爆米花，每颗爆米花分成三粒，每粒里有三项任务。如果你有一份包含十项任务的清单，这会让你不知所措。"（受访者 9，2016 年）2016 年第一次见到这名受访者时，他正处于创业的早期阶段，并使用"爆米花方法"来管理他所说的繁重任务。三年之后，他仍然在使用时间盒，但已经调整了这一过程，使其变得不那么琐碎，且更加灵活。每天醒来后，他会进行 20 分钟的瑜伽练习，然后花 5 分钟来冥想，再花一些时间专注于阅读，获取他想要学习的核心技能。上午 9 点到 11 点是专注重点任务的时间，他的手机会关闭或处于飞行模式。在这段时间里，他可能会录制一门课程，或者做任何其他需要推进的任务。上午 11 点到下午 2 点，他会与虚假助理交流并回复电子邮件和消息。

[①] Francesco Cirillo, *The Pomodoro Technique*, San Francisco, CA: Creative Commons, 2006.

在上述情况中，不管是工作还是非工作任务，都需要纪律实践来完成。自律技巧大多数是非数字化的，待办事项清单和时间盒任务通常写在纸上，但人们使用它们的频率却越来越高。这些例子表明，将技术运用、旅行和工作结合起来不一定意味着解放。旅行越久，使用数字化纪律工具和策略的频率就越高。

（九）数字化的纪律：干扰、分心与非工作

技术还被用来划分工作和休闲时间，并对干扰进行管理。面向企业的即时通信应用程序 Slack 有时被用来代替脸书 Messenger 等分散注意力的通信类社交媒体。人们认为脸书等社交媒体平台利与弊并存。脸书经常被认为会分散人们在工作中的注意力，但对于一些受访者来说，它也是重要的工作工具。他们使用脸书群组与特定专业领域的实践社区建立联系，如平面设计、语言翻译等。[①] 一名专业应用程序设计师解释道：

> 因为身边没有同行，所以我有时候会用一个讲德语的脸书群组，向专业人士咨询技术问题。但有时我需要退出，因为里面七嘴八舌的人太多了。我经常加入和离开这些群组，因为不退出的话，要不了多久它们就铺天盖地了。（受访者 7，2018 年）

总的来说，人们觉得脸书会对工作造成干扰，不属于工作软件。有工作任务时，它通常使人分心，对精心策划的自我纪律实践构成了威胁。如果某些技术导致工作-休闲边界消失，那么有人会用其他数字工具、以新颖的方式来解决这些问题。例如，使用 Evernote

---

① Etienne Wenger, *Communities of Practice: Learning, Meaning, and Identity*, Cambridge, MA: Cambridge University Press, 1998.

的标记和分类功能来组织任务和活动, 这个软件工具开发了诸如业务、工作、休闲、生活方式和个人等具有极强实用性的标签。

有关纪律和生产力的话语不仅针对工作任务, 也能够确保高效和自律的生活方式。正念和冥想应用程序 (比如 Headspace) 就很流行。有关心理健康和正念的频繁讨论往往会涉及这些软件。还有一些以自我改进和学习的应用程序, 比如 Luminosity、Duolingo 和 Blinklist, 它们执行的任务都是时间短、比较集中以及时间盒化的特点。可见, 纪律和有关生产力的语言渗透到非工作领域。呼应沃克曼的观点, 新教徒的工作伦理正越来越多地出现在当代生活的各个方面, "所有活动都可以通过更快完成而变得更好"。①

（十）数字化的纪律: 一种新兴的地位形式?

这些例子表明, 所有形式的数字纪律, 特别是有效的时间控制通常被视为乐观和积极的策略。数字游民并不希望逃避这种强制, 掌握、重视和展现数字纪律, 反而成为一种地位或文化资本的形式。这些数字纪律首先被应用于工作任务, 随后也迅速蔓延至非工作活动。例如, 冥想、日常体育锻炼、语言学习甚至读书都被时间盒化和数字化了。已经有学者注意到, 自我纪律和自我追踪之间存在着复杂的实践关系。例如, 道恩·纳福斯 (Dawn Nafus) 等研究者对量化自我的研究探讨了自愿的自我追踪行为, 并对这种行为的动力来源提出了质疑。他们认为, 自我追踪并没有"摆脱晚期资本主义广泛存在的生物政治学, 它依赖激进的个人主义来推动消费而不是表达, 将所有行动都纳入个人'选择'的范畴

---

① Judy Wajcman, "How Silicon Valley Sets Time," *New Media & Society*, 2018, 21 (6): 1272—1289.

来消除结构性不平等"。[①] 自我约束的文化接受度日益提高，不同的组织就更容易明确要求劳动者使用可穿戴技术，以此衡量他们的生产力和健康状况，拒绝参与这些实践"正在成为一种政治行为"。[②]

这种严格和高度组织化的时间控制最初是为了高效地完成工作，为休闲活动腾出更多时间。矛盾的结果是，越来越多的劳动却被用来区分工作和休闲边界，而这种劳动正在变得政治化，因为劳动者为腾出休息时间而感到愧疚。上述情况同时发生在线下和线上空间。鉴于数字游民喜欢在旅游景点工作，他们就必须努力创造和管理这种工作和休闲的分离。我们看到，数字游民一开始想要打破工作-休闲的界限，从而可以拥有更多的闲暇，但最终往往会失败，只好再把二者分开来，以免被工作淹没。

数字游牧意义上的自由，其实是一种依靠高效的时间利用建立起来的特定类型的自由，即一种"有纪律的自由"。如果自称为数字游民的人希望实现工作与生活的平衡，或者在日常生活中体验到自我控制和自由感，那么就必须接受多种形式的纪律。似乎只有通过努力和艰苦工作，才能换来自由。这就和数字游牧主义的公众形象形成了反差，尤其端着笔记本电脑在沙滩上工作的比喻就不攻自破了。不难发现，数字游民可能一开始追求一种主体形式的自由，成功地将工作、休闲和旅行融合在一起；但最后，这种自由还是必须受到纪律的控制，工作归工作，旅行归旅行。

---

① Dawn Nafus and Jamie Sherman, "This One Does Not Go Up to 11: The Quantified Self Movement as an Alternative Big Data Practice," *International Journal of Communication*, 2014, 8（1）: 1784—1794.

② Phoebe Moore and Andrew Robinson, "The Quantified Self: What Counts in the Neoliberal Workplace," *New Media & Society*, 2016, 18（11）: 2774—2792.

四、研究结论

赖兴伯格认为，数字游民研究中存在纵向研究缺口，特别是时间维度和社会心理因素方面。本研究希望填补这些空白，通过研究16名数字游民在4年中的日常工作实践，展现出个人轨迹如何随着时间推移发展和改变的过程。这项探索性研究发现，随着时间的推移，受访者们开始越来越频繁地讨论和参与纪律实践，而且纷纷开始加强自我约束。这些实践逐步借助数字中介以控制时间的使用，进而达到关注生产力、融入当代文化的目的。

研究结果表明，数字游民需要承担额外的纪律和自我约束责任。这些责任是核心工作活动之外的。此外，大多数受访者还参与了多个平台的营销和自我品牌推广任务。零工经济中的劳动通常还是在单一地点进行，因此需要进一步量化最终选择放弃这种生活方式的数字游民的数量和时间，以及观察有纪律的数字游牧是否能让这种生活方式持续下去。人类学家伊兰娜·格尔森（Ilana Gershon）认为，在"一个媒体上"管理和维持稳定、灵活和连贯的品牌都不容易，更别说多个媒体了，把单个个体的时间或劳动与公司相比也是荒谬的。[①] 本研究同意她的分析，持续自我约束的额外负担让个人不堪重负。新自由主义大环境可能会诱导数字游民把自己想象成对自己负责的英雄人物，于是否认工作制度带来的权利、养老金或医疗保健需求的必要性。本研究的实证材料表明，维持这种个人责任制度，同时还要从一个地方搬到另一个地方，是一种不合理和不现实的负担。

此外，本文还批评和反思了经常被重复提及的观点，即数字游

---

① Ilana Gershon, "Selling Your Self in the United States," *PoLAR*, 2014, 37（2）: 281—295.

民拒绝外部强加的纪律。诚然，新游民总是很讨厌通勤和固定的工作时间，觉得自由是烦恼终结者。但实际上，外部强加的结构也不是一无是处，随着时间的推移，受访者最终开始重新格式化并复制这些结构。当然，这也是因人而异的。为国籍所在地客户和雇主工作的自由职业者更有可能接受外部强加的纪律，而企业家则一般更倾向于自律。这一发现突出了两个重要的数字游民子群体：数字游民企业家和数字游民自由职业者。

数字游民还利用技术来约束自己，他们用新颖的方式将这些技术与基础设施相结合。配合时空纪律实践，他们创造出有利于生产性工作和生产性休闲的环境。这种组合正在迅速变化和融入人们的日常生活。例如，共享生活空间就是这些组合的产物。在 2016 年它还只是一个新概念，但到了 2019 年，已经十分普遍，在全球城市如伦敦、纽约和柏林等都成了永久性的居住解决方案。这一发展表明，数字游牧主义正在塑造当代文化，超出了其原始范围。持续关注数字游牧主义有助于学者、企业、技术专业人士和旅游业探索开发创新性的工作-休闲空间和基础设施。例如，数字游民很喜欢在旅游景点中开发的工作场所，这会如何影响未来旅游生态系统的发展？许多酒店目前都有商务套房和商务中心，这些区域是否会成为共享工作空间？

最后，工作-休闲的边界不是那么想当然的。许多人希望消除工作和休闲之间的界限，但最后却不得不再次把二者分割开来，为此花费大量心思，还用上了各种巧妙的办法。用沃克曼的话来说，"我们购买数字设备是为了省时，然后过上令人兴奋的充满活力的生活，结果却是我们更忙了"。① 格雷伯也总结道：

---

① Judy Wajcman, "Digital Technology, Work Extension and the Acceleration Society," *German Journal of Human Resource Management*, 2018, 32（3—4）: 168—176.

1930 年，凯恩斯预测，到世纪之交，技术将取得足够大的进步，像英国或美国这样的国家将实现每周 15 小时工作制。从技术上看，我们完全有能力做到这一点，然而却没有发生。结果是，技术反倒让我们更加忙碌了。[①]

这种冲突和紧张不仅与电子邮件和智能手机有关，数字游民在旅游景点体验生活的时候也感受到紧张。就像他们开始想办法区分工作和休闲一样，更多方便二分的基础设施、技术手段或设计环境出现了，酒店已经有了无烟政策和无烟客房；未来可能还会有禁止工作的房间。工作和休闲混合的乌托邦理想已经在社交媒体和博客中广为流传，成为数字游牧文化的一部分，但民族志研究表明，工作还是工作。数字游民努力把工作和休闲分开，这说明，培养真正的休闲可能比工作本身更加困难。[②] 数字游民身份的核心还是工作，在旅游景点干活本身就存在问题，会让人更焦虑，为了区分工作和休闲，他们还不得不承担额外的负担和劳动。虽然存在这些焦虑，但数字游民具有反身性和适应性，要不了多久，他们极有可能迅速选择在新的、令人惊讶的地方工作。

有趣的是，本文所讨论的许多纪律实践也反映了当代西方工作场所中劳动者的日常经历与真实体验。生产力与纪律的压力持续激增，"加速社会"正在到来，速度、便利、灵活性和超生产率已经成为规范。自由职业、远程和灵活的工作也迅速成为常态，因此数字游民看似极端的做法在不久的将来可能会变得越来越普遍。之后，

---

① David Graeber, "On the Phenomenon of Bullshit Jobs: A Work Rant," *STRIKE!* https://strikemag.org/bullshitjobs/, 2013.

② Joy Beatty and William Torbert, "The False Duality of Work and Leisure," *Journal of Management Inquiry*, 2003, 12（3）: 239—252.

这个群体与西方的工作制度陷入了一种"爱恨交织"的关系。一开始，他们可能会宣称自己正在逃离"传统办公室"或"朝九晚五"，但最终却在日常生活中再次受到这些结构的支配，并对它们进行重塑和再生产。与其问他们在逃避什么，不如试问他们带走了什么，甚至输出了什么？在当今全球化和互联的世界中，无论你是在办公室里工作还是在共享工作空间里工作，是雇员还是自由职业者；所有员工都必须有责任心、上进心，既要灵活又要守纪律。从这些压力中可以看出，无论你为谁工作，无论你身在何处，目前似乎都无法摆脱这些压力。

数字游牧生活方式:(远程)工作-休闲平衡、特权与社区创建 *

贝弗利·尤恩·汤普森 **

【导读】 数字游牧是一种新兴的生活方式,它颠覆了传统的办公环境。这种模式下,个体可以利用数字技术进行远程工作和移动办公,同时在全球范围内实现边工作,边旅行。本文提出,数字游民生活方式的内核是休闲。数字游民追求休闲和生活质量,依据这一点,我们就可以把他们与那些更看重工作和就业机会的远程工作者明显区别开来。正在崛起的数字游牧主义为休闲研究和社会学提供了一个具有实证支持的独特案例。

为了系统地探讨这种生活方式,本文围绕特权、不平等、休闲、工作和社区创建等多元化议题对 38 名数字游民进行了深度访谈。本研究的主要理论资源包括罗伯特·斯特宾斯(Robert Stebbins)提出的"严肃休闲"概念,以及其他关于工作、休闲和社区创建的社会学理论。本文有四个主要的研究发现。

首先,数字游民高度认同企业家精神和资本主义价值观,他

---

* 本文译自 Beverly Yuen Thompson, "The Digital Nomad Lifestyle: (Remote) Work/ Leisure Balance, Privilege, and Constructed Community," *International Journal of the Sociology of Leisure*, 2019, 2(1—2): 27—42。

** 贝弗利·尤恩·汤普森(Beverly Yuen Thompson), 美国锡耶纳学院(Siena College)社会学教授。

们追求财务和商业利益的最大化，相较于对所在社区的影响和贡献，他们更加关注个人生活方式的自由。在选择旅居地时，他们经常会考虑如何发挥自己的人口统计学优势，并追求享乐生活。特权和地位的差异使他们与当地人之间形成了巨大且难以逾越的鸿沟。数字游民沉迷于这种特权生活方式，这不仅影响了他们自身的行为，也使他们难以意识到自己对他人生活方式的破坏性影响。

其次，对旅行的渴望是人们选择成为数字游民的主要原因，而职业发展则是次要的考虑因素。他们可能只有零星的工作经验，且缺乏专业技能。在很多情况下，他们浏览有关数字游民的博客和论坛，寻找容易获得的远程工作机会，尽管这些工作通常只能提供基本的生活支持。

再次，大量的潜在消费者愿意购买专门为数字游民精心策划和设计的体验。因此，为他们打造社区成为一项"重点工作"，这是因为这个群体具有相似的特征和共同的兴趣爱好。同时，将数字游民的生活方式进行精心包装，兜售给对此感兴趣的人，已经成为部分数字游民获得经济收入的主要途径。

最后，数字游民利用他们的"强势"护照，在发达国家赚钱，然后去发展中国家消费，这体现了一种向下的社会流动，与千禧一代的其他人显著不同。这种生活方式更多的是对新自由主义影响的调适，而非挑战它。

总体来说，本文聚焦数字游牧这一新型生活方式，批判性地分析其中的特权和不平等问题，以及社区创建过程。由于这种生活方式常常伴随着孤独，许多数字游民通过参与大型会议和活动，或在共享空间中工作和生活，来寻求共同体验，建立情感联系和社交网络，以形成社区。未来的研究可以访问特定的数字游民聚居地，围绕共享工作和生活空间中的集体生活展开讨论，或考察这种生活方式是否只是一种临时的选择，因为持续的流动性挑战可能会促使数字游民重新考虑传统的生活方式。

一、数字游牧主义的兴起

数字游民是指那些在技术行业中从事远程工作的专业人士，包括网页设计师、程序员或在线营销专家。他们利用远程办公的便利，在全球各地工作、生活和旅行。近几年来，为了减少通勤成本，避免办公室干扰，越来越多的远程工作者倾向于在家工作，也方便找到一种更适合育儿的工作节奏。与这些人相比，数字游民这一新型社会群体在选择工作和居住地点时，更看重的是休闲和生活质量，而非就业机会。[1]

牧本次雄（Tsugio Makimoto）和英国记者大卫·曼纳斯（David Manners）在一篇关于互联网引领生活方式革命的宣言中首次使用了"数字游民"这个概念。[2] 该宣言发表20年后，互联网为计算机行业从业者和在线营销人员提供了大量远程工作的机会，模糊了工作和休闲之间的界限。[3] 斯科特·科恩（Scott Cohen）等学者提出了"生活方式的流动性"概念，这种流动是基于个人意愿的，具有持续性的特点，没有固定的时间限制。[4] 在美国，尽管新闻报道常常渲染数字游牧生活方式的休闲性，但千禧一代的就业越来越受到新自由主义的影响，并且呈现出向下流动的社会趋势，这导致他们面

---

[1]　Annika Müller, "The Digital Nomad: Buzzword or Research Category?" *Transnational Social Review*, 2016, 6（3）: 344—348.

[2]　Tsugio Makimoto and David Manners, *Digital Nomad*, New York: Wiley, 1997.

[3]　Ina Reichenberger, "Digital Nomads: A Quest for Holistic Freedom in Work and Leisure," *Annals of Leisure Research*, 2017, 21（3）: 364—380.

[4]　Scott Cohen, Tara Duncan and Maria Thulemark, "Lifestyle Mobilities: The Crossroads of Travel, Leisure and Migration," *Mobilities*, 2013, 10（1）: 155—172.

临着更大的工作压力和社会焦虑。① 因此，那些收入仅够支付房租和偿还学生时期助学贷款的职场人士选择在泰国旅居，不仅是为了追求乌托邦式生活愿景，更是一种出于经济考量的现实应对策略。

　　本文关注（远程）工作-休闲平衡、特权和不平等，以及社区等数字游牧主义生活方式中的关键概念。首先，罗伯特·斯特宾斯（Robert Stebbins）的"严肃休闲"概念可以帮助我们理解为什么数字游民群体会把休闲生活看得比职业选择更重②；其次，本文引入有关"特权和不平等"的讨论，通过分析数字游民的人口统计学特征，反思他们所享有的全球特权及其对人与人之间关系的影响。最后，为了全面和系统地考察数字游民在家庭和流入地社区中的地位，本文还借用了"社区"这一核心概念，帮助我们进一步明确他们与家人、朋友、同事和同龄人之间的关系。

二、作为"严肃休闲"的数字游牧主义

　　斯特宾斯认为，"严肃休闲"区分了日常的普通休闲活动（例如，看电视、烹饪或编织）和极限休闲活动，后者需要大量的时间和金钱投入，以及深度的参与（例如，滑板、攀岩和冲浪等极限运动）。他总结了"严肃休闲"的六个特点：毅力、休闲生涯、个人努力、有形回报、身份和独特的道德观。这个概念有助于我们深入理解数字游牧主义，因为数字游民生活方式的内核就是休闲，正在兴起中的数字游牧主义为休闲研究和社会学提供了一个有实证支持的独特案例。

---

　　① Nancy Fraser, *Fortunes of Feminism: From State-Managed Capitalism to Neoliberal Crisis*, New York: Verso, 2013.

　　② Robert Stebbins, *Serious Leisure: A Perspective for Our Time*, New Brunswick, Canada: Transaction Publishers, 2007; Robert Stebbins, "The Sociology of Leisure: An Estranged Child of Mainstream Sociology," *International Journal of the Sociology of Leisure*, 2018, 1: 43—53.

除了斯特宾斯，托尼·布莱克肖（Tony Blackshaw）也关注以休闲活动为中心的生活方式实践，提出了"虔诚休闲"的概念。这个概念强调"以虔诚的态度享受和利用个人空闲时间"乃是现代生活的动力源泉。布莱克肖认为，休闲和自我认同高度关联，人们形成身份认同的根基正从职业转向特定的休闲活动。[1]

数字游民倾向于根据他们的休闲兴趣和活动来定义自己，例如冲浪、登山或滑雪，赖以为生的远程工作类型已经"退居二线"了。他们认为，相比传统旅游，自己的旅居方式能够更好地融入当地生活。但仔细考察这一群体的生活习惯和工作方式却不难发现，二者并无明显差异。美国女性主义学者凯伦·卡普兰（Caren Kaplan）指出，西方人前往发展中国家旅行时，造成的不平等现象及其后果极为普遍。[2] 这些国家虽然依赖旅游经济，但利润却流入跨国企业而非当地社区。事实上，游客对访问地的社会经济状况知之甚少，与当地居民的社会距离也较远，后者本来可以帮助他们更深入地了解本地并保持紧密联系。[3]

卡普兰强调，游客一般会通过展现"他者性"和"外来性"来为自己的消费体验增添色彩和刺激感。[4] 与这些游客不同，在数字游民看来，旅行并未脱离他们的"正常"生活。他们偏爱"慢速旅行"或更热衷于在旅行中"生活"。不过，人们往往分不清楚谁是数字游民，谁又是传统游客或外籍人士，这主要是因为他们在地点选择和

---

[1]　Tony Blackshaw, "The Two Rival Concepts of Devotional Leisure: Towards an Understanding of Twenty-first Century Human Creativity and the Possibility of Freedom," *International Journal of the Sociology of Leisure*, 2018, 1（1）: 75—97.

[2]　Caren Kaplan, *Questions of Travel: Postmodern Discourse of Displacement*, Durham, NC: Duke University Press, 1996.

[3]　Bererly Yuen Thompson, "Digital Nomads: Employment in the Online Gig Economy," *Glocalism*, 2018, 1: 1—26.

[4]　Caren Kaplan, *Questions of Travel: Postmodern Discourse of Displacement*, Durharm, NC: Duke University Press, 1996.

居住状态上高度相似。此外，二者都倾向于同人口统计学特征相似的群体建立职业关系网络和进行社交活动。

三、数字游牧主义与零工经济的社会背景

有观点提出，零工经济是对劳动者和雇主均有利的经济形态，因为它提供了双方都需要的自由度和灵活性。零工劳动者能自主安排工作时间，而雇主则无须为员工提供固定办公空间和医疗保险。许多观望者或新晋数字游民在在线零工市场中开启自己的远程工作生涯，这些市场（主要是互联网平台）提供分散的、一次性的任务，连接自由职业者和雇主，形成"即时经济"的生态系统。在这些平台上，用工方发布对音频转录员、翻译员、文案撰稿人或网页设计师等专业人员的工作需求。零工工人竞争订单，按时完成任务并接受评级。评级对零工劳动者能否再次获得工作至关重要，为了获得正面评价和更多工作机会，他们愿意提供低价甚至无偿服务。零工平台不提供福利待遇，因此劳动者需动用自己的收入来承担退休金、医疗保险及工作成本。

皮尤研究中心的数据显示，零工工作者年收入往往不足 3 万美元。美国波士顿学院的朱莉叶·肖尔（Juliet Schor）教授是研究零工经济对劳动者影响的重要学者之一。她指出，鉴于许多零工工人在读书、兼职或不活跃于劳动力市场，这一数据并不意外。零工劳动力市场由两类人组成：一类是有全职工作但仍从事零工的个体；另一类是无稳定全职工作、依赖零工生计的个体。皮尤研究中心发布的数据显示，29% 的人用零工收入来满足基本生活需求，42% 的人视零工收入为额外经济来源。①

---

① Juliet Schor and William Attwood-Charles, "The 'Sharing' Economy: Labor, Inequality, and Social Connection on For-profit Platforms," *Sociology Compass*, 2017, 11（8）: 1—16.

虽然数字游民和远程工作者的生活方式有所不同（远程工作者需要平衡家庭职责，而数字游民很少有育儿压力），但他们面临的共同挑战是厘清工作、休闲和家庭生活之间的边界。为了评估灵活工作时间对员工保持工作效率和承担家庭责任是否有帮助，我们需要研究工作与家庭生活之间的平衡问题。[①] 传统的远程工作者努力在职业生活中平衡家庭责任，即使不工作，他们也很少花时间在单纯的休闲活动上，而数字游民群体则倾向于不生育，并且只是偶尔与家人和朋友见面，因此较轻的家庭负担使他们更容易将工作和休闲融合在一起。

四、数字游民的特权、不平等与社区的创建

近来，数字游牧生活方式的兴起标志着千禧一代及之后世代的生活习惯和工作方式开始发生转变，这也成为社会学研究的一个关键议题。[②] 媒体特别关注这一现象，尤其是报纸和商业杂志，它们鼓吹数字游民体现了自由和就业灵活性的理念，但很少提及在新自由主义经济主导下，这一群体可能正在经历社会地位的下滑。数字技术的发展也带来了新的劳动管理和剥削形式。

法提·艾多都（Fatih Aydogdu）反对美化这种"新游牧者"的生活方式。他指出，这种生活方式既是技术中心主义的，也是男性中

---

① Ruth Sealy, Elena Doldor, Susan Vinnicombe, Siri Terjesen, Deirdre Anderson and Doyin Atewologun, "Expanding the Notion of Dialogic Trading Zones for Impactful Research: The Case of Women on Boards Research," *British Journal of Management*, 2017, 28(1): 64—83; Eleni Stavrou, Emma Parry and Deirdre Anderson, "Nonstandard Work Arrangements and Configurations of Firm and Societal Systems," *International Journal of Human Resource Management*, 2015, 26(19): 2412—2433.

② Scott Cohen, Girish Prayag and Miguel Moital, "Consumer Behaviour in Tourism: Concepts, Influences and Opportunities," *Current Issues in Tourism*, 2014, 17(10): 872—909.

心主义的，而且还忽视了与流入地居民建立联系的重要性。[①] 他论述道：

> 相关论争常常忽略由权力结构创造并受其约束的流动性差异。比如女性主义视角就会批评这种游牧生活坚持的是"男性中心主义"的观念，偏好技术驱动的进步观。数字游牧生活方式完全受主流资本主义逻辑的支配，鼓励不断追求创新的产品和服务……数字游牧主义仍展现出男性化的倾向，仿佛是专为男性设计的玩具。此外，这种生活方式强调了启蒙时代的超个体主义理念，用一个新术语重新包装了个体自由和自主性的旧观念。游牧理论家提倡要不断挑战固定的身份类别，与之相反，技术傍身的数字游民则奉行功利主义，他们通过控制来实现行动的自由化，并在此过程中不断优化个人选择。

数字游民认同企业家精神和资本主义价值观，追求财务和商业利益最大化，相比对流入地社区的影响和贡献，他们更关心自由的生活方式。女性主义理论家 M. 杰奎·亚历山大（M. Jacqui Alexander）认为，那些拥有特权的人会产生优越感，并表现在他们的行为之中。她进一步强调，特权给人带来优越感，引诱其拥有者披上虚假的保护面纱，使他们看不见自己造成的破坏及应承担的责任。[②] 这不仅是个人生活方式的选择，而且也是一种制度化的行为模式。数字游民选择的聚居地往往经济发展水平较低，他们的到来一定程度上拉动了当地的消费需求，促进了当地经济增长（尤其是

---

① Fatih Aydogdu, "Frame of New Nomad," *Neo Nomad*, http://neonomadproject.com/nomadology-read.html, September 28, 2017.

② M. Jacqui Alexander, *Pedagogies of Crossing: Mediations on Feminism, Sexual Politics, Memory, and the Sacred*, Durham, NC: Duke University Press, 2005.

旅游业的快速发展）。政府鼓励当地居民热情为数字游民提供服务，有时甚至牺牲了本地社区的可持续发展。

虽然数字移民选择主动离开，背井离乡，但从不抱怨孤独寂寞，总是表现得很开心，仿佛一切都很好。亲朋好友通常对他们的选择感到惊讶和困惑。数字游民通常不会主动学习聚居地（主要是东南亚或南美洲的国家和地区）的语言或习俗，而是在社交平台上寻找其他在本地的数字游民进行交往。他们中有一部分人对自己的身份认同感很强，积极参与各类数字游民大会，与同在"他乡"的"异客"见面，结交新朋友，一起旅行，形成一个有着强烈身份认同的群体。①

五、研究方法

本研究脱胎于笔者参加的三次线下数字游民活动。首先，笔者参与了 2017 年 9 月 9 日至 10 日在葡萄牙里斯本举行的第三届 DNX 数字游民与生活黑客大会。DNX 大会活动提供德语和英语服务，反映了规模巨大的德国数字游民社群的影响力，且该大会的创始人是德国人。这次活动主要面向那些有意向成为数字游民的人，演讲者分享了他们鼓舞人心的个人故事，这些故事通常遵循一个流行的叙事模式：他 / 她放弃了传统企业的工作，选择了自由的数字游牧生活方式，成为一名数字游民。

在 DNX 数字游民大会之后，笔者参加了 2017 年 9 月 18 日至 27 日在西班牙哈韦阿（Javea）举行的女性数字游牧研修会。这是一次为期十天的沉浸式体验活动，议程内容十分丰富。在此期间，15 名参与者建立了紧密的联系。本研究访谈了大多数参加此次活动的

---

① Alessandro Gandini, "The Rise of Coworking Spaces: A Literature Review," *Ephemera*, 2015, 15（1）: 193—205.

数字游民，以及该研修会的创始人珍妮·拉赫斯（Jenny Lachs）和她的伴侣西蒙。珍妮随后将笔者介绍给 7in7 大会的创始人，该活动是专为资深数字游民设计和组织的。7in7 大会于 2017 年 10 月 3 日至 9 日在西班牙巴塞罗那举行，吸引了大约 70 名参与者。活动之名 "7in7" 源于组织者的愿望：在接下来的 7 年中，每年在全球七大洲各举办一次数字游民活动。在 7in7 大会结束后的 3 个月里，笔者通过 Skype 对上述活动的组织者、主要演讲者和参与者进行了后续访谈。本研究共有 38 名访谈者参与。

六、研究发现

数字游民在选择生活方式时，往往会走一条与传统观念相悖的道路，这样的选择常常被同事、朋友和家人视为难以理解、不现实甚至不负责任的。然而，通过了解他人成功的案例，数字游民开始相信这种生活方式是可行的。此外，当他们聚集成一个群体时，相互之间的合法性、身份认同和社区归属感就会得到强化，这种生活方式逐渐成为他们自我认同的核心。

（一）特权与不平等

数字游民在选择旅居地时，经常会考虑如何最大化自身人口统计学特征的优势，并追求享乐生活。目前，泰国清迈是数字游民最为青睐的聚居地之一，那里有宜人的气候、美丽的海滩和友好的当地人。清迈等热门地区经常出现在数字游民的博客、脸书群组和论坛中。实际上，数字游民在这些旅游热点的生活方式和游客或其他外籍人士并无太大区别：他们对当地的传统、语言和文化知之甚少，倾向于与其他西方人群体社交，只与提供服务的当地人维持最低限度的必要接触。

特权和地位的差异导致数字游民和当地人之间存在难以跨越的

巨大鸿沟。数字游民沉醉在这种特权生活方式之中，这不仅影响了他们的行为，也使他们很难意识到自己对他人生活方式的破坏性影响。卡普兰进一步指出，特权和地位的差异使得当地人被边缘化，成为"他者"，在这个过程中，他们为数字游民提供了多彩且令人兴奋的文化体验。[①] 如果没有这种社会距离，对数字游民来说，当地居民异国情调的吸引力可能会降低。

数字游民通常会把自己与那些还被困在公司和家庭里的同龄人做比较，然后感觉自己在社会阶层中的位置较低。但实际上，与发展中国家的大多数人相比，他们拥有巨大优势，包括政治、经济和文化方面的。在访谈中，一些数字游民承认，他们不会偏离游客常走的路线，也很少与当地人深入交流。

澳大利亚的数字游民亚历山德拉对此问题有所反思：

> 这的确是我需要努力改变的方面。我很少和当地人交流。比方说，在泰国时，我有一个英国朋友，他和他的泰国老婆在那儿生活了一段时间。她会带我们参加一些当地的活动。这让我感到内疚，因为我意识到这可能就是"新殖民主义"。我们平时称兄道弟的那些所谓的"兄弟游牧者"（bro-mads）肯定不会把这当回事。

她所说的"兄弟游牧者"可能更关心啤酒和冲浪，而非社会（不）平等问题。然而，作为数字游民，她似乎并未真正超越这个群体，也不了解自己所在的东南亚国家的传统和文化。

在旅途中，肤色差异让数字游民更敏锐地察觉到跨文化交流中

---

① Caren Kaplan, *Questions of Travel: Postmodern Discourse of Displacement*, Durham, NC: Duke University Press, 1996.

的不平等现象。访谈者阿姆娜对此深有体会。她是一位美国混血儿，母亲来自东欧，父亲是巴基斯坦人。她在旅行中常感受到服务人员的善意，并愿意和他们成为朋友。

> 在理想状态下，我们应该了解当地文化，然后以某种方式进行回馈。这当然不是说只有金钱才能解决问题，人与人之间的交流也很重要。哪怕是你工作的当地咖啡馆里面的人，你可以尝试了解他们的生活，也可以向他们介绍一个新的概念或一种新的体验。我在哥伦比亚的一家咖啡馆里工作过，那里的人和我关系很好。当我回去时，他们还记得我。分享自己的知识和经验，这本身就是一种回馈。哥伦比亚是个资源丰富的国家，但因为毒品贸易，它有着屈辱的近代史。很多游客来这里只是为了吸毒和狂欢，然后就离开了，对当地人什么好处都没有。

前些年曾有学者探讨过女性志愿旅游现象中的新殖民主义倾向[①]，上述访谈的观点与此不谋而合。访谈内容也反映出慈善捐赠中常见的"帮助"话语忽视了对现存体制的反思和批判。例如，阿姆娜作为 7in7 大会的志愿者，她所在的组织鼓励数字游民通过慈善捐赠为当地社区做出贡献，但却并不倡导对社会不平等现象进行批判或推动更深层次的社会变革。莎莉是一位阿拉伯裔美国人，是本研究中少数具有跨文化和双语背景的访谈对象，她更喜欢在能使用母语的地区旅居。

---

① Ranjan Bandyopadhyay and Vrushali Patil, "'The White Woman's Burden': The Racialized, Gendered Politics of Volunteer Tourism," *An International Journal of Tourism Space, Place and Environment*, 2017, 19(4): 1—13.

对我来说，我更喜欢那些不用切换语言的地方。中东地区就很好啊！作为数字游民，你可能会在目的地建立社交网络，但最后还是要走的，所以交往一般都是"蜻蜓点水"。我比较喜欢在那些能够深入交流的地方待上一段时间。今年我在讲阿拉伯语和西班牙语的国家都旅行了一段时间。从外貌上，人们不太能看出我是阿拉伯人还是美国人，所以当地人总是很好奇我来自哪里。

莎莉的体验表明，有色人种的数字游牧经历可能与白人迥异，这反映了数字游牧生活中潜在的白人中心主义。在本研究中，除了母语外，很少有数字游民学习其他语言。因此，能说两种或更多语言的数字游民通常是来自西方发达国家的少数族裔，也就是说，这个群体中只有极少数人能在非英语为主的地区工作和生活。

（二）就业

在本研究中，一些受访者在十几岁时就开始了他们的职业生涯，最初可能是从事服务业的兼职工作。他们在工作中逐步培育了自己的职业技能，并用工资来支付大学学费。很多人在自己领域内难以立足，除了那些从事高技能或专业性强工作的知识劳动者，例如软件工程师、程序员、技术支持人员、精通数字营销的专家，等等。[1]

本研究的访谈对象之一阿姆娜出生在巴基斯坦，8岁时随着离异的母亲和兄弟姐妹移民至美国。在上大学前，她就开始了零工生涯，直至今日。

---

① Jonathan Haskel and Stian Westlake, *Capitalism without Capital: The Rise of the Intangible Economy*, Princeton, NJ: Princeton University Press, 2017.

我做的零工只能勉强维持生计，我从来没做过全职工作。毕业后，我教过法语和英语，也做过保姆，还在纽约街头发过优惠券和冰淇淋样品。

阿姆娜意识到，想在纽约保持收支平衡，就必须搬到更经济的地方居住。她向往数字游牧生活，开始寻找远程工作机会。她做过电子邮件营销和搜索引擎优化的工作，这些工作与她之前的零工工作类似。与其他数字游民建立联系不仅帮助她找到新客户和零工活计，她的多语能力——包括阿拉伯语、希伯来语、法语和西班牙语——也成了她的优势。尽管如此，她并没有为自己的人生做出明确规划，也没有设计职业发展路径，而是选择跟随朋友们的旅居步伐。阿姆娜的零工和远程工作经历真实反映了美国千禧一代面临的就业挑战，即使他们接受过良好的高等教育，具备多语言技能，智力出众，拥有文化资本，也难以找到理想的工作。

在访谈中，尼克代表了那些具有顶尖技能和高收入潜力的数字游民。他曾在企业中有着高薪职位，但自从转为自由职业者以来，他的收入就难以回到全职工作时的水平了。尼克不仅忙于日常工作，还是 7in7 大会的联合创始人和组织者，这既占据了他许多个人时间，也对他的财务状况产生了影响。像尼克这样的数字游民往往会投入大量时间和金钱在个人兴趣和休闲活动上。

可以预见，高技能和专业化的职场人员更容易转型为远程工作者。然而，对于许多人来说，对旅行的渴望是很多人成为数字游民的主要原因，而职业发展则是次要考虑的。这部分人可能只有零星的工作经验，缺乏专业技能。他们经常浏览有关数字游民的博客和论坛，寻找容易获得的远程工作机会，尽管这些工作往往只能提供基本的生计支持。

（三）商品化社区：大会和策划的共享工作和生活体验

1. 数字游民大会

数字游民大会主要使用英语（和德语），明确针对西方人群。DNX 大会是一个典型的例子，旨在推动标准化的数字游民社区建设。其创始人是一对热衷于数字游牧生活方式的德国白人夫妇。大会的演讲嘉宾主要来自德国和欧洲其他国家，他们有着相似的文化背景和共同的休闲爱好，例如饮酒、冲浪。DNX 大会安排了许多社交活动，但几乎所有活动都涉及酒精，这可能会令不饮酒的人感到被排斥。因此，其他大会开始尝试吸引在 DNX 大会中感到被边缘化的群体，这也是女性数字游牧研修会和 7in7 大会出现的背景。

克莱尔是 7in7 大会的三位创始人之一。该大会的演讲者主要是女性和有色人种群体，人数比例至少在 75%。正如创始人所表达的，他们关注的是"边缘化的数字游民"。克莱尔解释说：

> 典型的数字游民形象是来自硅谷的 25 岁白人程序员。关于女性和有色人种的声音太少，这让我们感到沮丧。我们试图围绕这些被边缘化的数字游民建立社区，让他们能够彼此认识并相互支持。数字游牧生活可能让人感到孤独，所以我们需要确保每个人都能找到志同道合的伙伴。

拉赫斯创建了一个名为"女性数字游民"的脸书小组，随着成员数量的增加，她开始组织研修会。她分享道：

> 我不确定该如何做，只知道有人想参加这样的活动，所以我决定试一试。我真的是凭直觉做事，找到了一块场地，然后在小组里发布了 5—7 次通知，并创建了一个网站。结果，人们

真的来了，这让人难以置信。有来自 10 个不同国家的 14 个人参加了我们的活动。这使得我们的第一次研修会成为迄今为止最多元化的活动。但随后有人问："什么时候再组织下一次活动呢？"这促使我组织了第二次活动，影响力也在不断扩大。我们的第二次研修活动只有 6 晚。尽管时间缩短了，但我们进行了头脑风暴，分享了许多实用的技巧。此外，我们还安排了旅行、划皮艇、摄影、漫步等许多不同的活动。日程安排得非常紧凑且充实。

就这样，这些创始人们以一种"金字塔式"的方案向那些前赴后继成为数字游民的下一批人"贩卖"梦想，其实就是把数字游牧主义的生活方式包装好了兜售给他人。这成为许多早期数字游民重要的赚钱方式，这些向往数字游牧生活方式的人构成了他们持续不断的客源。

2. 精心策划的共享工作和生活体验

数字游民的生活伴随着孤独。他们面临的挑战之一是如何在工作中获得与他人合作的体验，或者是如何通过参加在线活动来寻找潜在客户和合作伙伴。单身的数字游民可能会使用约会网站或应用程序，但在旅途中维持稳定、长期的关系几乎是不可能的。因此，对那些希望与他人建立联系的数字游民而言，可以共享的工作空间和生活空间就极具吸引力。来自美国佛罗里达的阿莱克西斯是一位提供远程律师服务的数字游民。他在访谈中提到：

现在有很多这样的地方，像 7in7、GlobeKick 和 Remote 等。它们的目的是把我们集中在一起，让大家在同一个地方住上一两个月。这些地方不仅提供食宿，还会组织创业研修会。它们的服务是以业务为中心的，包括举办网络交流活动，有些活动类似 TED Talk 的风格，当然，有时候也有很好玩的户外郊游。如果我想用自己的博客赚钱，这里也是结识潜在合作伙伴的好地方。

在这个充满机会的环境中，有大量潜在客户愿意购买专门为数字游民精心策划和设计的体验。所以，为他们打造社区就是一项"重点工作"，因为这群人具有相似的特点和共同的兴趣爱好。[①] 但另一方面，如果将"自我"视为一个通过消费来体验启蒙的发展项目，那么数字游牧生活方式就体现了明显的消费主义价值观。

七、结论

在既有研究中，数字游牧象征着劳动者和雇主的潜在自由。但越来越多的经验研究指出，一方面，人们选择游牧，是因为大量雇主不愿承担为员工提供稳定工作、社会保障、办公场所以及带薪假期的责任；另一方面，虽然员工看起来拥有持续的工作自由，他们的收入却在下降，工作更多受到算法的严格控制。这一现象背后隐藏着若隐若现的新自由主义价值观，被越来越多的劳动者所接受。数字游民利用他们的"强势"护照，在发达国家赚取收入，在发展中国家消费，表现为一种向下的社会流动，与千禧一代的其他人显著不同。这种生活方式更多是对新自由主义影响的一种调适，而非挑战它。

正如艾多都指出的，数字游民受到激进女权主义者的批评。后者认为，数字游民的兴起一方面加速了相关服务和产品的增长，另一方面使得这个群体越来越受资本主义逻辑的支配。此外，数字游

---

① Lyndon Garrett, Gretchen Spreitzer and Peter Bacevice, "Co-constructing a Sense of Community at Work: The Emergence of Community in Coworking Spaces," *Organization Studies*, 2017, 38（4）: 821—884.

民（亚）文化表现出的男性中心主义和批判性视角的缺失导致了另类数字游民大会的产生。反思这一商业世界和数字游牧生活方式中的不平等现象，有助于我们理解千禧一代劳动力向下的社会流动，并预测未来经济的发展方向。

当前的就业市场未能满足千禧一代的期待，数字游民以创新性的方式将工作和休闲的重要性颠倒过来。他们热爱旅行，工作成为他们支持旅行的经济手段。在数字游民中，很少有人拥有全职工作，更不可能享受福利或领取退休金。他们的财富常常体现在访问的国家和地区数量上。斯特宾斯认为，"严肃休闲"具有六个特征：毅力、休闲生涯、个人努力、有形回报、身份和独特的道德观。数字游民充分展现了这些特征，他们把休闲需求视为选择居住地的主要因素，而非考虑就业。他们还以这种生活方式为基础，建立了身份认同，通过会议和研修会聚集在一起，结交好友，进一步强化了这种身份认同。

总之，本文聚焦数字游牧这一新型生活方式，批判性地分析其中的特权和不平等问题，以及创建社区的过程。由于这种生活方式常常伴随着孤独，许多数字游民通过参与大型会议和活动，或在共享空间中工作和生活，来寻求共同体验，建立情感联系和社交网络，以形成社区。未来研究可以访问特定数字游民聚居地，围绕共享工作和生活空间的集体生活展开讨论，或考察这种生活方式是否仅为临时选择，因为不断的流动性挑战可能会促使数字游民重新考虑传统生活方式。

后 记

我独自漫步在无尽的苍茫，
如同一只小鸟在辽阔天空中寻找希望；
你陪我度过那孤独的时光，
像是一盏明灯在漫长黑夜里给我光芒。
带我逆风飞翔，
冰冷扑面而来，
不畏惧艰难险阻的是我学会的坚强。

多少次我在前行时失去方向，
无法在这狂风暴雨中扬帆起航；
多少次我在徘徊时如此想念，
不能在这幸福中忘却你模样。
唯有记忆你的笑，
撑起那道彩虹，
指引着我驶向梦想的海洋。

　　这是北京原乡映客于 2024 年 2 月发布的数字游民主题曲《我们生来即是光》，也是我在写这篇后记时，耳边不断循环播放的歌曲。① 近年来，越来越多的职场人士，特别是青年群体厌倦了"等

---

　　① 北京原乡映客是一家在乡村振兴大背景下，依托中关村创新辐射力，以数字游民为主力客群、以活化乡村和景区空间为主营业务的创新创业企业。通过连接国际和国内数字游民群体，北京原乡映客旨在促进城市与乡村互动以创造价值。

工资、等下班、等放假、等退休”的“四等”生活，他们开始思考一系列问题：如何才能从“朝九晚五”的城市水泥森林和逼仄的办公室格子间中解放出来？如何才能逃离现代生活中的“激烈竞赛”？① 如何才能重新掌握安排个人时间的权力，追求工作与休闲的动态平衡，同时创建自己的社交网络？②

在此社会心态下，数字游牧生活方式提供了一种可能性。凯莉斯·纳什（Caleece Nash）等学者提出，全球信息与通信技术基础设施的发展和完善、更加灵活的工作安排、人们对旅行的偏好，以及年轻一代知识工作者对冒险和工作灵活性的追求，使数字游牧生活方式在全球范围内兴起且蓬勃发展。③ 如同《我们生来即是光》的歌词中所表达的，向外探寻的数字游民成为数字时代最自由的“野孩子”。他们一方面选择从事远程或无固定地点的工作，另一方面持续旅行——这个月在印度尼西亚巴厘岛的咖啡店里工作，而下个月则可能在德国柏林的共享办公空间中“上班”。他们之中有大量企业远程工作者、自由职业者和数字企业家，从事着技术编程、网络营销、内容创作、在线教育等专业化工作。职业自由、空间自由和个人自由是这种生活方式独有的“标签”，这些“标签”对大部分职场人士而言具有无法抗拒的吸引力。④

① Beverly Yuen Thompson, "The Digital Nomad Lifestyle: (Remote) Work/Leisure Balance, Privilege, and Constructed Community," *International Journal of the Sociology of Leisure*, 2019, 2（1—2）: 27—42.

② Patrícia Matos and Elisenda Ardèvol, "The Potentiality to Move: Mobility and Future in Digital Nomads' Practices," *Transfers*, 2021, 11（3）: 62—79.

③ Caleece Nash, Mohammad Hossein Jarrahi, Will Sutherland and Gabriela Phillips, "Digital Nomads Beyond the Buzzword: Defining Digital Nomadic Work and Use of Digital Technologies," *International Conference on Information*, Cham, Switzerland: Springer International Publishing, 2018, 207—217.

④ Ina Reichenberger, "Digital Nomads: A Quest for Holistic Freedom in Work and Leisure," *Annals of Leisure Research*, 2018, 21（3）, 364—380.

数字游民群体的数量和规模在全球范围内迅速扩张，有数据显示，预计到 2035 年，该群体人数将超过 10 亿。2023 年底，我国数字游民群体人数估测已达 7000 万至 1 亿。与此同时，这种生活方式在各类媒体上的曝光度越来越高，社会影响力也不断增长，例如，通过谷歌搜索"数字游民"，出现的结果从 2017 年的 80.4 万条增加到 2023 年的 100 万条；在小红书上，"数字游民"话题拥有近 1 亿阅读量。这些现实生活中的变化都为学者开展关于数字游民及其生活方式的研究提供了重要的土壤。有学者提出，数字游牧主义已经成为未来工作和新工作方式讨论的中心，这也是近年来，我对这一群体格外关注的主要原因。①

从 2023 年 7 月开始，我投入大量的时间用于研读中西方数字游民的学术研究成果，并观看自媒体频道推送的各类相关视频，从而对这一群体有了初步的感性和理性认知。在过去的一年中，我翻译了西方数字游民研究中比较有代表性，且被频繁引用的 11 篇论文，并将它们集结成册，这就有了大家现在看到的这本小书。除此之外，我还利用寒暑假，走访了国内外部分数字游民基地，结识了许多数字游民朋友。我穿梭在理论与实践之间，试图更深入了解这个全新的社会群体，走进他们的工作与生活，和他们一同体验游牧生活的喜与忧。感谢白鱼、Henry、刘总、文倩、大曹、大松、大凡、周莫、塞纳、未晚、文杰、张羽等人，与他们在一起交谈和参加各种活动既充实又愉悦。他们用几近"燃烧自我"的方式去工作、去生活的态度，深深感染了我，让我仿佛回到了自己的青葱岁月。我还要感谢大理大学文学院的张文娟老师和中国传媒大学广告学院的张

① Jeremy Aroles, Claudine Bonneau and Shabneez Bhankaraully, "Conceptualising 'Meta-Work' in the Context of Continuous, Global Mobility: The Case of Digital Nomadism," *Work, Employment and Society*, 2022, 37（5）: 1—18.

艺珂博士,她们带我"进入"大理的每一个数字游民社区,"投喂"我各种云南美食。同时,两位学友也是国内数字游民社区的资深研究者,和她们的交流总能带给我无数宝贵的经验材料和无尽的学术灵感。

此外,我作为南京大学人文社会科学高级研究院(以下简称"高研院")的访问学者,在高研院以"数字游民的理论探索与本土化实践"为主题,分别于 2023 年 10 月和 12 月举办了一场学术沙龙和一次学术工作坊。在这两场活动中,我深刻地体认到,如果我们将现代青年人选择数字游牧生活方式视为他们摆脱"996""007"工作模式,选择"减速换挡"以追求更充实、更平衡生活的有益尝试[①],那么我们需要进一步追问:他们如何实现这种生活方式?同时,数字游民并非生活在他们所构建的理想化、"粉色"的乌托邦世界中,孤独、过劳、不稳定和合作困难是他们在选择这种生活方式时不可回避的问题。那么,有哪些结构性力量能够帮助他们摆脱这些困境呢?换言之,我们希冀从更宏阔的视角来理解和分析数字游民群体,揭示出他们与资本、技术、话语及其背后的意识形态之间的复杂多元关系,在此基础上,深入反思这种新型工作和生活方式的政治、经济和文化意涵,以及与之相连的权力关系网络。这也是我编写本书的学术"锚点"。我想这两场活动是成功的,因为来自不同学科背景的研究者在交流的过程中不断碰撞出新的思想火花,极大地丰富了国内学界对数字游民群体的整体性认知,同时推动了相关研究的系统化和跨学科发展。在此,特别感谢南京大学高研院副院长胡翼青教授对这两场活动的鼎力支持,同时也感谢他对我个人学术成长一直以来的关爱和悉心指导。

[①]　Margo Hilbrecht, "Changing Perspectives on the Work-leisure Relationship," *Annals of Leisure Research*, 2007, 10(3—4): 368—390.

为了使本书收录的论文具有更强的传播力和社会影响力，我选择了先在国内高品质的学术期刊上刊发这些研究成果的中译文。在此，请允许我由衷地感谢这些期刊和编辑部老师们的厚爱。根据本书论文的编排顺序，这些期刊是：《阅江学刊》《青年探索》《工会理论研究》《学术探索》《清华社会学评论》《吉首大学学报（社会科学版）》《思想理论战线》《开放时代》《国外社会科学前沿》《社会学》和《互联网前沿》。在期刊版面如此珍贵的情况下，编辑部老师们仍然选择刊发这些译文，对此我深表感激。我想这其中的原因，除了对青年学者的倾力扶持和高度信任外，他们极为敏锐地洞察到，随着我国"乡村振兴"和"数字乡村"两大发展规划的有序推进和实施，数字游民议题在当前本土语境中的重要研究价值将进一步凸显。

此外，我还要感谢上海大学新闻传播学院徐偲骕老师，复旦大学新闻学院朱燕钦博士、张艺啦和杨涵庚两位硕士，浙江大学社会学系刘睿睿博士，以及香港浸会大学社会学系尹伊泽博士。他们都参与了本书论文的翻译工作。读者能够在此阅读到这些信、达、雅的中译文，离不开他们扎实的学术训练和严谨的治学态度。我要特别感谢徐偲骕老师，尽管这个话题并不是他的研究领域，他仍在百忙之中对每一篇译文都进行了一丝不苟的校读，使该文集的整体表达更为准确、流畅和清晰。从《传播政治经济学经典文献选读》到《回归劳动：全球经济中不稳定的劳工》，再到本书的付梓，都离不开他的默默付出和无私奉献。同时，特别感谢浙江理工大学史量才新闻与传播学院胡良益老师十分认真地校读了本书的清样，提出了不少宝贵的修改意见，进一步提升了这本数字游民读物的品质。

虽然本书是"当代马克思主义与媒介化社会研究丛书"系列拟出版的最后一本图书，但这并不意味着我将结束对马克思主义与媒介化社会的探索与研究；相反，我更愿意将这本书的成功出版视作自己学术生涯的新起点，从数字劳动研究转向数字游民研究，从生产和劳动研究转向消费和休闲研究。在接下来的学术旅程中，我希望自己能始终葆有凝视结构的勇气，坚持"思想温暖学术、学术关怀现实"的学人底色。

特别鸣谢格致出版社的王亚丽老师。作为本书的编辑，如果没有她投入的大量智力和情感劳动，这本书就无法问世。王老师也是《传播政治经济学经典文献选读》（商务印书馆2019年出版）一书的编辑，从这个意义上来说，我们彼此是各自学术成长和职业发展道路上的见证者、陪伴者和合作者，我们因学术相识和相知，这是多么美妙的缘分，也期待着我们下一次亲密无间的合作。由于水平和能力有限，对于本书中的任何疏漏，我理应承担全部责任，同时也恳请读者们批评和指正。当前，数字游民研究在中西方都是一个极为前沿的领域，新的研究视角和问题层出不穷，期待越来越多的研究者能够扎根田野，投身于相关的研究。在研究中，见自己、见天地、见众生。

最后，感谢复旦大学新闻学院为本书的出版提供了经费支持。也希望本书的付梓能够不断开拓传播学研究的前沿领域，为加强国际学术对话和思想交流做出积极的贡献。

姚建华

2024年7月30日于云南大理NCC社区

图书在版编目(CIP)数据

西方数字游民研究前沿 / 姚建华主编. -- 上海 ：
格致出版社：上海人民出版社，2024. -- (当代马克思
主义与媒介化社会研究丛书). -- ISBN 978 - 7 - 5432
- 3605 - 9

Ⅰ. C913.2

中国国家版本馆 CIP 数据核字第 202485L89H 号

责任编辑　王亚丽
封面插图　刘小丁
装帧设计　刘君怡

当代马克思主义与媒介化社会研究丛书

西方数字游民研究前沿

姚建华　主编

出　　版　格致出版社
　　　　　上海人民出版社
　　　　　(201101　上海市闵行区号景路 159 弄 C 座)
发　　行　上海人民出版社发行中心
印　　刷　上海盛通时代印刷有限公司
开　　本　890×1240　1/32
印　　张　9.75
字　　数　237,000
版　　次　2024 年 9 月第 1 版
印　　次　2024 年 9 月第 1 次印刷
ISBN 978 - 7 - 5432 - 3605 - 9/G・699
定　　价　58.00 元